“十二五”国家重点图书出版规划项目

Serial Handbooks of Highway-bridge Construction

公路桥梁施工系列手册

Arched Bridge

拱 桥

四川公路桥梁建设集团有限公司
四川路桥建设股份有限公司
主编

人民交通出版社
China Communications Press

内容提要

《公路桥梁施工系列手册》共八册，分别为：《基本作业与临时设施》、《施工组织设计》、《墩台与基础》、《桥梁钢结构》、《梁桥》、《拱桥》、《斜拉桥》、《悬索桥》。本书为《拱桥》分册，全面介绍了圬工拱桥、装配式钢筋混凝土拱桥、桁架拱桥、钢管混凝土拱桥、劲性骨架钢筋混凝土拱桥、钢箱拱桥、悬臂浇筑拱桥、刚架拱桥、转体施工拱桥、混凝土拱圈支架现浇、顶推施工拱桥、垂直提升施工拱桥施工技术。

本书主要作为桥梁施工、设计等技术人员的参考用书，也可供大专院校相关专业的师生参考使用。

图书在版编目(CIP)数据

公路桥梁施工系列手册. 拱桥 / 四川公路桥梁建设集团有限公司，四川路桥建设股份有限公司主编. —北京：人民交通出版社，2014.5

"十二五"国家重点图书出版规划项目

ISBN 978-7-114-10460-2

Ⅰ. ①公… Ⅱ. ①四… ②四… Ⅲ. ①公路桥－桥梁施工－技术手册②拱桥－桥梁施工－技术手册 Ⅳ. ①U448.145.1-62②U448.255.1-62

中国版本图书馆 CIP 数据核字(2013)第 050273 号

"十二五"国家重点图书出版规划项目

书　　名：公路桥梁施工系列手册　拱桥
著 作 者：四川公路桥梁建设集团有限公司　四川路桥建设股份有限公司
责任编辑：曲　乐　李　喆　周　宇
出版发行：人民交通出版社
地　　址：(100011)北京市朝阳区安定门外外馆斜街 3 号
网　　址：http://www.ccpress.com.cn
销售电话：(010)59757973
总 经 销：人民交通出版社发行部
经　　销：各地新华书店
印　　刷：北京天宇万达印刷有限公司
开　　本：787×1092　1/16
印　　张：15.25
字　　数：360 千
版　　次：2014 年 5 月　第 1 版
印　　次：2014 年 5 月　第 1 次印刷
书　　号：ISBN 978-7-114-10460-2
定　　价：46.00 元

《公路桥梁施工系列手册　拱桥》

编　委　会

编写领导小组：孙　云　熊国斌　甘　洪　马青云

主要编写人员：卢　伟　曹　瑞　董武斌　邓运祥

邓亨长　倪　红　陈明凯　汪捍东

王　芳　秦桂芳

前　言

随着我国经济的高速发展，交通建设事业突飞猛进，特别是桥梁建设的速度和规模更是举世瞩目。2000 年由原交通部第一公路工程总公司主编的《公路施工手册　桥涵》，其涵盖的内容和技术指标已远远满足不了现在桥梁施工的需要，为此人民交通出版社在广泛征求相关单位的意见后，决定组织编写新一版的《公路桥梁施工系列手册》。

《公路桥梁施工系列手册》是由人民交通出版社组织国内知名桥梁施工单位参与编写的实用手册，其中《公路桥梁施工系列手册　拱桥》是其中的一册，由四川公路桥梁建设集团有限公司和四川路桥建设股份有限公司主持编写，贵州桥梁建设集团有限责任公司和中交第二航务工程局有限公司等单位提供了宝贵的第一手基础资料。

在编写过程中，本书编写组进行了广泛的资料收集、现场调查研究和专题讨论，并在总结近年来拱桥施工的成功经验以及相关的科研成果的基础上，吸纳了其中成熟的技术和工艺以及新材料、新设备的应用实例，同时也借鉴了西方国家先进的技术标准和规范，体现了安全、环保、耐久、节能的拱桥建设理念。

本次编写重点突出了技术的先进性，在《公路桥涵施工技术规范》(JTG/T F50—2011)的基础上，新增了箱形拱桥的悬臂浇筑施工方法和拱桥的顶推施工方法，并附上工程施工实例，可供读者参考。

《公路桥梁施工系列手册　拱桥》与 2000 年《公路施工手册　桥涵》中的拱桥部分相比，不仅内容更丰富、详细，而且为了读者有更直观的感受，本手册附注了拱桥施工不同部位的现场图片及工程实例，以帮助读者阅读理解。

拱桥作为一种古老的桥型，以其跨越能力大、承载能力强、造价经济、养护维修费用少、造型美观等特有的技术优势而成为建筑历史最悠久、竞争力较强的桥型。它能适用于大、中、小跨径的公路或铁路桥，又因其造型美观，也常用于城市、风景区的桥梁建筑；古今中外名桥遍布各地，拱桥在桥梁建筑中占有重要地位，并且长盛不衰，成为不断发展的桥梁形式，特别是随着我国建材工业的高速发展和建桥技术的不断创新，拱桥的形式越来越多，因此拱桥的分类很复杂，无法单独用某一种方式将其全面概括。

本手册为了更全面的概括，采取了以拱桥的建筑材料和施工方法相结合的分类方式，将拱桥划分成十三章进行编写，基本上概括了各种拱桥类型。如按照建筑材料划分为：圬工拱桥、钢筋混凝土拱桥、钢箱拱桥和钢管混凝土拱桥等；按施工方法划分为：现浇施工拱桥、缆索吊装施工拱桥、转体施工拱桥、悬臂施工拱桥、顶推施工拱桥、垂直提升施工拱桥等。

本手册编写参考了现行的国家标准、规范和规程。随着拱桥技术的不断发展，各类标准、规范和规程今后还会进行新的修订，因此，读者在使用本手册时，应注意以最新的标准规范作为依据。

本手册得到贵州桥梁建设集团有限责任公司和中交第二航务工程局有限公司的大力协助，第七章、第十章、第十三章由贵州桥梁建设集团有限责任公司提供基础资料；第十二章由中交第二航务工程局提供基础资料。在此深表感谢！

编　者

2013 年 12 月于成都

目 录

contents

第一章 概述

第一节 拱桥的发展

拱桥作为一种古老的桥型，以其跨越能力大、承载能力高、造价经济、养护维修费用少、造型美观等特有的技术优势而成为建筑历史最悠久、竞争力较强的桥型。它能适用于大、中、小跨跨越峡谷的公路或铁路桥，又因其造型美观，也常用于城市、风景区的桥梁建筑；古今中外名拱桥遍布各地，在桥梁建筑中占有重要地位，并且长盛不衰，成为不断发展的桥梁形式之一。

以承受轴向压力为主的拱圈或拱肋作为主要承重构件，其拱结构由拱圈（拱肋）及其支座组成。拱桥可用砖、石、混凝土等抗压性能良好的材料建造；大跨度拱桥则用钢筋混凝土或钢材建造，以承受发生的力矩。按拱圈的静力体系分为无铰拱、双铰拱、三铰拱。前两者为超静定结构，后者为静定结构。无铰拱的拱圈两端固结于桥台，结构最为刚劲，变形小，比有铰拱经济，结构简单，施工方便，是普遍采用的形式，但修建无铰拱桥要求有坚实的地基基础。双铰拱是在拱圈两端设置可转动的铰支承，结构虽不如无铰拱刚劲，但可减弱桥台位移等因素的不利影响，在地基条件较差和不宜修建无铰拱的地方，可采用双铰拱桥。三铰拱则是在双铰拱的拱顶再增设一铰，结构的刚度更差些，拱顶铰的构造和维护也较复杂，一般不宜作主拱圈。拱桥按拱圈的结构形式可分为板拱、肋拱、双曲拱、箱形拱、桁架拱。拱桥为桥梁基本体系之一，是大跨径桥梁的主要形式。

我国公路拱桥的发展，可粗略地分为五个阶段。

第一阶段是 20 世纪 50 年代至 60 年代中期，绝大多数是中小石拱桥，也有少量片石混凝土拱桥。该阶段最大跨度拱桥是 1961 年建成的云南南盘江上的单跨 112.5m 的空腹式石拱桥——长虹桥（图 1-1）。

第二阶段是 20 世纪 60 年代中期至 70 年代，主导桥型是低配筋双曲拱桥。由于双曲拱桥耗用钢材少，施工中能化整为零，需要的起重设备少，由于当时倡导群众运动，因而发展较快，最大跨度是 1968 年建成的河南嵩县跨度 150m 的前河大桥（图 1-2）。

第三阶段是 20 世纪 70 年代末至 80 年代，主导桥型

图 1-1　云南南盘江长虹桥

图 1-2　河南嵩县前河大桥

是大中跨预制钢筋混凝土箱(肋)形拱桥。采用无支架吊装架设法建成的最大跨度桥为四川宜宾马鸣溪金沙江大桥(1979 年建成,跨度 150m)(图 1-3)。在这个时期,国外钢筋混凝土拱桥的最大跨度已达 390m(前南斯拉夫克尔克Ⅰ桥 KrKⅠ,1980 年建成)。

第四阶段是 20 世纪 90 年代,采用劲性骨架法施工,使拱桥在跨度方面取得很大突破。1990 年建成了跨度 240m 的宜宾小南门金沙江大桥;1996 年建成了跨度 312m 的广西邕宁邕江大桥,1997 年建成的跨度 420m 的万县长江大桥,居世界混凝土拱桥第一(图 1-4)。

第五阶段是 21 世纪至今,其特点是突破钢筋混凝土的局限,采用钢结构或者半钢结构,使跨度更大。2003 年建成的跨度 550m 的上海卢浦大桥,主肋为钢箱拱;2005 年建成的跨度 460m 的巫山长江大桥,主拱为钢管混凝土拱桥(图 1-5);2009 年建成的跨度 552m 的重庆朝天门大桥,为钢桁架系杆拱桥。

图 1-3　四川宜宾马鸣溪金沙江大桥

图 1-4　万县长江大桥

图 1-5　巫山长江大桥

拱桥将来的发展,在结构方面将以减轻自重为主要目标,可减轻对吊装能力的要求,节省上、下部构造工程量,节省造价。在减轻拱圈自重方面,一是使用高强混凝土材料。二是向宽箱、少箱发展,以减少腹板体积。大部分箱形拱,腹板多而厚,其体积可占主拱圈的20%~25%,但对受力的贡献极小。三是采用变截面,使其受力合理。四是普遍采用钢—混组合结构或全钢结构。在施工方面,悬臂施工还将是主要的选择。对于大跨径拱桥,将采用组合施工法。由于跨度大,施工中的稳定,特别是肋拱的平面外稳定问题突出,因此将采取特殊措施保证稳定。

第二节　拱桥的主要形式

(1)按照行车道的位置,拱桥可分为上承式拱桥、下承式拱桥、中承式拱桥。

①上承式拱桥:桥面系设置在拱圈之上的拱桥。优点是桥面系构造简单,拱圈与墩台的宽度较小,桥上视野开阔,施工方便;缺点是桥梁的建筑高度大,纵坡大和引桥长。一般用在跨度较大的桥梁,如图1-6所示。

②中承式拱桥:桥面系设置在拱肋中部的拱桥。优点是建筑高度较小,引道较短;缺点是桥梁宽度大,构造较复杂,施工也较麻烦,如图1-7所示。

③下承式拱桥:桥面系设置在拱圈之下的拱桥。优点是桥梁建筑高度很小,纵坡小,可节省引道长度;缺点是构造复杂,拱肋施工麻烦。一般用于地基差的桥位上,如图1-8所示。

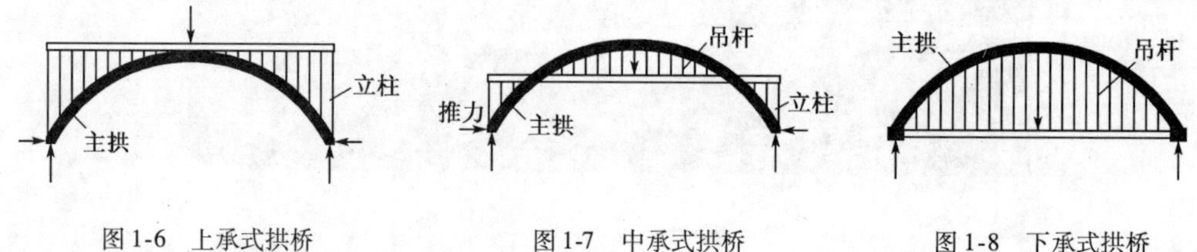

图1-6　上承式拱桥　　图1-7　中承式拱桥　　图1-8　下承式拱桥

(2)按照建筑材料的不同,拱桥可分为石拱桥、钢筋混凝土拱桥、钢拱桥和钢管混凝土拱桥等。

①石拱桥:用石料建造的拱桥,外形美观,养护简便,并可以就地取材,以减低造价。缺点是自重大,跨越能力有限,石料的开采、加工和砌筑均需要较多的劳动力,且工期较长。一般用于小跨径桥梁。

②混凝土拱桥:用混凝土建造的拱桥,包括素混凝土和钢筋混凝土两类。其优点是加工和制造较石拱桥方便,工期短。缺点是由于混凝土抗拉强度很低,故其跨越能力小,一般用于小跨径桥梁。

③钢拱桥和钢管混凝土拱桥:上部结构用钢材或者组合材料建造的拱桥类型。其优点是跨越能力大,自重轻,适用于大跨度桥梁。缺点是结构复杂,造价和维护费用高。

(3)按照有无水平推力,拱桥可分为有推力拱桥、无推力拱桥。

①无推力拱桥:在竖向荷载作用下拱脚对墩台无水平推力作用的拱桥。其推力由刚性梁或柔性杆件承受,属于内部超静定、外部静定的组合体系拱桥。适用于地质不良的桥位处,墩台与梁式桥基本相似,体积较大,只能做成下承式桥,建筑高度很小,桥面高程可

设计的很低,降低纵坡,减小引桥长度,因此可以节约材料,但是,结构的施工比较复杂。

②有推力拱桥:在竖向荷载作用下拱脚对墩台有水平推力作用的拱桥。水平推力可减小跨中弯矩,能建成大跨度的桥梁。造型美观,城市桥梁一般优先选用,可做成上承式、中承式桥。缺点是对地质要求很高,为防止墩台移动或转动,墩台形体须设计很大,施工较麻烦。

(4)按照拱上建筑的形式,拱桥可以分为实腹式拱桥、空腹式拱桥及组合体系拱桥。

①实腹式拱桥:是指拱上建筑做成实体结构,拱圈和主梁之间用石料或砌块填充的拱桥形式,如图1-9所示。优点是刚度比较大,构造简单,施工方便;缺点是随着桥梁跨径的增大,拱桥的自重迅速加大,无法做成较大跨径的拱桥。一般用在跨径较小的拱桥中,常用跨径为20~30m。

②空腹式拱桥:是指拱圈和主梁之间用立柱支撑,如图1-10所示。其优点是较实腹式拱桥轻巧,节省材料,外形美观,还有助于泄洪;缺点是施工比较麻烦,受力较复杂。一般用在大跨径的桥梁中。

图1-9　实腹式拱桥

图1-10　空腹式拱桥

③组合体系拱桥:由拱和梁组成主要承重结构的拱桥。通常用钢筋混凝土或钢材建造。兼有实腹式拱桥和空腹式拱桥的优点,跨越能力较大,一般用在大、中跨度的桥梁中。

(5)按照拱轴线的形式,拱桥可分为圆弧拱桥、抛物线拱桥、悬链线拱桥。

①圆弧拱桥:拱圈轴线按部分圆弧线设置的拱桥。优点是构造简单,石料规格最少,备料、放样、施工都很简便;缺点是受荷时拱内压力线偏离拱轴线较大,受力不均匀。一般适用于跨度小于20m的石拱桥。

②抛物线拱桥:拱圈轴线按抛物线设置的拱桥,是悬链线拱桥的一种特例。优点是弯矩小,材料省,跨越能力较大;缺点是构造较复杂,如果是石拱桥则料石的规格较多,施工较不方便。

③悬链线拱桥:拱圈轴线按悬链线设置的拱桥。优点是受力均匀,弯矩不大,节省材料。多适用于实腹拱桥,大跨度的空腹拱桥中也常常采用这种线形布置。

第三节　拱桥的主要施工方式

拱桥的施工方法多种多样,有较多的选择余地。选择适当施工方法是拱桥顺利建成的关键。目前我国拱桥主要施工方法有:

一、拱架施工法

主要利用钢管脚手架、贝雷梁、六四式军用梁等形成拱架，在其上完成拱圈的施工。拱架的形式有落地式拱架和拱式拱架(图1-11和图1-12)。

图1-11　落地式拱架

图1-12　拱式拱架

二、缆索吊装法

缆索吊装施工方法是我国修建大跨度拱桥的主要方法之一。将拱圈分段制作，利用塔架、缆索分别起吊，用扣索扣挂悬臂拱段，直至合龙(图1-13)。一般采用3～7段悬拼，有时多达11段，而且可以用于多孔桥中。

图 1-13　缆索吊装箱形拱桥

三、转体施工法

利用桥梁两边的地形，采用支架将主梁对称、分段在两边现场浇筑或制作，然后借助铺有四氟乙烯板和不锈钢板的环形滑道，采用千斤顶的推力，绕拱座作水平或竖直旋转合龙（图 1-14 和图 1-15）。该方法在不中阻断车辆通行的公路与铁路上以及不允许断航的河道上特别适用。

图 1-14　拱桥平转施工

图 1-15　拱桥竖转施工

四、劲性骨架法

用型钢分节段做成拱形骨架，用缆索吊机吊装形成拱圈，围绕骨架浇筑外包混凝土形成拱圈（图 1-16）。根据骨架受力情况，一般分底、腹、顶板三层，自拱脚向拱顶或间隔跳跃浇筑混凝土。

五、悬臂桁架法

该方法适用于桁架拱桥。将桁架分别预制，用专用吊机悬臂吊装就位直至合龙

(图 1-17)。

图 1-16　吊装劲性骨架

图 1-17　悬臂桁架法施工

六、悬臂浇筑法

采用特殊的挂篮设备配合扣索系统,分节段悬臂浇筑拱圈直至合龙。该方法在无预制场地、不能布设缆索吊机的条件下特别适用(图 1-18)。

七、顶推施工法

采用梁拱新型组合结构体系,即钢拱、钢梁在岸上先期组拼为一体,利用顶推设备进行钢拱和钢梁整体顶推就位的施工方法(图 1-19)。

图 1-18　悬臂浇筑拱桥

图 1-19　顶推法施工拱桥

第一节 概 述

一、石块及混凝土预制块强度

砌筑拱圈的石块及混凝土预制块强度必须符合设计规定。石料强度、试件规格及换算应符合设计要求，石料强度的测定应按照现行《公路工程岩石试验规程》(JTG E41—2005)执行。

一月份平均气温低于 -10℃的地区，除干旱地区的不受冰冻部位或根据实践经验证明材料确有足够抗冻性外，所用石料及混凝土材料需通过冻融试验并证明符合表 2-1 的抗冻性指标时，方可使用。

抗冻性指标表　　表 2-1

结构物类别	大、中桥	小桥及涵洞
镶石或表层	50	25

注：抗冻性指标系材料在含水饱和状态下经 -15℃的冻结与融化的循环次数。试验后的材料应无明显损伤（裂缝、脱层），其强度不低于试验前的 0.75 倍。

二、拱圈及拱上建筑砌体类别

拱圈及拱上建筑应按设计要求采用粗料石、混凝土预制砌块等。如设计有镶石要求，应符合《公路桥涵施工技术规范》(JTG/T F50—2011)的有关规定。

三、拱石规格

1. 粗料石拱石

粗料石拱圈首先应进行配料，确定每块粗料石的尺寸，并制作“样板”进行加工。按设计图纸放 1:1 拱圈大样，在拱圈大样上划分块数，确定尺寸并依次进行编号，砌筑时“对号入座”，如图 2-1a) 所示。粗料石拱石的形状和尺寸如图 2-1b) 所示，一般应符合下列规定：

(1) 厚度 t_1 不小于 20cm，t_2 应按设计或施工放样确定。

(2) 高度 h 应为最小厚度 t_1 的 1.2 ~ 2.0 倍。

(3) 长度 l 应为最小厚度的 2.5 ~ 4.0 倍，一般为 50 ~ 70cm。

(4)相邻拱石之间错缝不应小于10cm。

粗料石应根据它在拱圈大样图上的位置,按"排—层—长度"的顺序逐块编号,如图2-1a)所示,并用油漆或墨汁标明。拱石运到现场后应按使用顺序,分排分层堆放整齐。

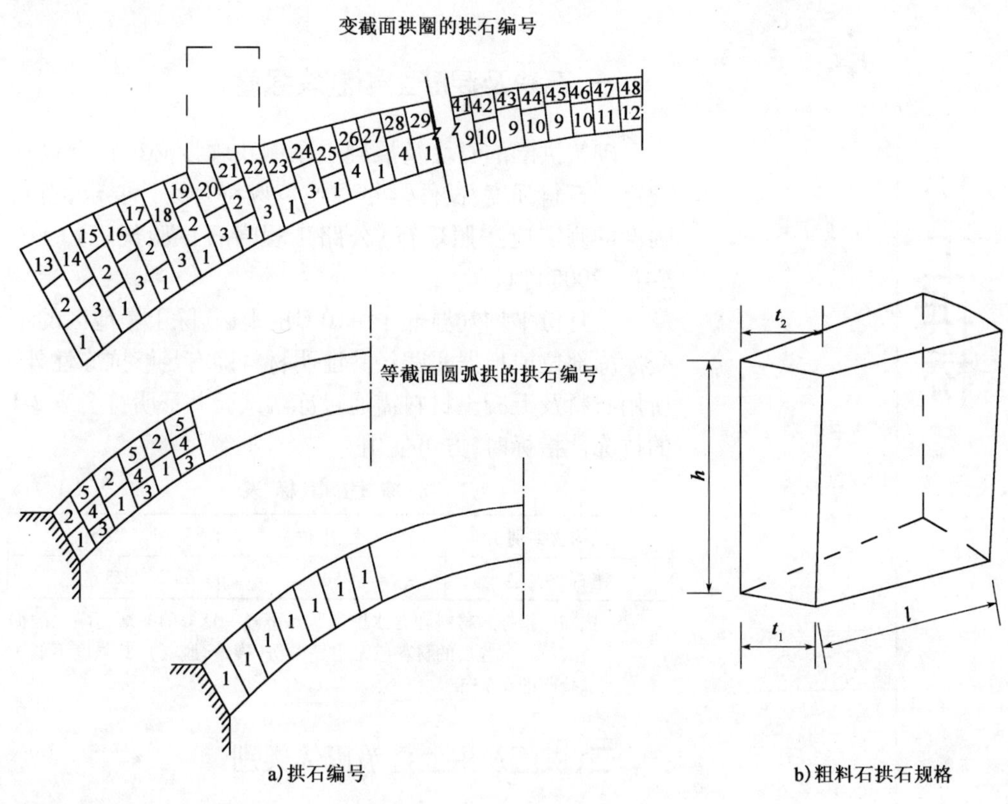

图2-1　拱石的编号及规格

2. 混凝土预制砌块

其规格应与粗料石相同,预制砌块尺寸应根据砌体形状放1:1大样配料确定,一般为楔形,相邻砌块错缝不小于10cm,编号预制和砌筑。预制砌块强度必须符合设计要求,且应在拱圈合龙前2~4个月预制,以减少混凝土的收缩变形对拱圈的影响。

四、砂浆和小石子混凝土

拱圈砌缝可用砂浆或小石子混凝土砌筑、填塞。

1. 砂浆

(1)砌筑拱圈用的砂浆,一般宜为水泥砂浆。砂浆强度等级应符合设计规定。

(2)砂浆必须具有良好的和易性,其稠度用标准圆锥体沉入度表示,用于石砌体时宜为50~70mm,气温较高时可适当增大。

(3)水泥砂浆的水灰比不宜小于0.65,较温暖地区不宜小于0.7。

(4)砂浆的配合比应通过试验确定。应采用质量比,并应满足现行规范中技术条件的要求。当变更砂浆的组成材料时,其配合比应重新通过试验确定。

(5)砂浆宜用机械拌和,拌和时间宜为3~5min。应随拌随用,保持适宜的稠度,一般宜在2h内使用完毕。在运输过程或储存器中发生离析、泌水的砂浆，砌筑前应重新拌和；已凝结的砂浆不得掺水重新拌和使用。

(6)砂浆中使用的水泥、砂、水等材料质量应符合混凝土工程相应材料的质量标准。砂浆中用的砂子宜采用中砂或粗砂，当缺乏此种砂时，可在适当增加水泥用量的条件下采用细砂。用于砌筑粗料石、混凝土预制块拱圈时，砂的最大粒径不宜超过2.5mm。如砂的含泥量超过混凝土用砂的标准，当砂浆强度等级大于或等于M5时，不可超过5%；当砂浆强度等级小于M5时，不可超过7%。

2. 小石子混凝土

(1)小石子混凝土的配合比设计、材料规格和质量检验标准，应符合《公路桥涵施工技术规范》(JTG/T F50—2011)的相关规定。

(2)小石子混凝土的粗集料可采用细卵石或碎石，最大粒径不宜大于20mm。

(3)小石子混凝土拌和物应具有良好的和易性，坍落度宜为70~100mm。为改善小石子混凝土拌和物的和易性并节约水泥，可通过试验在拌和物中掺入一定数量的减水剂等外加剂或粉煤灰等混合材料。

五、拱圈砌缝

1. 砌缝

拱圈的受力面砌缝(即紧缝)应成辐射形且与拱轴线垂直，这种辐射向砌缝一般为通缝，即上下砌层的竖缝可不错开。但相邻两排的各层砌缝(包括横缝和竖缝)必须相互错开，错开距离应不小于10cm，如图2-2所示。

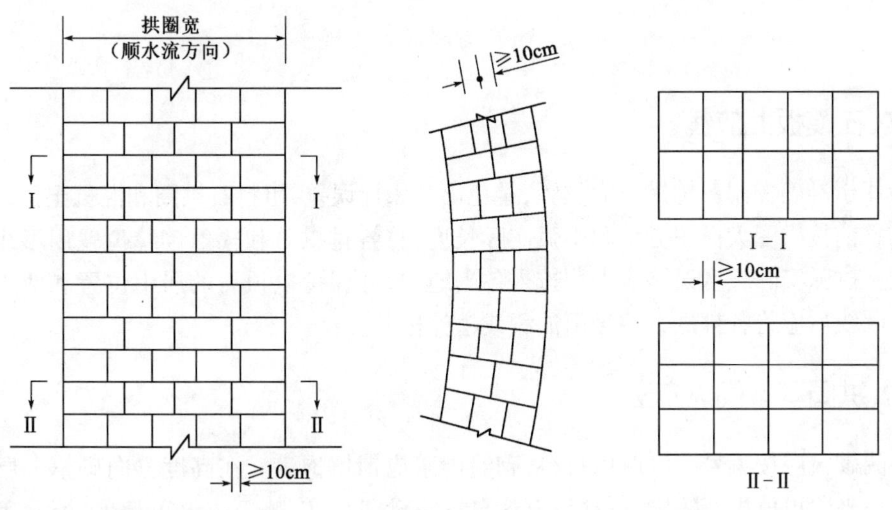

图2-2 拱石错缝

2. 砌缝宽度

粗料石砌缝宽度一般为1~2cm，不应大于2cm；混凝土预制砌块砌缝不应大于1cm；当采用小石子混凝土砌筑拱圈时，砌缝宽度宜为3~5cm。

3. 拱座

拱座以前一般采用特制的五角石砌成，如图2-3所示，以改善拱圈与墩石连接处的受力状态。五角石不得带有锐角，应砌成行列，并应与拱轴的延长线垂直。由于五角石的加工和砌筑难度较大，石砌拱座在近代大都被施工方便、整体性更好的现浇混凝土拱座所取代，拱上腹孔墩底梁也被现浇混凝土所取代，如图2-3d）所示。

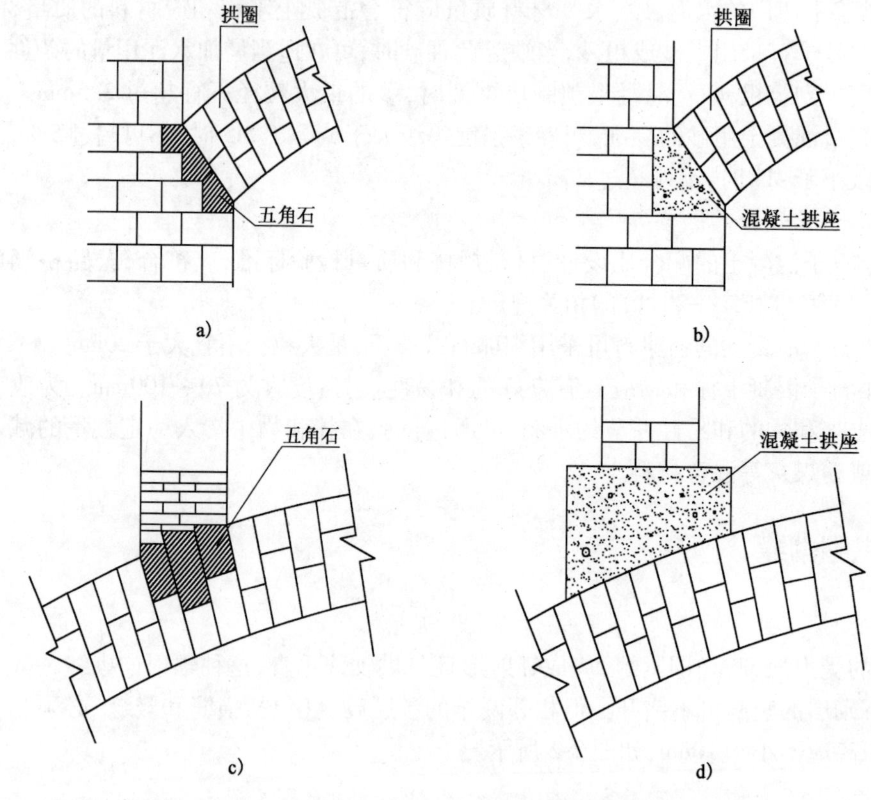

图2-3　五角石及混凝土拱座

六、在模板上放线

为便于准确控制各排拱石的位置，避免出现累计误差，粗料石拱圈和混凝土预制拱圈应在砌筑前按拱圈大样图分块和拱弧实际长度，将各排拱石和辐射砌缝位置用墨线弹在模板上。拱弧实际长度误差应平均摊入各砌缝中，并保持拱顶石的居中位置和两边的对称性。画线后应将各排拱石编号用油漆或墨汁标明。

七、拱圈基本砌筑方法

拱圈砌筑应按编号顺序取用石料，砌缝砂浆应铺填饱满。在高度方向砌第二层拱石之前应先坐浆再放拱石挤砌，以利用石料自重将砂浆压实；侧石砌缝可填塞砂浆，用插钎捣实；当砌缝较陡时，可在拱石间先嵌入与砌缝同宽的木条或用撬棍，然后填塞砂浆捣实，填塞完毕后再抽出木条或撬棍。

在多孔连续拱桥的施工中，当桥墩未设计单项制动墩时，应采取相邻孔拱圈的对称均衡施工，以避免桥墩在拱圈砌筑过程中承受过大的单向水平推力。因此，对拱式拱架必须合理安排各孔的砌筑顺序，对满布式拱架必须合理安排各孔拱架的卸架程序。

第二节 砌筑程序

为了保证在整个拱圈砌筑过程中拱架受力均匀，变形最小，确保拱圈的砌筑质量，必须选择适当的砌筑方法和顺序。一般根据拱圈跨径、矢高、厚度、拱架种类等情况设计拱圈砌筑程序。砌筑时，必须设置变形观测缝，随时注意观测拱架的变形情况，必要时对砌筑程序进行调整以控制拱圈的变形。

一、拱圈按顺序对称连续砌筑

跨径不大于10m的拱圈，当用满布式拱架砌筑时，可以从两端拱脚起同时按顺序对称均衡地向拱顶方向砌筑，最后砌拱顶石。当用拱式拱架砌筑时，宜分段、对称地先砌拱脚段和拱顶段，后砌1/4跨径段。

二、拱圈分段、分环、分阶段砌筑

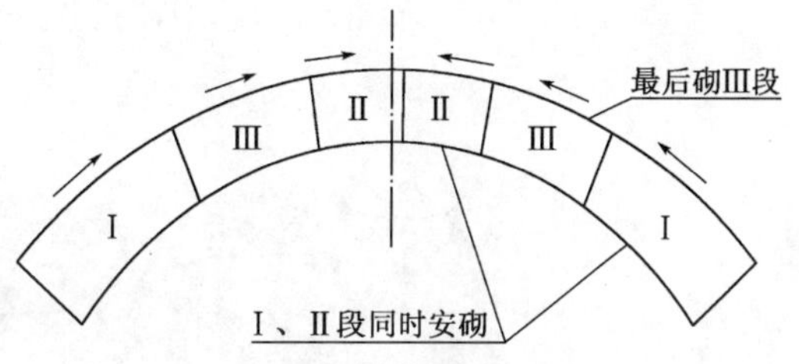

图2-4 跨径小于25m的拱圈分段砌筑顺序

1. 分段砌筑

(1)跨径在13~20m之间的拱圈，不论采用何种拱架，每半跨均应分成三段砌筑(图2-4)，先砌拱脚段(Ⅰ)和拱顶段(Ⅱ)、后砌1/4跨径(Ⅲ)，最后砌筑拱顶石合龙。

(2)跨径不小于25m的拱圈，砌筑程序应符合设计规定，无设计规定时应通过验算确定。一般应按跨径大小及拱架类型等情况，在两半跨各分成若干段，均匀对称地砌筑，每段长度一般不超过8m。

拱圈分段砌筑时，各段间应预留空缝，以防止拱圈因拱架变形而开裂。空缝数量由分段长度而定，一般在拱脚附近、跨径1/4点、拱顶及满布式拱架的节点处必须设置空缝。

2. 分环分段砌筑

跨径较大的石拱桥(或混凝土预制砌块拱桥)，当拱圈厚度较大且由三层以上拱石组成时，可将全部拱圈厚度分成几环砌筑，每一环可分成若干段对称均衡地砌筑，砌一环合龙一环。当下环砌筑合龙、砌缝砂浆强度达到设计强度的75%以上后，再砌筑上环。按此方法砌筑拱圈时，下环拱圈可与拱架共同负担上环拱圈的重力，因而可减轻拱架受力，节省拱架材料。拱架设计必须依据砌筑顺序和分环情况等不同工况进行验算确保拱架刚度和安全。

例如：我国于1999年7月30日主拱圈合龙的晋焦高速公路丹河特大石拱桥，净跨146m，居同类桥梁世界最大跨径，如图2-5和图2-6所示。该桥采用万能杆件拼装拱架，主拱圈采取分环分段，对称均衡砌筑，环环合龙，环环受力的施工方案，解决了大跨径石拱桥主拱架均衡受载的施工难题。为确保工程质量万无一失，运用先进手段对主拱圈和拱架实施施工监控，分别在主拱预埋了大量应变盒，在支架贴了大量应变片，监控主拱受力情况和各支架各部位应力变化；多断面地安装了观察标尺，用精度水平仪观察支架下沉情况，一旦发现异常变化，立即停止施工，采取针对性措施处理，保证了主拱圈的施工安全，顺利合龙。

四川罗江凤鸣桥如图2-7所示。

图2-5　施工过程中的晋焦高速公路丹河特大石拱桥

图2-6　晋焦高速公路丹河特大桥(主孔跨径146m,2000年竣工)

图2-7　四川罗江凤鸣桥(主孔跨径80m,1992年竣工)

第三节 拱圈砌筑

一、分段支撑

分段砌筑拱圈时，如拱段倾斜角大于拱石与模板间的摩擦角（约20°），则拱段将沿切线方向产生一定的滑动。为了防止拱段向下滑动，必须在拱段下方临时设置分段支撑。可用横木、立柱、斜撑木等支撑于拱架模板上。

二、空缝的设置及填塞

1. 空缝的设置

分段砌筑拱圈时，应在拱脚、拱顶石两侧、各分段点等处设置空缝；小跨径拱圈不分段砌筑时，应在拱脚附近临时设置空缝。预留的空缝位置应正确，形状应规则，空缝宽度宜为3～4cm，在靠近拱圈底面和侧面处，缝宽应与周围砌缝相同。沿空缝的拱石侧面应加工凿平。

为保证在砌筑拱圈过程中，空缝的宽度和形状不发生改变，同时能将上侧拱段压力传到下侧拱段及墩台上去，应在空缝中设置坚硬垫块。垫块可采用铁条或水泥砂浆预制块。

2. 空缝的填塞

空缝的填塞应在所有拱段及拱石砌完后进行（刹尖封顶及预加压力封顶除外）；分环砌筑时，空缝的填塞应在整环拱石砌完后进行；空缝填塞必须在砌缝砂浆强度达到设计强度的70%后进行，填塞时应分层捣实。

填塞空缝可使用砌体砂浆或体积比为1:1的半干硬水泥砂浆；空缝宜同时填塞或自拱脚依次向拱顶对称填塞。

三、小石子混凝土砌拱圈

1. 材料

（1）块石（粗料石）：应符合块石、粗料石规格要求，并宜选用尺寸较大者。

（2）小石子混凝土：混凝土强度等级不宜低于C15，粗集料宜采用0.5～2cm的碎石或砾石，含砂率不低于38%，坍落度为7～10cm。为改善小石子混凝土的和易性并节约水泥，可通过试验掺入适量减水剂或粉煤灰等混合材料。

2. 砌筑

用小石子混凝土砌筑块石、（粗料石）拱圈时，模板表面应平整、接缝严密不漏浆。砌筑时应注意以下几点：

（1）靠拱模一面应选用底面较大且较平整的块石来砌筑，必要时对石块稍加修整后再砌。拱背面应大致平顺。

（2）块石（粗料石）间砌缝宜为5～7cm。块石（粗料石）应错缝排列，其错缝不宜小于10cm。

(3)分环砌筑时，除应在高度方向错缝形成石榫外，在砌筑次一环时还应先铺一层1～2cm厚的水泥砂浆，以便于上下环层的黏结。

(4)砌缝中的小石子混凝土可根据砌缝的平斜情况灌注，用直径较小的插入式振捣器振捣密实。

(5)其他施工技术要求同浆砌块石(粗料石)拱圈。

四、拱圈合龙

砌筑拱圈一般在拱顶留一龙口，待各拱段砌筑完成后安砌拱顶石完成拱圈合龙。分段较多的拱圈以及分环砌筑的拱圈，为使拱架受力对称、均匀，可在拱圈两半跨的1/4处或其他几处同时完成拱圈合龙。

为防止拱圈因温度变化产生过大的附加应力，拱圈合龙应按设计规定的温度和时间进行。如设计无规定，则宜选择在接近当地年平均温度或昼夜平均温度(一般为5～15℃)时进行。

第四节　拱上建筑砌筑

拱上建筑的砌筑，必须在拱圈合龙和空缝填塞完成，并经过数日养护，当砌缝砂浆强度达到70%设计强度以后才能进行。养护时间一般不少于3昼夜，跨度较大时应适当延长养护时间。

对于实腹式拱的拱上建筑，一般应由拱脚向拱顶对称、均衡地砌筑拱上建筑。拱上填料宜在侧墙砌完后再分层进行填筑。侧墙与桥台间设伸缩缝隔开，多拱拱桥还应在桥墩顶部设伸缩缝隔开。

对于空腹式拱桥，为防止腹拱圈受到主拱圈卸架时的变形影响，应在主拱圈砌完后，先砌腹拱横墙和实腹段，待卸落拱架后再砌筑腹拱圈。腹拱上的侧墙应在腹拱拱铰处设置变形缝。

较大跨径拱桥拱上建筑的砌筑程序，一般在设计文件中均有规定，应按设计规定程序砌筑拱上建筑，并在砌筑过程中对拱圈变形进行监控，确保拱圈稳定。

多跨连续拱桥的拱上建筑，当桥墩不按施工单项受力墩设计时，应注意相邻孔间的拱上建筑对称均衡施工，避免桥墩承担过大的单向推力。尤其是在裸拱圈上砌筑拱上建筑的多孔连拱时更应注意，以免影响拱圈的质量和安全。

第五节　养　护

拱圈(拱上建筑)砌筑完成后应尽快用保湿效果较好的覆盖物予以覆盖，并于砂浆初凝后(一般为4h)洒水养护，使砌体砂浆或小石子混凝土始终保持湿润状态。养护时间一般为7～14d，养护期间应避免碰撞、振动或承重。

第六节　圬工体积计算

一、侧墙体积计算

1. 圆弧拱侧墙体积计算

计算方法如图 2-8、表 2-2 和表 2-3 所示。

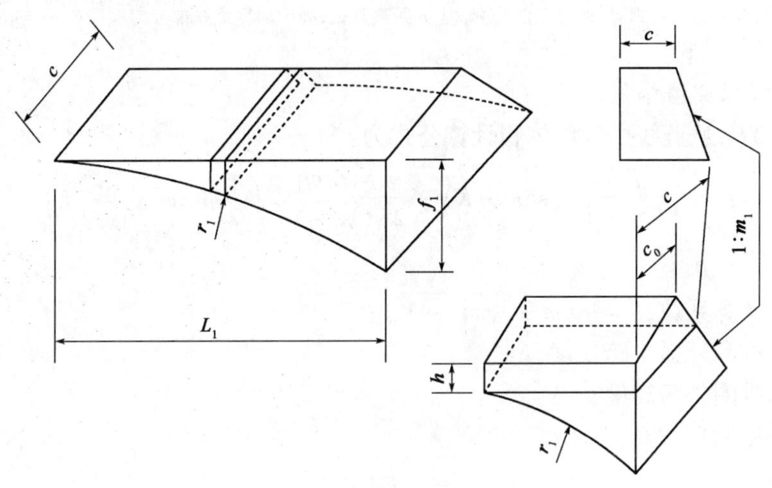

图 2-8　圆弧拱侧墙体积计算

圆弧拱侧墙体积计算表　　表 2-2

$f_1/2L_1$	V	$f_1/2L_1$	V
1/2	$0.2164cL_1^2+0.0479m_1L_1^3$	1/7	$0.0923cL_1^2+0.0073m_1L_1^3$
1/3	$0.1828cL_1^2+0.0313m_1L_1^3$	1/8	$0.0814cL_1^2+0.0062m_1L_1^3$
1/4	$0.1503cL_1^2+0.0212m_1L_1^3$	1/9	$0.0727cL_1^2+0.0055m_1L_1^3$
1/5	$0.1261cL_1^2+0.0161m_1L_1^3$	1/10	$0.0659cL_1^2+0.0046m_1L_1^3$
1/6	$0.1064cL_1^2+0.0107m_1L_1^3$	—	—

注：1. L_1 为拱圈外弧的半跨长。

2. m_1 为拱侧墙内边坡。

3. c 为侧墙顶宽（在拱顶处），c_0 为侧墙顶宽（图 2-8）。

4. 表中侧墙体积为半跨一边的数量，整跨全拱的侧墙体积应将表值乘以 4。

5. 如拱顶有厚为 h 的垫层，则侧墙自拱顶以上 h 距离处开始，尚应加算直线部分侧墙体积（图 2-8），圆弧拱侧墙体积见式(2-1)，当为整跨全拱时，应乘以 4。

$$V' = \left(c_0 + \frac{m_1 h}{2}\right)hL_1 \tag{2-1}$$

圆弧拱侧墙勾缝面积如表 2-3 所示。

圆弧拱侧墙勾缝面积表 表 2-3

$f_1/2L_1$	F	$f_1/2L_1$	F
1/2	$0.2164L_1^2$	1/7	$0.0923L_1^2$
1/3	$0.1828L_1^2$	1/8	$0.0814L_1^2$
1/4	$0.1503L_1^2$	1/9	$0.0727L_1^2$
1/5	$0.1261L_1^2$	1/10	$0.0659L_1^2$
1/6	$0.1064L_1^2$	—	—

注:1. 表中为半跨一边的面积,整跨全拱应将表值乘以 4。

2. 如拱顶有厚为 h 的垫层,则侧墙自拱顶以上 h 距离开始,尚应加算直线部分勾缝面积 $F' = hL_1$,当为整跨全拱时,应乘以 4。

2. 悬链线拱侧墙体积计算

参照图 2-9,悬链线拱侧墙体积计算公式为:

$$V = \frac{cf_1L_1}{K(m-1)}(\mathrm{sh}K - K) + \frac{f_1^2L_1m_1}{2K(m-1)^2}\left(\frac{1}{2}\mathrm{sh}K\mathrm{ch}K + \frac{3}{2}K\right) \tag{2-2}$$

式中:m——拱轴系数;

K——计算系数,$K = \ln(m + \sqrt{m^2 - 1})$;

L_1——拱圈外弧半跨长度;

f_1——拱圈外弧高度;

c——侧墙顶宽。

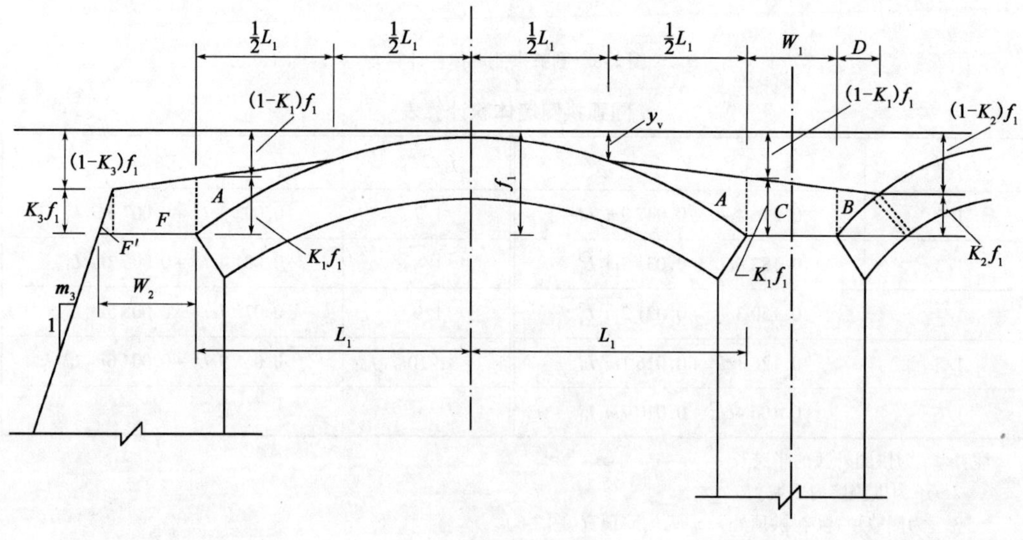

图 2-9 护拱体积计算

计算的体积 V 为半跨一边的数量,整跨全拱的侧墙体积应乘以 4。如拱顶有厚度为 h 的垫层,则侧墙自拱顶以上 h 距离处开始,尚应加算直线部分体积,其值为:$V' = \left(c_0 + \frac{m_1h}{2}\right) \times hL_1$,当为整跨全拱时,应乘以 4。以上公式按等截面悬链线拱导出,也可近似地用于变截面悬链线拱,计算时可利用表 2-4 的数据。

悬链线拱侧墙体积计算辅助表　　表 2-4

y_v/f	m	K	sh$K$	sh$K$ch$K$
0.24	1.347	0.810 7	0.902 5	1.215 7
0.23	1.756	1.163 0	1.443 5	2.534 8
0.22	2.240	1.445 6	2.004 4	4.489 9
0.21	2.814	1.694 6	2.632 1	7.406 7
0.20	3.500	1.924 9	3.357 8	11.752 3
0.19	4.324	2.143 7	4.213 4	18.218 7
0.18	5.321	2.355 9	5.233 4	27.846 9
0.17	6.536	2.564 6	6.469 1	42.282 0
0.16	8.031	2.772 6	7.979 8	64.085 8
0.15	9.889	2.982 0	9.845 4	97.361 2

侧墙勾缝面积的计算公式为：

$$F = \frac{L_1 f_1}{(m-1)K}(\text{sh}K - K) \tag{2-3}$$

当为整跨全拱时，应乘以 4。如拱顶有厚度为 h 的垫层，则侧墙勾缝面积应自拱顶以上 h 距离处开始，尚需加算直线部分勾缝面积 $F' = hL_1$，当为整跨全拱时，应乘以 4。

二、护拱体积计算

设桥墩护拱的长度为 $L_1/2$ 及 D，桥台护拱的长度与桥墩护拱类似，如图 2-9 所示，则其体积计算如下。

1. 拱上护拱体积

$$V_A \approx \frac{1}{4}\left[B - 2c - \frac{2f_1 m_1}{3}\left(2 - K_1 + \frac{y_v}{f_1}\right)\right]K_1 f_1 L_1 \tag{2-4}$$

当 $D = \frac{L_1}{4}$ 时，

$$V_B \approx \frac{1}{8}\left[B - 2c - \frac{2f_1 m_1}{3}(3 - K_1 - K_2)\right]K_1 f_1 L_1 \tag{2-5}$$

当 $D = \frac{L_1}{6}$ 时，

$$V_B \approx \frac{1}{12}\left[B - 2c - \frac{2f_1 m_1}{3}(3 - K_1 - K_2)\right]K_1 f_1 L_1 \tag{2-6}$$

式中：B——拱圈全宽；

c——拱顶处侧墙宽度；

f_1——拱圈外弧的高度；

y_v——拱圈外弧在 $L_1/2$ 处的坐标；

L_1——拱圈外弧半跨长度；

K_1、K_2——计算系数，如表2-5及表2-6所示。

2. 墩顶护拱体积 V_C

$$V_C \approx [B - 2c - f_1 m_1 (2 - K_1)] K_1 f_1 W_1 \tag{2-7}$$

式中：W_1——墩顶宽度；

其余符号含义同前。

3. 桥台台顶护拱体积 V_F

$$V_F \approx \frac{f_1}{2}[B - 2c - 2f_1 m_2 (K_1 + K_3) + f_1 m_2 (K_1^2 + K_3^2)] \times (W_2 - K_3 f_1 m_3) \tag{2-8}$$

$$K_3 = \frac{K_1 L_1 - K_0 W_2}{L_1 - K_0 f_1 m_3}$$

式中：K_0——计算系数，从表2-7和表2-8查得，$K_0 = 2\left(1 - K_1 - \frac{y_v}{f_1}\right)$；

m_2——桥台内墙侧边坡（高∶宽 = 1∶m_2）；

m_3——桥台背坡（高∶宽 = 1∶m_3）；

W_2——桥台顶宽；

其余符号含义同前。

圆弧拱 K_1、K_2 数值表　　表2-5

D \ 系数 \ $f_1/2L_1$		1/2	1/3	1/4	1/5	1/6	1/7	1/8	1/9	1/10
$L_1/4$	K_1	0.723	0.636	0.597	0.579	0.567	0.560	0.556	0.551	0.549
	K_2	0.651	0.546	0.500	0.480	0.465	0.458	0.453	0.449	0.447
$L_1/6$	K_1	0.631	0.512	0.470	0.453	0.440	0.434	0.430	0.425	0.425
	K_2	0.553	0.410	0.363	0.345	0.330	0.323	0.319	0.315	0.315
y_v/f_1		0.134	0.183	0.208	0.222	0.230	0.235	0.238	0.244	0.247

悬链线拱 K_1、K_2 数值表　　表2-6

D \ 系数 \ m		1.000	1.347	1.756	2.240	2.814	3.500	4.324	5.321	6.536	8.031	9.889
$L_1/4$	K_1	0.542	0.554	0.566	0.579	0.591	0.604	0.617	0.629	0.643	0.656	0.670
	K_2	0.438	0.451	0.464	0.478	0.492	0.506	0.520	0.534	0.549	0.564	0.580
$L_1/6$	K_1	0.417	0.428	0.439	0.451	0.462	0.474	0.486	0.498	0.511	0.524	0.537
	K_2	0.306	0.317	0.329	0.341	0.353	0.365	0.378	0.390	0.405	0.418	0.433
y_v/f_1		0.250	0.240	0.230	0.220	0.210	0.200	0.190	0.180	0.170	0.160	0.150

K_0 数值表(圆弧拱) 表 2-7

D \ 系数 $f_1/2L_1$	1/2	1/3	1/4	1/5	1/6	1/7	1/8	1/9	1/10
$L_1/4$	0.286	0.362	0.390	0.398	0.406	0.410	0.412	0.410	0.408
$L_1/6$	0.470	0.610	0.644	0.650	0.660	0.662	0.664	0.662	0.656

K_0 数值表(悬链线拱) 表 2-8

D \ 系数 $f_1/2L_1$	1.000	1.347	1.756	2.240	2.814	3.500	4.324	5.321	6.536	8.031	9.889
$L_1/4$	0.416	0.412	0.408	0.402	0.398	0.392	0.386	0.382	0.374	0.368	0.360
$L_1/6$	0.666	0.664	0.662	0.658	0.656	0.652	0.648	0.644	0.638	0.632	0.626

三、拱顶填料体积计算

$$V_{填料} = 2BF - V_{侧墙} - V_{护拱} \tag{2-9}$$

式中:$V_{侧墙}$、$V_{护拱}$——整跨全拱的侧墙及护拱体积(不包括墩台上面的体积);

B——拱宽度;

F——侧墙勾缝面积。

圆弧拱侧墙勾缝面积表 2-3,悬链线拱侧墙勾缝面积为:

$$F = \frac{f_1 L_1}{(m-1)K}(\mathrm{sh}K - K) \tag{2-10}$$

式中符号含义同前。

以上拱石未计拱顶以上部分填料及路面的数量。

四、拱圈体积计算

1. 圆弧拱体积

$$V = ULdB \tag{2-11}$$

式中:U——圆弧拱拱轴长度系数,如表 2-9 所示;

L——拱圈计算跨径;

d——拱圈厚度;

B——拱圈全宽。

U 值表 表 2-9

f/L	1/2	1/3	1/4	1/5	1/6	1/7	1/8	1/9	1/10
U	1.5710	1.2782	1.1594	1.1020	1.0720	1.0535	1.0410	1.0325	1.0265

2. 悬链线拱体积

$$V = \frac{1}{V_1}LdB \tag{2-12}$$

式中：$1/V_1$——悬链线拱轴长度系数，如表 2-10 所示；

L——拱圈计算跨径；

d——拱圈厚度，当为变截面时取平均值；

B——拱圈全宽。

$1/V_1$ 值表 表 2-10

m \ f/L	1/2	1/3	1/4	1/5	1/6	1/7	1/8	1/9	1/10	y_v/f
1.347	1.484 3	1.248 9	1.150 4	1.100 1	1.071 2	1.053 1	1.041 1	1.032 7	1.026 6	0.240
1.756	1.488 2	1.252 0	1.152 6	1.101 8	1.072 5	1.054 1	1.041 9	1.033 4	1.027 2	0.230
2.240	1.492 7	1.255 4	1.155 2	1.103 7	1.074 0	1.055 3	1.048 8	1.034 1	1.027 8	0.220
2.814	1.497 7	1.259 1	1.157 9	1.105 8	1.075 6	1.056 6	1.043 9	1.035 0	1.028 5	0.210
3.500	1.503 0	1.263 1	1.160 8	1.108 0	1.077 3	1.057 9	1.044 9	1.035 8	1.029 2	0.200
4.324	1.508 6	1.267 2	1.163 9	1.110 3	1.079 1	1.059 3	1.046 1	1.036 8	1.030 0	0.190
5.321	1.514 5	1.271 7	1.167 2	1.110 9	1.081 0	1.060 9	1.047 3	1.037 8	1.030 9	0.180
6.536	1.520 7	1.276 3	1.170 7	1.115 5	1.083 1	1.062 5	1.048 7	1.038 9	1.031 8	0.170
8.031	1.527 3	1.281 2	1.174 5	1.118 4	1.085 3	1.064 3	1.050 1	1.040 1	1.032 8	0.160
9.889	1.534 3	1.286 4	1.178 4	1.121 4	1.087 7	1.066 2	1.051 6	1.041 4	1.033 9	0.150

3. 拱圈勾缝面积计算

圆弧拱拱圈勾缝面积：

$$F = U(2Ld + L_0B) \tag{2-13}$$

悬链线拱拱圈勾缝面积：

$$F = \frac{1}{V_1}(2Ld + L_0B) \tag{2-14}$$

式中：L_0——圆弧拱及悬链线拱的净跨径；

其余符号意义同前。

第三章 装配式钢筋混凝土拱桥

第一节 概 述

装配式混凝土拱桥(图3-1)主要包括双曲拱、肋拱、组合箱形拱、悬砌拱、桁架拱、刚架拱和扁壳拱等。本节介绍双曲拱、肋拱、组合箱形拱、悬砌拱的施工。

图3-1 装配式混凝土拱桥

在无支架施工或脱架施工的各个阶段,对拱圈(或拱肋)截面强度和稳定性均有一定要求,但实际施工过程中拱圈(或拱肋)的强度和稳定安全度常低于成桥后的安全度,因此,在预制、吊运、搁置、安装、合龙、裸拱卸架及施工加载等各个阶段,必须对拱圈(或拱肋)进行强度和稳定性的验算,以确保桥梁安全和工程质量。对于在吊运、安装过程中的验算,应根据施工机械设备、操作熟练程度和可能发生的撞击等情况,考虑1.2~1.5的冲击系数。

在拱圈(或拱肋)及拱上建筑施工过程中,应经常对拱圈(或拱肋)进行挠度观测,以控制拱轴线的线形。

第二节 构件的预制、堆放与运输

一、预制方法

1. 拱肋构件坐标放样

装配式混凝土拱桥,拱肋坐标放样与有支架施工拱肋坐标放样相同。

2. 拱肋立式预制

采用立式浇筑方法预制拱肋，具有起吊方便、节省木材的优点。底模采用土牛拱胎密排浇筑时，能减小预制场地，这是预制拱肋最常用的方法，尤其适用于大跨径拱桥。

(1) 土牛拱胎立式预制

土牛拱胎在填筑土时，应分层夯实，表面土中宜掺入适量石灰，并加以拍实，然后用栏板套出圆滑的弧线。为便于固定侧模，表层宜按适当距离埋入横木，也可用粗钢筋或钢管固定侧模。土牛拱胎的表面，也可抹一层水泥砂浆或浇筑一层混凝土。侧模可采用4～5cm厚的木板或定型钢板；对于横系梁钢筋接头，除边肋外，可采用在拱肋上预留孔洞的方法，也可根据钢筋位置预埋短筋，待拱肋安装时再将横系梁钢筋插入预留孔中或与预埋筋焊接。

(2) 木架或钢架立式预制

当取土及填土不方便时，可采用木支架或钢支架进行装模和预制，但拆除支架时须注意拱肋的强度和受力状态，防止拱肋产生裂纹。

(3) 条石或预制块台座立式预制

条石或预制块台座由数个条石或预制块支墩、底模支架和底模等组成。

条石或预制块支墩由M5砂浆砌筑块石或预制块组成。支墩平面尺寸应根据拱肋的长度和宽度决定；支墩高度根据拱肋端头下高程及便于横移拱肋操作确定，顶部用砂浆抹平或再浇筑20～25cm高的混凝土。每个台座设两个滑道支墩。

滑道支墩顶面埋设钢板，以便拱肋移运。

底模支架由槽钢、角钢等型钢组成，底模可采用组合钢模，为便于脱模，可将钢模点焊在底模支架上。底模支架应根据拱肋高程作适当预弯。每个支墩处设木楔用于脱模。

条石或预制块台座预制拱肋，脱模方便；由于滑道支墩处设有滚筒和船形滑板，移梁容易，因此不需要专门的起重设备，施工方法简单。

3. 拱肋卧式预制

卧式预制，拱肋的形状和尺寸较易控制，特别是空心拱肋，浇筑混凝土时操作方便，且节省模板，但起吊时容易损坏。卧式预制一般有下列几种方法。

(1) 木模或钢模卧式预制

预制拱肋数量较多时，宜采用木模或钢模。浇筑截面为L形或倒T形时（双曲拱拱肋），拱肋的缺口部分可用黏土砖或其他材料垫砌。

(2) 土模卧式预制

在平整好的土地上，根据放样尺寸，挖出与拱肋尺寸大小相同的土槽，然后将土槽壁仔细抹平、拍实，铺上油毛毡，便可浇筑拱肋。虽然此法节省材料，但土槽开挖费工且容易损坏，尺寸也不如模板准确，仅适用于预制少量的中小跨拱桥中。

(3) 卧式叠浇

采用卧式预制的拱肋混凝土强度达到设计强度的30%以后，在其上安装侧模，浇筑下一片拱肋，如此连续浇筑称为卧式叠浇。卧式叠浇一般可达5层。浇筑时每层拱肋接触面用油毛毡、塑料布或其他隔离剂将其隔开。卧式叠浇的优点是节省预制场地和模板，但先期预制的拱肋不易取出，影响工期。

二、拱肋分段与接头

1. 拱肋的分段

拱肋跨径在30m以内时,可不分段或仅分两段;在30~80m范围时,可分3段,大于80m时,一般分5段。拱肋分段吊装时,理论上接头宜选择在拱肋自重弯矩最小的位置及其附近,但一般应等分,这样各段重力基本相同,吊装设备较省。

2. 拱肋的接头形式

(1)对接

为方便预制,简化构造,拱肋分两段吊装时,多采用对接形式。吊装时先使中段拱肋定位,再将边段拱肋向中段拱肋靠拢,以防中段拱肋搁置在边段拱肋上,增加扣索拉力及中段拱肋搁置弯矩。

对接接头在连接处为全截面通缝,要求接头的连接材料强度高,一般采用螺栓或电焊钢板等。

(2)搭接

分3段吊装的拱肋,因接头在自重弯矩较小的部位,一般宜采用搭接形式。拱肋吊装时,采用边段拱肋与中段拱肋逐渐靠拢的合龙工艺,拱肋通过搭接混凝土接触面的抗压来传递轴向力而快速成拱。然而中段拱肋部分质量搁置在边段拱肋上,扣索拉力和中段拱肋自重弯矩较大,设计扣索时必须考虑这种影响。分5段安装的拱肋,边段与次边段拱肋的接头也可采用搭接形式。

搭接接头受力较好,但构造复杂,预制也较困难,须用样板校对、修凿,确保拱肋安装质量。

(3)现浇接头

用简易排架施工的拱肋,可采用主筋焊接或主筋环状套接的现浇接头。

3. 接头连接方法及要求

用于拱肋接头的连接材料,有型钢电焊、钢板(或型钢)螺栓、电焊拱肋钢筋、环氧树脂水泥胶等,其优缺点如表3-1所示。

连接材料优缺点　　表3-1

连接材料	优点	缺点
电焊型钢	接头基本固结,强度高	钢材用量多,高空焊接量大,焊固后不能调整高程
螺栓连接	拱肋合龙时不需要电焊,安装方便,可以反复调整,接头能承受部分弯矩	拱肋预制时,精度要求较高
电焊拱肋钢筋	拱肋受力具有连续性,钢材用量少,施工方便	拱肋钢筋未电焊前,接头不能承受拉力
环氧树脂水泥胶	加强接头混凝土接触面的黏结,填补钢结构的空隙	硬化时间内不能受力,应严格控制配合比,不能单独作连接措施

接头处的混凝土强度等级应比拱肋混凝土强度等级高一级。对连接钢筋、钢板(或型钢)的截面要求,应按计算确定。钢筋的焊缝长度,应满足《公路钢筋混凝土及预应力混凝土桥涵设计规范》(JTG D62—2004)有关规定。

三、拱座

拱肋与墩台的连接,称为拱座。拱座主要有多种形式,其中插入式及方形拱座因其构造简单、钢材用量少、嵌固性能好采用较为普遍。

预埋钢板法是在拱座上预埋角钢和型钢,与边段拱肋端头的型钢焊接,这种方法施工简单,但对型钢预埋精度要求较高。

按无铰拱设计的肋拱桥,其拱肋宜采用插入式以加强与墩台的连接,拱肋插入端应适当加长拱肋,安装时将拱肋加长部分插入拱座预留孔内,合龙定位后,即可封槽。

采用方形拱座的拱肋,在安装时可利用水平面与垂直面,适当调整拱肋和墩台间尺寸的误差。调整时一般用铸铁块嵌紧,然后灌以高强度等级的小石子混凝土封固。

四、拱肋起吊、运输及堆放

1. 拱肋脱模、运输、起吊时间的确定

装配式拱桥构件在脱模、移运、堆放、吊装时,混凝土的强度不应低于设计所要求的吊装强度,若无设计要求,一般不得低于设计强度的 70%,为加快施工进度,可掺入适量早强剂。在低温环境下,可用蒸汽养护。

2. 场内起吊

拱肋移运起吊时的吊点位置应按设计图上设计位置进行,如图上无要求应结合拱肋的形状、拱肋截面内的钢筋布置以及吊运、搁置过程中的受力情况综合考虑确定,以保证移运过程中的稳定安全。

当采用两点吊时,吊点位置应设在拱肋弯曲平面重心轴之上,一般可设在离拱肋端头 $(0.22 \sim 0.24)L$ 处(L 为拱肋长度)。

当拱肋较长或曲率较大时,应采用三点吊或四点吊,以保持拱肋受力均匀和稳定。除跨中设一吊点外,其余两吊点可设在离拱肋端头 $0.2L$ 处。

采用四点吊时,外吊点一般设在离拱肋两端头 $0.17L$ 处,内吊点可设在离拱肋两端头 $0.37L$处,四个吊点应左右对称布置。

大跨径拱桥拱肋构件的脱模起吊一般采用龙门架,小跨径拱桥拱肋及小型构件可采用三角扒杆、马凳、吊车等机具。三角扒杆,构造简单,移动方便,稳定性好,但起吊一次须立即清理场地并移动扒杆,进度较慢。用马凳起吊拱肋时,可以横移装车,进度较快。马凳可用钢梁做横梁,用手动滑车或起重滑轮组起吊。当预制场地分散时,可用履带吊机起吊,或用轮胎式吊机与履带吊机联合起吊。

3. 场内运输(包括纵横移)

场内运输可采用龙门架、胶轮平板挂车、汽车平板车、轨道平车或船只等机具进行。

龙门架适用于场地平整、预制构件集中、构件质量大、数量多的场合;当采用一组龙门架时,可进行脱模、起吊和横向运输;当采用两组龙门架时还可用于纵向运输。

可用拖拉机、履带车或绞车牵引,可纵向或横向运输拱肋。纵向运输时可将拱肋吊点位置搁放在平车托架的枕木上,在弯道或斜坡上运行时,应将两平车托架上的枕木换成弧形摆动支座,并固定后车转盘。需要横向运输拱肋时,将两平车转向 90°,然后用手摇绞车或卷扬机牵引便可。

当拱肋较长较重时，可利用汽车平板车运输。运输时，在前后车上加设纵梁，以保证构件安全。

重型的拱肋可采用轨道平车进行纵向或横向运输，横向运输时，只能从预制场外侧向中间进行。因此须按拱肋吊装顺序安排预制。纵向运输时铺设简易轨道，将拱肋移到主索下起吊。

当必须从水上运移时，可采用铁驳船、浮箱或渡船。用船只运移时，应逆水进入桥孔。

4. 构件堆放

拱肋堆放时应尽可能卧放，特别是矢跨比小的构件(拱肋、拱块)，卧放时应垫三点，垫木位置应在拱肋中央及离两端0.15L处。三个垫点应同高度。如必须立放时，应搁放在符合拱肋曲度的弧形支架上，如无此种支架，则应垫搁三个支点，其位置在中央及距两端0.2L处，各支点高度应符合拱肋曲度，以免拱肋折断。

堆放构件的场地应平整夯实，不致积水，当因场地有限而采用堆垛时，应设置垫木。堆放高度按构件强度、地面承载力、垫木强度以及堆放的稳定性而定，一般以两层为宜，不应超过三层。

构件应按吊运及安装次序，顺序堆放，并留适当通道，防止越堆吊运。

第三节　少支架施工

为减少扣索，方便拱肋吊装，在条件许可的情况下，宜采用少支架施工。装配式拱桥拱圈多为逐步形成，先期成拱部分可分担后期加载，因此仅需设置简易支架。

一、简易支架的技术要求

简易支架的构造，应根据支架高度及荷载大小而定。由于成拱后的拱肋能承受拱波或拱上建筑，因此设计拱架时一般仅需考虑拱肋恒载及施工操作等附加荷载；同时，应满足稳定性要求。分段安装拱肋时，则仅在拱肋接头处设置简易支架即可。

简易支架一般由立柱式排架组成，根据拱肋的重力及地基的承载力，设置单排架式或双排架式，支架必须结构牢固，纵横向稳定，位置准确，同时对漂浮物有可靠的防护措施。

二、拱肋安装方法

拱肋分段吊装在支架上时，应结合实际情况和设备条件选用独脚扒杆、人字扒杆、自行式吊机或缆索吊机进行吊装，也可在船上设人字扒杆吊装。

1. 在简易支架上用独脚扒杆吊装

如一座净跨50m、矢跨比1/5的6肋拱桥，分3段预制，每段长17.5m，重力为65.6kN，可采用简易支架安装拱肋。在桥跨$L/3$处各设12m高的排架墩一个，两侧各用一副18m高独脚扒杆吊装。每副扒杆用两根ϕ20cm，长9m杉木组合成立柱，用4根0.38kN/m钢轨在接头处加固，或者用两根钢管组合成立柱，扒杆脚立在桥台襟边。扒杆顶用21.5mm钢索走七滑车组与地锚联系，钢束头通过开口转角滑车牵入卷扬机，以便调整扒杆高度。

用独脚扒杆将两侧边肋逐根吊装平移就位后,用木楔楔紧并校准方向和高度。然后在河中用扒杆起吊中段拱肋就位,调整拱轴线和电焊接头,即可浇筑接头混凝土。

2. 在船上用人字扒杆吊装

一座跨径35m、矢跨比1/6,拱圈为6肋5波拱板的拱桥,各跨边段拱肋用木制蝴蝶架作支架进行现浇,然后用两只300kN木船拼成井字形操作台,每只船船头各立一副人字扒杆,船尾各放一台卷扬机进行中段拱肋的吊装。

3. 用缆索吊机吊装

一座四跨80m、矢跨比1/8的箱板拱桥,每个拱箱分5段预制,采用缆索吊机吊装。由于设计要求双肋合龙,但又缺乏足够扣索,故采用在两个边孔各设置4个简易支架(支架用万能杆件拼成),4个简易支架布置在4个拱肋接头处,而将所有扣索都用于中间两孔拱箱的无支架吊装中,这样就能满足缆索吊装需要。

三、支架架设与卸落

支架架设和卸落除应符合相关要求外,尚需要求拱肋接头混凝土、拱板接缝砂浆、拱板混凝土、箱形组合拱现浇部分混凝土以及拱肋横向连接构件混凝土的强度达到设计强度的70%以上或满足设计规定后,方可卸架。卸落前应进行裸拱加载验算,卸落后用仪器观测拱圈及墩台变位,以控制拱圈变形。卸架时,应在拱两侧对称、均匀地按一定程序进行卸落。每一支承处的卸落量,应分成多次完成,以防拱圈受力过猛,发生较大变形,并使拱圈、墩台逐渐成拱受力。

拱上建筑宜在卸架后施工。

第四节　无支架施工

当拱桥位于深水、深谷、通航河道或限于工期必须在汛期进行拱肋施工时,宜采用无支架施工的施工方法。

一、无支架吊装方案及程序

1. 吊装方案

肋拱、箱形拱无支架施工时,应结合桥梁规模、河流、地形及设备等条件选用扒杆、龙门架、塔式吊机、船上扒杆或缆索吊装等方式吊装。

缆索吊装是使用最为广泛的方案,采用缆索吊机吊装拱肋时,为使在起重索的偏角不超过15°的限度内主索减少横向移动次数,可采用两组主索或加高主索塔架高度的方法施工。

一般中、小跨径拱桥,为降低主索塔架高度,对主索可采用增加横移次数、减少横移距离的方法。主索在纵向的布置,应尽可能采取一次跨越的方法;桥址条件许可时,也可采取分次逐段架设、逐段安装的方法。

跨径或起重力较大的拱桥,可采取将主索分成两跨、用双跨缆索进行吊装的方法,采用这一方法时,当一跨吊装完成后,只将跑车牵入中间塔架并将跑车轮与起重系的连接轴拆开，跑车即可转入另一跨工作。

拱上构件的吊装一般应利用拱肋的吊装设备进行。吊装时，可采用主索居中的平衡吊装、两单跑车横向并联吊装或两组主索抬吊等方法，并宜用扁担梁系吊构件，以避免构件横移。

2. 吊装程序

根据拱桥的吊装特点，其一般吊装程序为：边段拱肋吊装及悬挂→次边段拱肋吊装及悬挂（对5段吊装）→中段拱肋吊装及拱肋合龙→拱上构件的吊装或砌筑安装等。

全桥拱肋的安装可按下列原则进行：

（1）单孔桥吊装拱肋顺序常由拱肋合龙的横向稳定方案决定；多孔桥吊装应尽可能在每孔合龙几片拱肋后再推进，一般不少于两片拱肋。对于肋拱桥，在吊装拱肋时应尽早安装横系梁，为加强拱肋的稳定性，需设横向临时连接系，加快施工进度。但合龙的拱肋片数所产生单向推力不应超过桥墩的承受能力。

（2）对于高墩，应以桥墩的墩顶位移值控制单向推力，位移值应小于$L/400$。

（3）设有制动墩的桥跨，应以制动墩为界分孔吊装，先合龙的拱肋可提前进行拱肋接头、横系梁及拱波等的安装等工作。

（4）采用缆索吊装时，为减少主索的横向移动次数，可将每个主索位置下的拱肋全部吊装完毕后再移动主索。一般将起吊拱肋的桥孔安排在最后吊装，必要时该孔最后几段拱肋可在两肋之间用“穿孔”方法起吊。

（5）为减少扣索往返拖拉次数，可按吊装推进方向，顺序地进行吊装。

二、吊装准备工作

1. 预制构件质量检查

预制构件起吊安装前必须进行质量检查，不符合质量标准和设计要求的不准使用，有缺陷的应预先予以修补。

拱肋接头和端头应用样板校验，突出部分应予以凿除，凹陷部分应用环氧树脂砂浆抹平。

接头混凝土接触面应凿毛，钢筋应除锈。螺栓孔应用样板套孔，如不合适应适当扩孔。拱肋接头及端头应标出中线。

应仔细检测拱肋上下弦长，如与设计不符者，应将长度大的弧长凿短。拱肋在安装后如发生接合面张口现象，可在拱座和接头处垫塞钢板。

2. 墩台拱座尺寸检查

墩台拱座混凝土面要修平，水平顶面高程应略低于设计值，预留孔长度应不小于计算值，拱座后端面应与水平顶面相垂直，并与桥墩中线平行。在拱座面上应标出拱肋安装位置的台口线及中线。用全站仪或GPS以及钢尺（装拉力计）复核跨径，每个拱座在肋宽范围内左右均应至少丈量两次。用装有拉力计的钢尺丈量时，丈量结果要进行温度和拉力的修正。

3. 跨径与拱肋的误差调整

每段拱肋预制时拱背弧长宜小于设计弧长0.5~1.0cm，使拱肋合龙时接合面保留上缘张口，便于嵌塞钢片，调整拱轴线。通过丈量和计算所得的拱肋长度和墩台之间净跨的施工误差，可以用拱座处垫铸铁板来调整。背垫板的厚度一般比计算值大1~2cm，以缩短跨径。合龙后,应再次复核接头高程,以修正计算中一些未考虑的因素和丈量误差。

三、缆索设备的检查与试吊

缆索吊装设备在使用前必须进行试拉和试吊。

1. 地锚试拉

一般每一类地锚取一个进行试拉。缆风索的土质地锚要求位移小,因此在有条件时宜全部试拉,使其预先完成一部分位移。可利用地锚相互试拉,受拉值一般为设计荷载的1.3~1.5倍。

2. 扣索对拉

扣索是悬挂拱肋的主要设备,因此必须通过试拉来确保其可靠性。可将两岸的扣索用卸甲连在一起,将收紧索收紧进行对拉,这样可全面检查扣索、扣索收紧索、扣索地锚和动力装置等是否达到了要求。

3. 主索系统试吊

主索系统试吊一般分跑车空载反复运转、静载试吊和吊重运行三步骤。必须待每一步骤检查、观测工作完成并无异常现象后,方可进行下一步骤。试吊重物可以利用钢筋混凝土预制构件、钢轨和钢梁等,一般按设计吊重的60%、100%、130%分多次进行。

在各阶段试吊中,应连续观测塔架位移、主索垂度和主索受力的均匀程度,动力装置工作状态、牵引索、起重索在各转向轮上运转情况,主索地锚稳固情况,以及检查通信、指挥系统的通畅性能和各作业组之间的协调情况。在有条件时,应施测主索、牵引索和起重索的拉力。

试吊后应综合各种观测数据和检查情况,对设备的技术状况进行分析和鉴定,然后提出改进措施,确定能否进行正式吊装。

四、缆索吊装观测

1. 主索垂度观测

在缺乏拉力计直接测量缆索拉力时,可采取测量主索跨径中点垂度的方法来计算主索拉力。

主索垂度可以在跑车上安吊绳直接测量或用经纬仪测仰角来计算。

2. 缆索拉力观测

缆索拉力常用拉力计量测。由于拉力计吨位较小,故常须设置滑轮组,将拉力计装在其中一端,测出其单端拉力值,然后计算出缆索拉力。为准确求出拉力,一般先实测滑轮系数,其方法是在滑轮收紧索两端装上拉力计,将滑轮组的一头收紧至钢丝绳在滑轮中充分移动、受力均匀后停止,记录两端拉力 Y、Z 值,反复多次读数,取各次滑轮系数 η 的平均值。

$$Z = \eta^{n} Y \tag{3-1}$$

式中:η——两端拉力之间的滑轮系数。

用拉力计测定缆索拉力时,应注意判别缆索的状态是收紧还是放松的,收紧时收紧端为“活头”,放松时固定端为“活头”,钢丝绳拉力自“活头”向“死头”逐渐减少。另外,须在钢丝绳充分受力后方能读数,计算时须选用稳定的读数值。当滑轮组中收紧索已扎死成为静止状态时，当再继续受力时，应按扎死前的状态进行计算。

3. 塔架位移观测

塔架及地锚的安全常用位移值大小来检查。位移值的观测可根据搭架高度和风力大小采用以下几种方法：

(1) 当塔架高度不高，风力较小时，可在塔架顶吊一垂球来测量塔顶的位移。

(2) 当塔架较高，风力较大时，可在塔顶设置一固定标尺，用全站仪测出位移前、后两个读数，两者之差即为塔架位移值。

4. 拱肋中线观测

一般将经纬仪或全站仪架设在桥墩(台)上观测拱肋中线。观测方法有下面两种。

(1) 当桥墩(台)顶面高程高于拱肋接头高程时，可将仪器架设在拱肋中线方向上，直接观测拱肋上面所标志的中线位置，拱肋上面不需另设水平标尺。

(2) 将观测仪架在两拱肋位置中间，在每条拱肋接头附近垂直拱肋方向安设一根带有刻度的水平标尺(其长度大于拱肋间距的一半)，观测水平尺上的数值，即可测出拱肋中线位置。

5. 拱肋高程观测

拱肋高程观测一般只控制拱肋接头处的高程，但在大跨径拱肋吊装时，还应观测拱顶高程。观测一般用水准仪进行，根据桥跨实际情况，可采取以下方法。

(1) 在河流两岸搭设观测台(高程略低于接头)，观测接头下方的水准尺。观测台上仪器的支承点应和工作人员脚手架分开，以防仪器摆动，影响观测结果。此法由于受到视距限制，观测距离一般不宜超过150m。

(2) 在桥墩上观测接头下面挂的水准尺，这种方法所需水准尺较长，可用钢筋和角钢做尺身，再在水准仪读数范围内置一标尺。三角形尺身与拱肋、标尺与尺身之间一般不宜固定死，应能自由转动，以使尺身及标尺均保持垂直，有大风时此法不适用。

(3) 将水准仪架设在桥台和桥墩主墙顶面上，观察拱肋背上竖立的水准标尺，水准尺捆扎在粗钢筋上，再将粗钢筋与拱肋的锚固筋电焊固定。这种方法多用于拱肋合龙后需继续进行拱轴线高程的观测。

五、拱肋缆索起吊

拱肋由预制场运到主索下后，一般用起重索直接起吊，当不能直接起吊时，可采用下列方法进行。

1. 翻身

卧式预制拱肋在吊装前，需要“翻身”成立式，常用就地翻身和空中翻身两种方法。

(1) 就地翻身，先用枕木垛将平卧拱肋架至一定高度，使其在翻身后两端头不至碰到地面，然后用一根短千斤将拱肋吊点与吊钩相连，边起重拱肋边翻身直立。

(2) 空中翻身，在拱肋的吊点处用一根串有手链滑车的短千斤，穿过拱肋吊环，将拱肋兜住，挂在主索吊钩上，然后收紧起重索，起吊拱肋，当拱肋起吊至一定高度时，缓慢放松手链滑车，使拱肋翻身为立式。

2. 掉头

为方便拱肋预制，边段拱肋有时采用同一方向预制，这样部分拱肋在安装时，掉头方法常因设备不同而异：

(1)在河中起吊时，可利用装载拱肋的船进行掉头。

(2)在平坦场地采用胶轮平车运输时，可将跑车与平车配合起吊将拱肋掉头。

(3)用一个跑车吊钩将拱肋吊离地面约50cm，再用人工拉动麻绳使拱肋旋转180°掉头放下，当一个跑车承载力不够时，可在两个跑车下另加一钢扁担起吊，旋转掉头。

3. 吊鱼

当拱肋从塔架下面通过后，在塔架前起吊而塔架前场地不足时，可先用一个跑车吊起一个吊点并向前牵出一段距离后，再用另一个跑车吊起第二个吊点。用此法起吊，并用单点向前牵引拱肋时，需拉住尾索，以防拱肋向前滑动。

4. 穿孔

拱肋在桥孔中起吊时，最后几段拱肋常需在该孔已合龙的拱肋之间穿过，俗称穿孔。

穿孔前应将穿孔范围内的拱肋横夹木暂时拆除。在拱肋两端另加稳定缆风索，穿孔时应防止碰撞已合龙的拱肋，故主索宜布置在两拱肋中间。

5. 横移起吊

当主索布置在对中拱肋位置，不宜采用穿孔工艺起吊时，可以用横移索帮助拱肋横移起吊。

六、缆索吊装边段拱肋悬挂方法

1. 扣索的设置

在拱肋无支架施工中，边段拱肋及次边段拱肋均用扣索悬挂。按支承扣索结构物的位置和扣索本身的特点分为天扣、塔扣、通扣、墩扣等类型，可根据具体情况选用，也可混合使用。

扣索一般都设置有一对收紧滑轮组。在不同的悬挂方法中，收紧滑轮组的位置也各不相同。在墩扣和天扣中，应设置在拱肋扣点前，在通扣中，应设置在地锚前。塔扣中如用粗钢丝绳做扣索，为方便施工，收紧滑轮组设在两岸地锚前；如为单孔桥和扣索为细钢丝绳时，则收紧滑轮组设在塔架和拱肋扣点之间。

在横桥方向，按扣索和主索的位置不同，可以有几种不同的悬挂就位方法。

在墩扣和通扣中，扣索和主索不在同一高度上，可采用正扣正就位和正扣歪就位方法施工。在塔扣和天扣中，由于扣索和主索均布置在塔架上，因此都采用正扣歪就位的方法。

2. 塔扣

塔扣直接利用主索的塔架作为扣索的支承，节省了扣架，因此在单跨桥中较多采用。多孔桥中若桥跨不很大时也可以采用。此时虽然扣索在塔架和拱肋扣点间的自由长度较长，只要扣索充分受力，则仍可保证边段拱肋的纵向稳定，但应加强拱肋接头两侧的缆风索，以确保边段拱肋的横向稳定。

3. 通扣

通扣是先在桥墩上立一个扣架，或直接利用接近桥面高程的桥墩立柱、横墙或桥台，用1根钢丝绳做扣索，扣索的一头固定在拱肋扣点上，另一头连续通过各扣架端顶，一直贯通到两岸地锚前，再用滑轮组予以收紧。通扣方法具有扣索长，伸展范围广，扣架与拱肋扣点间自由长度短，扣索与主索系统分开，干扰少，收紧滑轮固定，施工操作方便等优点。因此在多孔长跨的拱桥中得到普遍应用。当两岸缺乏平坦场地设置收紧滑轮组时，可以将扣索转向到桥的两侧。

4. 天扣

天扣实质上是一组主索设备，它是专门用来悬挂稳定边段拱肋的，因此不需另设扣架。主索跑车吊运拱肋时不必在扣架上翻越，与通扣法相比，可降低主索塔架的高度，在分两段吊装的拱肋中采用时，天扣为一套完整的主索，这样两组设备可以交替作主索和扣索使用。

5. 墩扣

当桥墩（台）施工到接近桥面高程，而且本身又具有足够的强度时，可以直接用以锚固扣索，悬挂边段拱肋，这时扣索设备最少，但墩扣的拉力较大，一般用于悬挂分5段吊装的拱肋的第1个边段或分2、3段吊装的边段拱肋。

6. 混合使用

在实际工程中具体情况各不相同，因此上述4种边段拱肋悬挂方法可因地制宜地混合采用，尤其是在分5段吊装拱肋时，往往能得到较好效果。

七、拱肋缆索吊装合龙方式

边段拱肋悬挂固定后，就可以吊运中段拱肋进行合龙。拱肋合龙后，通过接头、拱座的连接处理，使拱肋由铰接状态逐步成为无铰拱，因此，拱肋合龙是拱桥无支架吊装中一项关键工作。

拱肋合龙的方式比较多，主要根据拱肋自身的纵向与横向稳定性、跨径大小、分段多少、地形和机具设备条件等不同情况，选用不同的合龙方式。

1. 单基肋合龙

拱肋整根预制吊装或分两段预制吊装的中小跨径拱桥，当拱肋高度大于0.012L（L为跨径）时，拱肋底面宽度为肋高的0.6～1.0倍，且横向稳定系数不小于4时，可以进行单基肋合龙。这时其横向稳定性主要依靠拱肋接头附近所设的缆风索来加强，因此缆风索必须十分可靠。这种方法多用在缆风索锚固在两河岸的单孔桥中。实践证明，只要拱肋有足够量的缆风索，一般情况下都可以采用单基肋合龙。

单基肋合龙的最大优点是所需要的扣索设备少，相互干扰也少，因此也可用在扣索设备不足的多孔桥跨中。在跨径较大时，第一片拱肋单肋合龙后，第二片拱肋也可以独立设置缆风索进行单肋合龙，待两片拱肋完成接头连接工序后，再将两片拱肋横向连成整体。跨径比较小的桥梁，则第二片拱肋可不设缆风索，利用木夹板与第一片拱肋横向联系即可。

2. 悬挂多段边段或次边段拱肋后单基肋合龙

拱肋分3段或5段预制吊装的大、中跨径拱桥，当拱肋高度不小于跨径的1/100且其单肋合龙横向稳定安全系数不小于4.0时，可采用悬扣边段或次边段拱肋，用木夹板临时连接两拱肋后，单根拱肋合龙，设置稳定缆风索，成为基肋。待第二根拱肋合龙后，立即安装两肋拱顶段及次边段的横夹木，并拉好第二根拱肋的风缆。如横系梁采用预制安装，应将横系梁逐根安上，使两肋及早形成稳定、牢固的基肋。其余拱肋的安装，可依靠与"基肋"的横向连接，达到稳定。

3. 双基肋同时合龙

当拱肋跨径大于等于80m或虽小于80m，但单肋合龙横向稳定安全系数小于4时，拱肋缆风索很长或缆风角度不好(一般要求每对风缆与拱肋轴线水平投影的夹角不小于50°)时,应采用“双基肋”合龙的方法。先将第一根拱肋合龙并调整轴线,楔紧拱脚及接头缝后,松索压紧接头缝,但不卸掉扣索和起重索,然后将第二根拱肋合龙,并使两根拱肋横向连接固定。拉好风缆后,再同时松卸两根拱肋的扣索和起重索,这种方法需要两组主索设备。

4. 留索单肋合龙

在采用两组主索设备吊装而扣索和卷扬机设备不足时,可以先用单肋合龙方式吊装一片拱肋合龙。待合龙的拱肋松索成拱后,将第一组主索设备中的牵引索、起重索用卡子固定,抽出卷扬机和扣索移到第二组主索中。等第二片拱肋合龙并将两片拱肋用木夹板横向连接、固定后,再松起重索并将扣索移到第一组主索中使用。

八、拱肋缆索吊装

1. 3 段吊装螺栓对接拱肋吊装程序

(1)边段拱肋悬挂定位

①边段拱肋悬挂就位时,下端头先对准拱座上标画的中线落位,上端用上、下游缆风索使其中线位置大致符合。然后调整上端头高程,使其比设计高程值高出 15 ~ 30cm,然后收紧扣索并卡紧,设计高程值应包括预加拱度值在内。

②徐徐松弛起重索,将其力逐渐转移到扣索上。

③调整扣索,使端头高程比设计值高出 5 ~ 10cm,然后用铸铁板嵌塞拱座背面,两侧用硬木楔夹紧,并卡紧扣索。

④调整拱肋中线,使偏差不大于 1 ~ 2cm。

⑤固定风缆。

另一边段拱肋悬挂定位工序同上。

(2)拱顶段拱肋定位

采用对接接头的拱肋,应准确悬吊拱顶段,再降低边段拱肋使其与拱顶段合龙。具体步骤如下:

①用仪器控制拱顶段两端头高程,徐徐松开起重索,当高程比设计值高出 1 ~ 2cm 时,关闭起重卷扬机。

②松开两侧边段拱肋扣索,使两侧边段拱肋端头均匀下降,与拱顶段合龙。

③安装接头螺栓。

2. 3 段吊装(阶梯形)搭接拱肋吊装程序

(1)边段拱肋悬挂定位

边段拱肋悬挂定位方法与对接接头拱肋基本相同,区别在于先准确扣挂两边段,定位完成后上端头高程比设计值高出 3 ~ 5cm。

(2)拱顶段拱肋定位

①拱顶段拱肋吊装就位后,徐徐放下,与边段试行合龙(不卡紧),接缝张拉不宜大于 2cm。

②用仪器校正中线,然后将拱顶段提升至与边段接头差 30 ~ 40cm 处。

③在吊装前洗刷接缝,干燥后涂环氧树脂水泥砂浆。

④松索合龙,用仪器配合控制边段高程,徐徐放下起重索,当拱顶段与边段接触后再

松扣索。如此循环进行，直至准确合龙。

3.5段吊装螺栓接头拱肋吊装程序

(1)边段拱肋悬挂就位

边段拱肋悬挂就位的方法与3段吊装边段拱肋就位方法基本相同，定位后接头高程应较设计高程15~20cm。

(2)次边段拱肋定位

由于次边段拱肋就位在边段拱肋的端头上，使边扣索受力增加，边段拱肋高程降低。为保持边段与次边段拱肋接头轴线平顺，避免拱肋在接头附近发生开裂，次边段定位后，上、下接头处的预加高度应近似控制为：

$$\Delta y_{上} = 2\Delta y_{下} \tag{3-2}$$

式中：$\Delta y_{上}$、$\Delta y_{下}$——分别指次边段定位后上、下端头的预加高度。

次边段定位后，应增设一对缆风索以控制中线位置。当接头对好，安上接头螺栓后，各用一部水准仪观测上下接头，以调整高程。注意此时不要将接头螺栓拧得太紧，应留出约0.5cm的间隙，在保证$\Delta y_{上} \approx 2\Delta y_{下}$的原则下，先收紧次边段扣索，然后松一次起重索，如此反复，直到起重索松完。在此过程中，应用水准仪配合观测，控制上接头升降幅度在5~10cm以内。

次边段定位完成后，应使$\Delta y_{下}$约为5cm，$\Delta y_{上}$约为10cm，中线偏差不超过1~2cm的范围。

用同样方法吊装定位另一侧拱肋时，应注意观测已定位好的边段与次边段上下接头预加高度变化值是否符合$\Delta y_{上} \approx 2\Delta y_{下}$的关系，如变化值超出此项关系5~10cm时，应及时调整，以防接头附近拱肋开裂。

(3)拱顶段拱肋定位

拱顶段吊装就位时，需用两部水准仪观测两侧4个接头高程，并用经纬仪或全站仪观测和控制拱肋中线，具体可按下列程序进行：

①缓慢放松起重索，当拱顶段左右两端头高程比设计值高出1~3cm时，关闭起重卷扬机。

②按照先边扣索、后次边扣索的松索顺序两侧均匀、对称地放松扣索，反复循环直到与拱顶段接头合龙。

③装好接头螺栓，并将各个接头螺栓旋紧。

④调整拱肋中线位置，偏差在1~2cm以内时，固定风缆。

4.拱肋松索成拱程序及注意事项

(1)松索调整拱轴线，调整拱轴线时应观测各接点高程、拱顶及1/8跨径处截面高程。调整轴线时精度要求为：每个接头点与设计高程之差不大于±1.5cm，两对称接头点相对高差不大于2cm，中线偏差不超过1.0cm，防止出现反对称变形、拱肋开裂，甚至纵向失稳。松索成拱的操作方法是否正确，直接影响合龙后拱肋的拱轴线，必须认真、仔细操作。

(2)松索时应按边扣索、次边扣索、起重索三者的先后顺序对称均匀地进行。每次松索量应控制各接头高程变化不超过1cm。

(3)用铸铁楔、薄钢板嵌塞拱肋接头缝隙。

(4)拱肋松索成拱是一个反复循环的过程，将索放松压紧接头缝后，应再调整中线偏差至0.5～1.0cm以内,固定缆风索将接头螺栓旋紧。

(5)电焊各接头部件,全部松索成拱。电焊时,宜采取分层、间隔、交错施焊的方法,每层不可一次施焊过厚,以防灼伤周围混凝土,电焊后必须将各接头螺栓旋紧焊死。

(6)对于大跨径分5段或3段吊装的拱肋,在合龙成拱后,可保留起重索和扣索部分受力(称留索),待拱肋接头的连接工序基本完成后再完成松索。留索受力的大小取决于拱肋接头的密合程度和拱肋的稳定性。施工实践中,起重索受力一般保留在5%～10%,扣索基本放松。

九、拱肋施工稳定措施

拱肋的稳定包括纵向稳定和横向稳定。前者主要取决于拱肋的纵向刚度。在拱肋的结构设计中已考虑裸拱状态下的纵向稳定,一般都能满足。在吊装过程中只要控制好接头高程,选择合适的接头形式并及时完成接头的连接工作,使拱肋尽快由铰接状态变成无铰拱状态,纵向稳定就能得到保证。

拱肋的横向稳定,只有在拱肋形成无铰拱,并且在拱肋之间用钢筋混凝土横系梁连接成整体后才能得到保证。施工过程中一片或两片拱肋的横向稳定,必须依靠设置缆风索和临时横向联系等措施来实现。

1.横向稳定措施

(1)稳定缆风索

横向稳定缆风索,在边段拱肋就位时可用来调整和控制拱肋中线;在拱肋合龙时可以约束接头的横向偏移;在拱肋成拱后,可减少拱肋自由长度,增大拱肋的横向稳定;在外力作用下拱肋产生位移时缆风索还可起到约束作用。

缆风索可以布置在岸上、水中或桥墩上。

河流不宽和无通航要求的单跨或多跨中小桥梁,缆风索可直接在两岸上锚固收紧,这样设置的优点在于锚固点不受洪水威胁,操作方便。缺点是缆风索长度较大,受力角度不好,有效稳定力较小。

在河流宽阔的多孔桥中,缆风索可在桥孔上、下游锚固和收紧或在锚固点上转向至桥墩或岸上收紧。这种设置方法,缆索短,稳定力大,但易受洪水、漂浮物和通航影响,在施工中应注意防护。

在水深流急、漂浮物较多且航运频繁的河流上,可将缆风索设置在桥墩上的工字钢悬臂支架上;当桥墩较宽时,也可直接在桥墩圆头上转向至桥墩上收紧。这种方法曾在4孔72m大跨径拱桥施工中采用。

设置横向稳定缆风索时,应注意以下几点:

①每对缆风索与拱肋轴线的夹角不宜小于55°。上下游缆风索长度不宜相差过大;与水面夹角宜在20°左右。

②对于拱肋为整段吊装或两段吊装的中小跨径双曲拱桥,每孔至少应有一根基肋设置固定的缆风索;分3段或5段吊装的大跨径拱桥,每孔至少有两根基肋在接头附近设置稳定的缆风索。

上述固定缆风索,不可过早或中途拆除,在每孔拱肋全部合龙、横系梁或横隔板达到一定强度后,方能逐步拆除。

③缆风索锚固点位移要小,若缆风索受力后锚固点发生较大位移,稳定作用就会减

小，因此吊装前应对可能发生位移的地锚予以试拉。

④缆风索须配备便于操作的收紧装置，一般用链滑车或手摇绞车收紧，并用花篮螺栓等固定的收紧装置随时调整拱肋的位置。当拱肋形成无铰拱后，即可将缆风索固定起来，将收紧装置抽换出。

⑤缆风索须保持一定的安装张力，当因拱肋接头高程下降而引起缆风索松弛时，须及时收紧。用 ϕ15.5mm 钢丝做缆风索时，在 100m 的长度范围内，安装张力约需 10kN。

⑥缆风索布置力求对称，以避免因缆风索受力不均而引起拱肋接头不对称变形。

(2)临时横向联系

在吊装过程中，若能减小拱肋的自由长度，就能增强拱肋的横向整体作用。拱肋间的横向联系是一项必不可少的施工措施。常用的临时横向联系有以下几种。

①螺栓

箱形拱肋每段箱肋的腹板上在横隔板附近留有螺栓孔，在吊装就位后，相邻两箱肋可用螺栓通过预留孔将两箱肋拴在一起，作为临时横向联系。

②拱肋位置调整器

调整器可用型钢或钢管制成，在拱肋安装过程中，应先用调整器校正拱肋位置，然后再安装木夹板或其他横向联系。

③木夹板

这是一种较为常用的临时横向联系杆件，多用 ϕ10 ~ ϕ14cm 的圆木做成，并用 ϕ14 ~ ϕ18mm 的螺栓上下夹紧，以约束两拱肋间的横向位移。但在悬挂多边段拱肋中使用时，在单肋合龙前不宜将螺栓旋紧，以免在调整拱肋高程时相互影响。木夹板的间隔一般为 3 ~ 5m。

④木剪刀撑

木剪刀撑可用在大跨径 5 段吊装拱肋中，其作用优于木夹板，但安装工作较复杂，木材消耗较多，高程可调幅度也较小。

⑤钢筋拉杆

钢筋拉杆，其作用次于木剪刀撑，但能固定木夹板的位置，可利用花篮螺栓调整长度。

⑥钢横梁

在一些大跨径拱肋吊装中，为加强拱肋横向联系的刚度，在合龙成拱的拱肋接头处或吊环上，临时焊接角钢、钢管等，待拱肋的钢筋混凝土横系梁安装后再切除。

以上常用的临时横向联系方式：①适用于箱板拱或箱肋拱桥；② ~ ⑥适用于肋拱桥。

⑦钢筋混凝土横系梁

拱肋合龙后的横向稳定，只有在横系梁或横隔板安装后才能得到保证。因此最好采用预制横系梁构件，并争取尽早安装，以减少其他临时横向联系的用材，加快施工进度。

2. 纵向稳定措施

当拱轴系数 m 过大，拱肋截面尺寸太小、刚度不足时，有时需要采用加强拱肋纵向稳定的施工措施。常用的方法如下。

(1)下拉索

当拱肋接头处可能发生上冒变形时，可在其下方设置下拉索来控制变形。当拉力不大时可用单根钢丝绳作下拉索；拉力较大时，则需采用滑轮组。下拉索一般多锚固在桥墩上，以节省锚碇费用。拱肋接头处发生上冒或下沉变形，都是由拱轴线与裸拱压力线不重合及弹性压缩所引起。因此,对于大跨径及拱轴系数值较大的拱肋,下拉索应保留至拱上构造施工完毕后方能解除。

下拉索一般应对称布置,但下拉索的拉力大小根据拱轴线变形不同而不等。其收紧程度可按观测的拱肋挠度来控制。因此用下拉索与起重索留索合龙相配合,能有效地控制拱肋的纵向变形。

(2)拱肋多点张拉

当拱肋截面尺寸较小,刚度不足时,可在拱肋拱腹等分点上用钢丝绳进行多点张拉。张拉索锚固于设在河床中的锚碇上,用花兰螺栓来调整松紧。张拉力控制在 10 ~ 20kN 范围内,拱脚部分的拉力要比拱顶大,张拉强度以拱轴线形来控制,但此法不宜在水深、流急和通航的河流中采用。

十、双曲拱桥拱波与拱板的砌筑

1. 双曲拱桥拱波与拱板的砌筑

砌筑拱波和拱板混凝土时应遵循施工加载的一般原则。对于跨径在 35m 以内的中小跨径双曲拱桥,在未作施工验算时,可按下列步骤进行:

(1)跨径 $L \leqslant 20\mathrm{m}$ 的双曲拱桥,可自两拱脚处开始,向拱顶方向对称均衡安砌拱波。当拱波合龙、安砌拱波砂浆强度达到 2.5MPa 后,再自两侧拱脚向拱顶方向对称浇筑拱板混凝土。

(2)跨径 $20\mathrm{m} < L \leqslant 25\mathrm{m}$ 的双曲拱桥,当拱轴系数 m 值小于 2.814 时,可按从拱脚向拱顶的顺序砌筑拱波和拱板。

(3)跨径 $25\mathrm{m} < L \leqslant 35\mathrm{m}$ 的双曲拱桥,当拱轴系数 m 值大于 2.814 时,可按从拱脚向拱顶的顺序砌筑拱波和拱板。

(4)跨径 $L > 35\mathrm{m}$ 的双曲拱桥,应按施工加载程序进行,并应加强施工观测,以控制主拱圈的变形。

砌筑拱波和拱板时应注意以下几点:

(1)拱波应在拱肋强度或其间隔缝混凝土强度达到设计强度的 50% 后开始安砌。

(2)拱波安砌前应做质量检查并洒水湿润,拱波与拱肋间的接触面须凿毛清洗,用稠度大的水泥砂浆安砌,灰缝要饱满。拱波与拱波间的灰缝宽度一般为 1 ~ 2cm。同一孔的拱波灰缝,在顺桥向宜前后错开。

(3)浇筑拱板混凝土时,一般先浇筑波沟内的填平层,待达到要求强度后再浇筑上面的拱板。

浇筑拱板及填平层前,应将拱波背面的浮浆铲除干净,波沟与肋面凿毛清洗,波背洒水湿润。

(4)为保证波形拱板符合设计的形状和尺寸,可将浇筑混凝土时所用平板振捣器的平板改装成与拱板相同的截面形状。

2. 悬半波的安砌

在有拱肋支架的情况下安砌悬半波时,悬半波可用撑木支撑在支架上。

无支架吊装施工的悬半波安砌有:拱肋悬挂横木法、一波半整体砌块安砌法、两块一波半整体预制块间挑砌悬半波法、固定支架安砌悬半波法。安砌时,应用拱肋模板的样板套制弧形板,使弧形板的弧度与主拱圈的弧度一致。

第五节　悬砌拱安砌

根据砌块形状、组合方式和悬砌方法,悬砌拱安砌可分为横向悬砌拱圈与纵向悬砌拱圈两种。

一、横向悬砌斜板或砌块拱圈

斜板或砌块的基肋砌块为梯形,中间肋砌块为斜角 30°菱形,边肋砌块为直角三角形。砌块拼组形式有横向错缝和纵向错缝两种。

1. 安砌程序

拱圈安砌一般采取分条拼砌、分条合龙的方法。拼砌基肋时,先将基肋砌块摆砌在拱架上,用小石子垫隔砌缝,砌合后再从拱脚向拱顶方向填筑砌缝砂浆合龙。悬砌其余各肋时则采取边安砌边填筑砂浆的方法。

为增强基肋的横向稳定,宜采取拱脚预压法,即在基肋两邻侧拱肋的拱脚处预先加砌 3 ~ 4 块砌体,使拱脚部分宽度增大。悬砌以后各条时,也应采取同样措施。全拱的拼砌应从两拱脚向拱顶按宝塔形状进行。

跨径较大的拱桥,应根据分段要求,自下而上、纵横向对称均衡地安砌,并随时观测拱架和拱圈的变形情况,及时调整加载顺序和拼砌速度。为防止拱顶有过大变形,必要时可在拱顶附近预砌砌块压顶。

2. 安砌方法

(1)用水淋湿前一肋的砌块表面,铺上砂浆,并在斜面上垫放小石子。

(2)吊运砌块,当离拱面 30 ~ 50cm 时,摆正方向和位置,然后安放就位。

(3)四分点以下部位砌块可分两次就位。先使其一侧落在就位线上,然后用撬棍抵住砌块的另一侧,缓慢降落、就位。

(4)用撬棍进一步校正位置后,在砌缝中垫以适当大小的石子,以固定砌块位置。

(5)应用样板、样架等检查和控制砌块位置。

(6)在已合龙部分拱圈的砂浆强度达到设计强度的 10% 以后,才能悬砌下一条拱圈。

(7)当拱圈中间部分由压脚部分向上续砌时,应在衔接处留设空缝。

3. 基肋拱架卸架期限

基肋拱架一般宜在基肋合龙后基肋两侧拱条砌筑前卸除,使两侧拱条砌筑时能与基肋产生一致的变形,但卸除时,在基肋自重及两侧悬砌加载应力作用下,基肋的强度必须满足裸拱应力要求。

二、横向悬砌箱式砌块拱圈

箱式砌块分为基肋、中间肋和边肋三种形式,基肋、中间肋砌块的断面均为整箱断面,仅在顺桥向尺寸有所不同,边肋砌块为开口箱断面,分成一个半箱及半个箱两种。

(1)安砌程序与安砌方法

箱式砌块拱的安砌程序与斜板式砌块拱相似,可参照执行。

安砌箱式砌块拱时，可按下列步骤进行：

①吊运砌块到安砌位置，当降落至离拱面30～50cm时，摆正方向，对准位置，缓慢下落砌块，将要就位时用硬木尖在砌块上缘将砌块卡住，然后用撬棍调整就位。

②摆正砌块位置后，用一块大小适宜的石子夹紧砌缝，使砌块固定。

③夹好石子后，取出木尖，松去吊钩，捣插砌缝砂浆。

④为施工安全，夹紧砌缝后，宜先连接吊装中砌块的吊环和已合龙拱肋的吊环，再卸除吊钩。

⑤在安砌时应检查砌块在平面及立面上的位置是否正确。砌块对于桥中心轴线的垂直情况，由基肋砌块边缘拉线到安砌砌块边缘进行检查。

(2)拱肋拼砌间歇期限、卸架期限以及空缝的留设

同斜板式砌块拱桥。

三、纵向悬砌拱圈基肋

纵向悬砌是使拱的拼砌完全摆脱支架承托的一种悬砌方法，一般采用缆索吊装法砌筑。

悬砌构件的截面形式有斜板式、矩形、倒T形、箱形、槽形及工字形等。拱圈的组合方式采用斜板式构件，分基肋、中间肋和边肋，与横向悬砌法相同，只是基肋采用纵向悬砌法合龙；当采用矩形、倒T形、箱形、槽形或工字形截面时，也可采用分肋悬砌、横向填镶的组合方式和拼砌方法。

1. 单孔桥的悬砌方法及步骤

单孔桥纵向悬砌程序：采用从两岸向中间进行，最后吊装拱顶构件合龙的方法。根据构件预制场地布置和进入桥孔的方法，两侧可在需用时吊装或先后吊装。

2. 多孔拱桥的基肋平衡悬砌方法及步骤

多孔拱桥的纵向悬砌，既可以按单孔悬砌方法进行，也可采用平衡悬砌法。平衡悬砌是在拼砌桥墩两侧拱肋时，利用邻孔对称部位构件的相等自身重力，通过拱背拉索及拱腹拉索的作用，构成一个平衡、稳定体系的一种安砌方法。

纵向悬砌方法在20世纪60、70年代用于中小跨径的混凝土拱桥，由于预制块形状复杂，施工繁琐，现仅在一些园林、公园及山区中使用。

第六节　拱上构件吊装

主拱圈以上的结构部分，均称为拱上构件。拱上构件的砌筑同样应按规定的施工程序对称均衡地进行，以免产生过大的拱圈应力。为了能充分发挥缆索吊装设备的作用，可将拱上构件中的立柱、盖梁、行车道板、腹拱圈等做成预制构件，用缆索吊装施工，以加快施工进度，但因这些构件尺寸小、质量轻、数量多，其吊装方法与吊装拱肋有所不同。常用的吊装方法有以下几种。

一、运入主索下起吊

这种方法适用于主索跨度范围内有起吊场地时的起吊，它是将构件从预制场运到主

索下，由跑车直接起吊安装。

1. 墩、台上起吊

预制构件只能运到墩、台两旁，先利用辅助机械设备，如摇头扒杆、履带吊车等，将构件吊到墩、台上，然后由跑车进行起吊安装。

2. 横移起吊

当地形和设备都受限制时，必须在横移索的辅助下将跑车起吊设备横移到桥跨外侧的构件位置上起吊。这种起吊方式对腹拱圈可以直接起吊安装；对其他构件，则须先吊到墩、台上，然后再起吊安装。

二、“横扁担”吊装法

由于拱上构件数目多，横向安装范围广，为减少构件横移就位工作，加快施工进度，可采用“横扁担”装置进行吊装。

1. 构造形式

“横扁担”装置可以就地取材，采用圆木或型钢等制作。

2. 主索布置

根据拱上构件的吊装特点，主索一般有以下三种布置形式：

(1)将主索布置在桥的中线位置上，跑车前后布置，并用千斤绳连接。每个跑车的吊点上安装一副“横扁担”。这种布置比较简单，但吊装的稳定性较差，起吊构件须左右对称、质量相等。多用在一组主索的桅杆式塔架的吊装方案中。

(2)将一根主索分成两组布置，每组主索上安置一个跑车，横向并联起来。“横扁担”装置直接挂在两跑车的吊点上。这种吊装的稳定性好，吊装构件不要求均衡对称、灵活性大，但主索布置工作量稍大，且只能安装一副“横扁担”。

(3)在双跨缆索吊装中，将两跑车拆开，每一跨缆索中安装一个，用一根长钢丝绳连接起来(钢丝绳长度相当于两跨中较大一跨的长度)。这种布置，由于两跑车只能平行运行，因此两跨不能同时吊装构件。

3. 吊装

用“横扁担”吊装时，应根据构件的不同形状和大小，采取不同的吊装方法。对于短立柱，可直接直立吊运。对于长立柱，因受到吊装高度的限制，常须先进行卧式吊运，待运到安装位置后，再竖立起来，放下立柱的下端进行安装。对于盖梁，一般可直接采用卧式吊运和安装的方法。对腹拱圈、行车道板的吊装，为减小立柱所承受的单向推力，应在横桥方向上分组，沿桥跨方向逐次安装。

第七节 施 工 验 算

一、预制构件在吊移、搁置和吊装过程中的强度验算

1. 吊点(搁置点)位置确定与吊运时内力计算

构件吊点位置及移运搁置点位置应符合设计要求，如设计未规定时，应通过验算确

定。一般情况下吊点的位置和数目可参考以下计算：

(1)拱肋一般采用两个吊点，两吊点的连线应在该段拱肋弯曲平面重心轴以上，距拱肋端头(0.22~0.24)L处(L为拱肋构件长度)。

(2)当拱肋分段较长或曲率较大时，可采用四个吊点。此时外侧两个吊点位置约在距拱肋端头0.17L处，内侧两个吊点距端头0.37L处。用四个吊点起吊时，宜采用转向滑轮。

(3)假定吊点位置后，拱肋可近似按直梁验算，并按拱肋吊运时的受力情况及可能发生的一端搁置、另一端系吊状态的受力情况分别予以验算。当拱肋为平卧预制时，尚应验算平卧起吊时拱肋截面的侧边应力。

2. 吊装过程中拱肋内力计算

拱肋在分段无支架吊装或少支架搁置吊装时，应对各段拱肋、扣索、扣索排架等进行验算。拱肋吊装就位时可视拱脚为铰接，然后按静力平衡条件求出拱肋和扣索内力。对边段和次边段(分5段吊装)，拱肋除考虑自重外，尚应考虑拱肋接头形式(如对接、搭接)、施工吊装设备、熟练操作程度等具体情况，分别计算次边段拱肋质量作用于边段及拱顶段一部分拱肋质量作用在边段或次边段的悬臂端情况时的内力，以验算拱肋、扣索及扣索排架的强度。

二、裸拱内力计算

对于采用早脱架施工(即拱肋合龙达到一定强度后就卸落拱架)或无支架施工的拱桥，须计算裸拱自身质量产生的内力，以便进行裸拱强度和稳定性验算。

处于裸拱状态的拱肋，在自重作用下一般都会产生正弯矩，拱轴线m与裸拱m相差愈大，拱脚、拱顶的正弯矩也愈大，因此在采用无支架吊装或早脱架施工的拱桥，宜选择较小的拱轴系数。

三、裸拱纵向稳定性验算

目前拱的稳定性验算，是将拱肋(圈)换算为相当长度的压杆，按平均轴向力计算。

四、横向稳定性验算

对宽跨比小于1/20的主拱及无支架施工的拱桥，应验算拱的横向稳定性。目前横向稳定性验算，在实际工程中常采用与纵向稳定相似的公式来验算拱的横向稳定性。

$$K_2 = \frac{N'_L}{N_J} \geqslant 4 \tag{3-3}$$

式中：K_2——横向稳定安全系数；

N'_L——拱丧失横向稳定时的临界轴向力；

N_J——拱肋平均轴向力。

五、拱上建筑加载程序设计计算

加载程序设计一般由设计单位完成，并附在设计文件中。当设计单位未做时，需由施工单位进行设计计算。通常中小跨径和一般大跨径桥梁，可计算拱顶、拱跨1/4和拱脚三个截面,对于特大跨径拱桥还应计算拱跨 1/8 和 3/8 处两个截面。

目前对拱上建筑加载程序设计时,多采用影响线加载来计算内力及挠度,然后进行强度、稳定性和刚度的验算,主要有以下几个步骤:

(1)绘制验算断面的内力影响线和挠度影响线。

(2)根据施工条件初拟施工程序。

(3)按照拟订的加载程序及加载范围,在影响线上分段逐步加载,计算各验算断面在此荷载作用下的内力及挠度,并复核其强度。在加载时要左、右半拱对称进行,使各验算截面的内力及挠度尽可能小,截面应力及挠度应满足设计要求,尽量使验算断面不出现反复变形。

(4)根据强度及挠度计算结果,调整加载程序和范围或增设施工阶段。

要做出一个比较合理的施工加载程序,往往需要多次反复计算。目前一般采用计算机来完成,以减轻计算强度。

六、多孔拱桥施工中桥墩的强度与稳定性验算

在多孔装配式拱桥施工中,应考虑相邻两孔安装进度不平衡而产生的推力作用。验算前应根据各阶段吊装程序,计算出桥墩两侧上部构造作用在拱脚的竖向力、水平推力和弯矩;当验算稳定性时,尚应考虑设计洪水位水的浮力。

七、拱圈施工中桥台的强度及稳定性验算

桥台的强度及稳定性验算与桥墩基本一样,但还应考虑台后填土引起的土侧压力。施工时应尽量使拱的推力与台后土侧压力保持平衡。验算时应按各阶段的实际进度计算出拱圈及其上部构造作用于桥台的竖向力、水平力和弯矩,并按实际填土高度计算台后土侧压力,据此进行验算。

台后土侧压力,一般应按主动土压力计算。通常在验算桥台前端的最大应力,向桥孔一侧偏心与桥孔方向的倾覆和滑动时,不考虑台后已压实填土;而计算桥台后端的最大应力,向路堤一侧偏心与向路堤方向倾覆和滑动时,认为后台填土已压实。

第八节 工 程 实 例
——西藏昌都八宿县怒江大桥

一、工程概述

大桥桥型总体布置如图 3-2 所示。

1. 桥跨布置

10m + 110m(主孔净跨) + 10m,桥梁全长 145m。

2. 桥面宽度

0.5m(防撞护栏) +4.5m(行车道) +0.5m(防撞护栏),桥面全宽 5.5m。

3. 平纵曲线

本桥立面为平坡,平面位于直线上,桥面设双向 2% 横坡;桥轴与怒江交角为 90°。

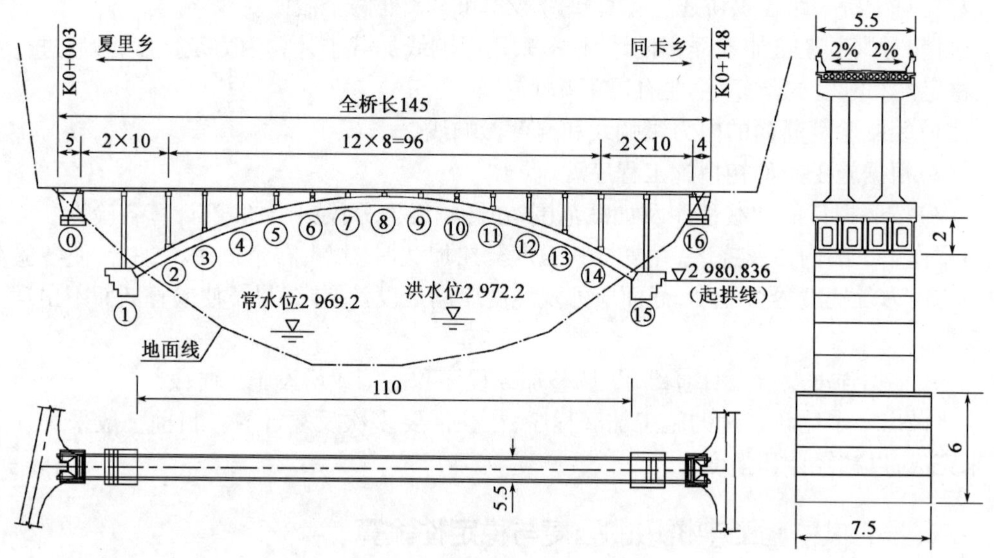

图 3-2 桥型总体布置(尺寸单位:m,高程单位:m)

4. 下部结构

大桥下部结构两岸主拱墩为混凝土圬工实体结构,嵌入除去弱风化破碎层后的新鲜完整石灰岩内。两岸桥台为混凝土砌片石重力式桥台、片石混凝土基础,置于弱风化岩层上。

5. 上部结构

主桥上部结构采用钢筋混凝土等截面悬链线箱形板拱,主孔净跨 110m,净矢跨比 1/6.875,拱轴系数 $m=1.756$。主拱圈拱箱高 1.9m,其中预制拱箱高 1.8m,现浇顶板厚 0.1m;拱圈顶宽 5.7m,由两片 1.4m 宽中箱及两片 1.45m 宽边箱构成,如图 3-3 所示。设计每片箱肋分五段预制吊装合龙,节段最大吊装净质量 45.453t。拱箱节段全部吊装完成,接头焊接完毕后,浇筑纵横接缝及顶板现浇层混凝土,整体化拱圈。

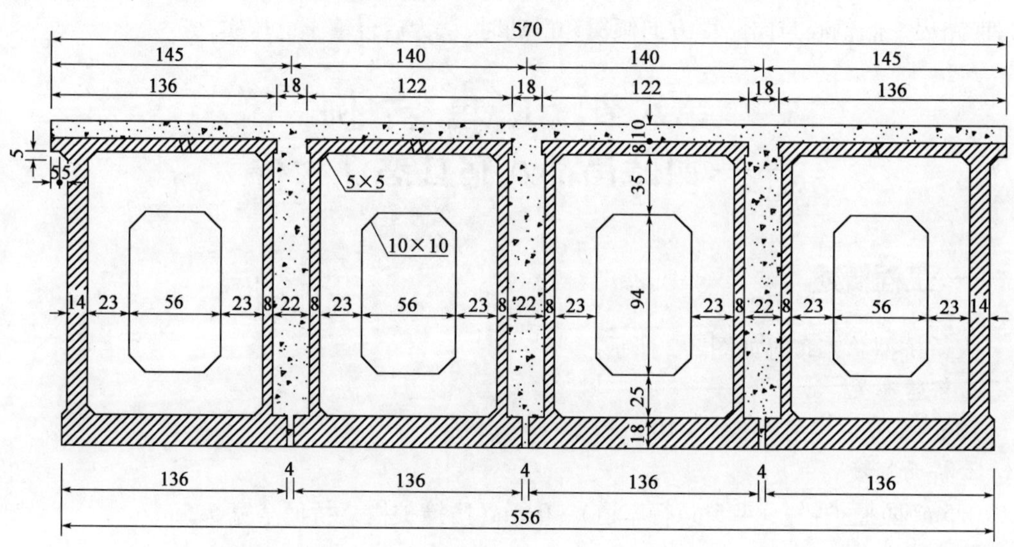

图 3-3 拱圈横断面图(尺寸单位:cm)

拱上采用垫梁、双柱式排架和悬臂盖梁来支承桥面结构，主拱上桥面板为8.0m跨径钢筋混凝土简支空心板。引桥上部构造采用10m跨径钢筋混凝土简支空心板。

6. 自然条件

河岸陡峭，为典型的U形河谷。桥位处覆盖层较薄，大部分基岩裸露，基岩裂隙发育，表面岩质较破碎。

二、工程施工特点

由于两岸桥面以上岸坡陡峭，坡角皆为80°左右，且台尾引道道路基本与桥轴正交，引道路面宽4m，其施工特点如下。

(1)没有合适的拱箱预制场地和拱箱起吊场地。通常的缆索吊装施工拱桥，拱箱预制场常设置在台尾引道上，以便起吊运输和出台，而本桥4m宽路基(且与桥轴接近垂直)根本无法满足拱箱预制的需要。

(2)吊装系统索塔布置较困难。若索塔布置于台尾引道上，将完全阻断两岸沿江公路的通行。

(3)锚碇相对索塔(垫梁)位置太近，单组主索吊装，在主索横移后(主索正对所安装肋)，后拉索水平倾斜将产生较大的横向水平分力，从而使主索容易从座滑轮轮槽内滑出，造成安全事故，也会使座滑轮横向受力不能满足要求。

三、吊装系统布置

根据对以上具体施工特点的分析，同时为节约施工成本，两岸利用现有地形，不设索架，分别在K0+011(夏里乡岸)和K0+162(同卡乡岸)位置设置钢筋混凝土桩基垫梁来支承主、扣索座滑轮滑梁；在两岸垫梁后各设置3根ϕ1.5m的钢筋混凝土锚桩来进行主索、扣索、工作索及起吊、牵引千斤绳的锚固，两岸主锚桩设于垫梁后10m处，后拉索基本水平进入锚碇，从而确定吊装索跨为10m+173m+10m。缆索系统总体布置如图3-4所示。

采用单组主索吊、扣边箱时，主、扣索后拉索产生的横向水平分力通过在垫梁后2m位置的主索上设置夹板和横向牵引滑车组来克服，通过收紧滑车组使主索座滑轮基本不受横向水平荷载作用。

拱箱预制场设置在夏里乡岸①号主拱墩下游侧河滩上，河滩靠外侧设置干砌片石挡墙，然后回填砂砾，表面硬化后设置土牛拱胎。拱箱起吊时在预制场方向设置两台横移卷扬机，分别横向牵引前后吊点，防止起吊时拱箱与桥墩和扣索撞击。

1. 吊重的确定

经计算，拱箱节段最大质量为边箱拱脚段，净质量为45.453t，在吊装计算中，按拱箱45.453t控制设计，计算质量$P_{max}=45.453\times1.2+5=59.543$t，5t为吊具、配重及施工荷载，1.2为冲击系数。

2. 主索布置

布置1组5ϕ47.5mm(6×37+1)的麻芯钢索作为主索，公称抗拉强度1 700MPa。单根钢绳破断拉力为117.5t。悬索跨度$L=173$m，空索垂度$f_0=8.5$m，矢跨比为$L/20.35$，当吊至跨中时，计算主索垂度$f_{max}=13.159$m，矢跨比$L/13.15$，主索最大张力$T_{max}=1\ 932.767$kN，

张力安全系数 $K=3.04>[3]$。考虑主索弯曲作用应力 $\sigma=0.7994\times10^3$MPa,考虑主索弯曲作用应力安全系数 $K=2.13<[2]$;考虑主索接触作用应力 $\sigma=0.506\times10^3$MPa,考虑主索接触作用应力安全系数 $K=3.36>[2]$。

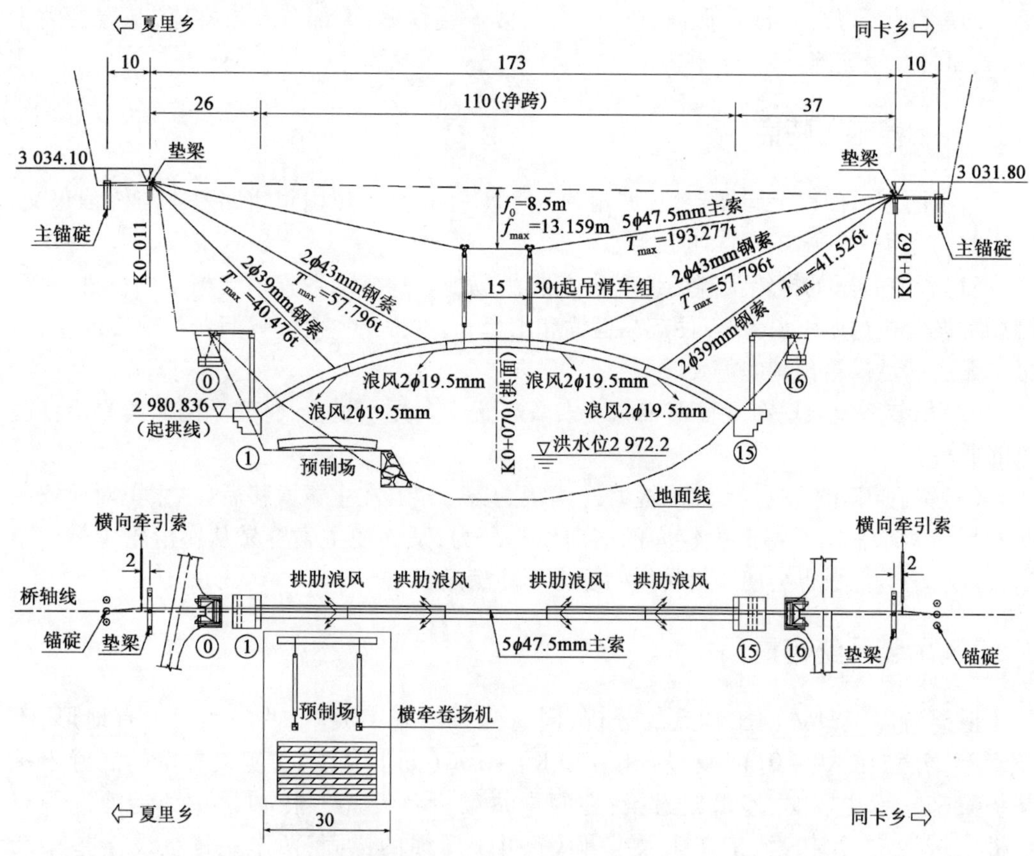

图 3-4　拱箱缆索吊装系统总体布置图(尺寸单位:m,高程单位:m)

3. 座滑轮钢筋混凝土支承垫梁及滑梁

根据地形的特殊性,为节约施工费用,两岸不设置塔架,仅在锚碇前缘 10m 位置设置钢筋混凝土桩基垫梁来支承座滑轮滑行分配梁。座滑轮顶面高程由拱顶高程 2 998.736 + 跨中最大吊重垂度 f_{max} + 工作高度来决定,即 2 998.736 + 13.159 + 10 = 3 021.895m,实际夏里乡岸座滑轮顶面实际高程为 3 034.1m,同卡乡岸座滑轮顶面高程为 3 031.8m,可见工作高度很富余。垫梁宽度 1m,高度 1m,并设置 3 根 ϕ0.8m、高 3m 的钢筋混凝土嵌岩桩基来支撑垫梁。座滑轮钢筋混凝土支承垫梁及滑梁构造如图 3-5 所示。

在主索、扣索、工作索及起吊、牵引千斤索的共同作用下,垫梁最大承受竖向力 1 201.364kN,纵向水平力 −248.09kN(向岸),横向水平力 701.628kN(通过设置横向牵引滑车组支承,不计入计算外力)。垫梁利用"微机结构分析通用程序 SAP2000"按空间梁单元计算内力(轴力 N、弯矩 M 和剪力 Q),并进行配筋设计;桩基础利用同济大学启明星软件"ETools v2.0工程计算器"按 m 法计算内力(轴力 N、弯矩 M 和剪力 Q),并进行配筋复核。

滑梁为 2I32b 工字钢(材质 Q235),主要用于座滑轮在不同肋位时的横移和支承,座滑轮在空索状态下横移,上表面涂抹黄油,横移到位后,与滑梁间用连接螺栓固定。滑梁利用预埋在垫梁内的地脚螺栓固定。滑梁每间隔 1m 将两根工字梁通过 10mm 厚竖向肋板焊接成整体。

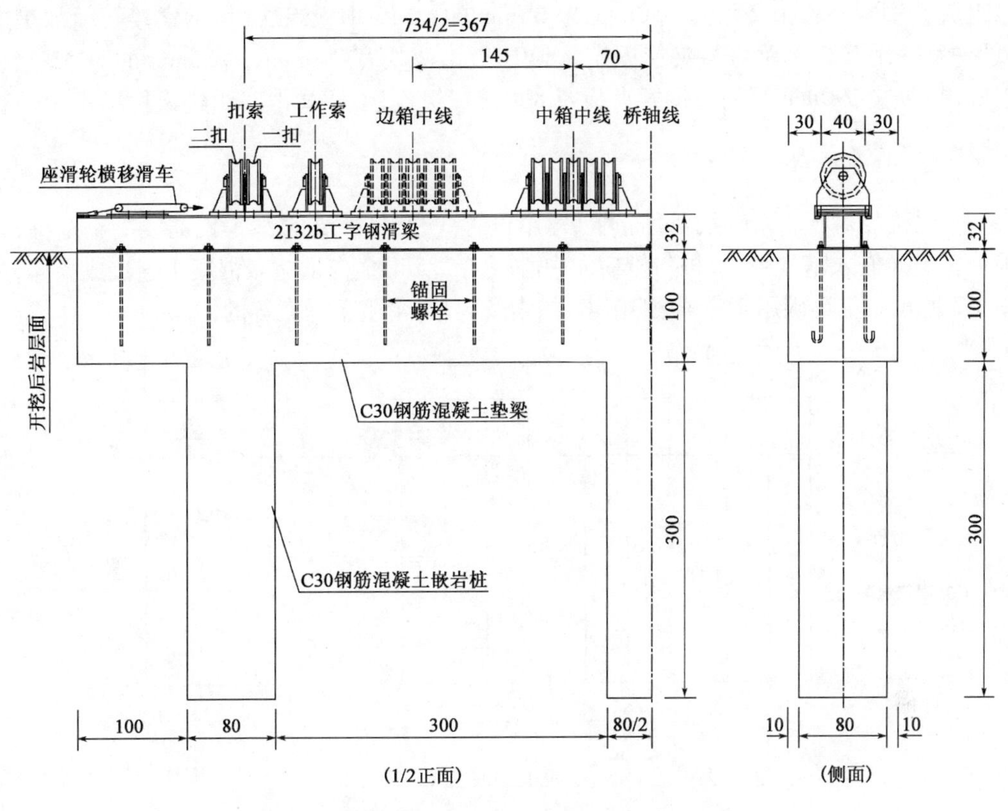

图 3-5　座滑轮支承垫梁及滑梁构造图(尺寸单位:cm)

4. 主索后拉索横向牵引系统构造

由于两岸锚碇距垫梁很近,采用单组主索吊、扣边箱时,主、扣索后拉索将产生较大的横向倾斜,从而产生很大的横向水平分力。经计算,吊边箱时横向水平力为 701.628kN,这样大的水平力,不仅使座滑轮不能满足横向受力要求,还容易出现主索在吊重过程中横向滑出座滑轮轮槽,造成安全事故。为克服吊边箱时主索对座滑轮、垫梁的横向荷载作用,在垫梁后 2m 位置的主索上设置夹板和横向牵引滑车组,通过收紧滑车组使主索座滑轮基本不受横向水平荷载作用。主索后拉索横向牵引系统构造如图 3-6 所示。

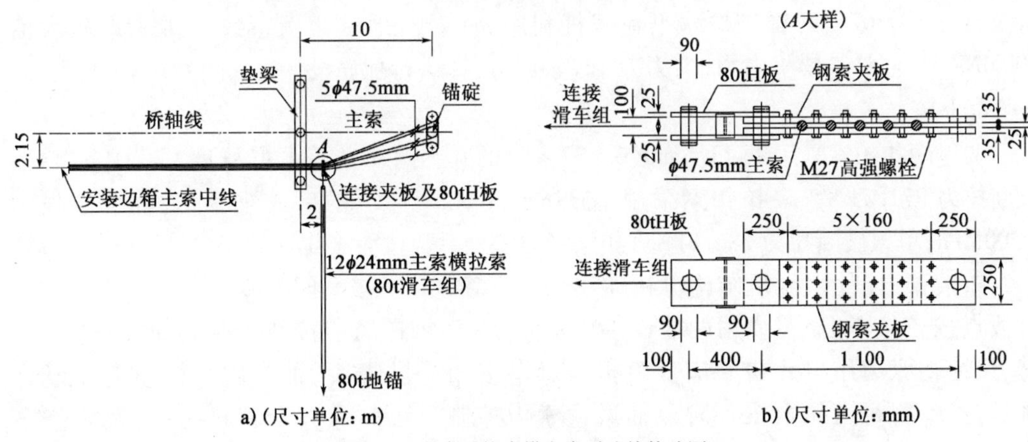

图 3-6　主索后拉索横向牵引连接构造图

主索后拉索横向牵引系统主要由钢索夹板、80tH 板、80t 横向牵引滑车组和 80t 地锚组成。钢索夹板由 2 块宽 250mm、厚 35mm 的 Q345 钢板组成,与钢索接触面加工成弧形槽,并用 M27 高强螺栓夹持固定。80tH 板由 2 块宽 250mm、厚 25mm 的 Q345 钢板组成,并通过 ϕ90mm 钢销与钢索夹板及 80t 滑车组连接。80t 滑车组进入横向牵引地锚锚固。

5. 锚碇

主锚碇相对于主桥轴线对称布置,每岸设置 3 根 ϕ1.5m 的 C35 钢筋混凝土锚桩,每根桩长 5m(嵌入基岩 4m),桩与桩横向中心距离 2.5m,横向通过素混凝土连接成整体,如图 3-7 所示。主锚碇用于主索、工作索、扣索及起吊、牵引千斤索等的锚固。

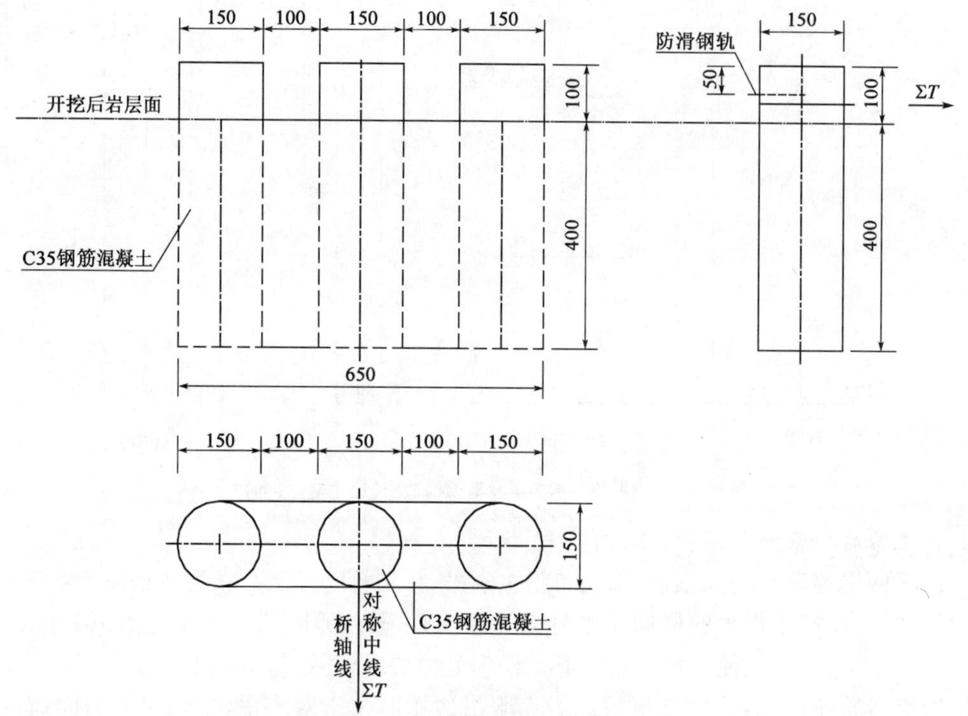

图 3-7　主锚碇构造图(尺寸单位:cm)

夏里乡岸主锚碇总的拉力为 3 337.96kN,同卡乡岸主锚碇总的拉力为 3 355.54t,单桩最大拉力 1 188.367kN。锚桩按水平荷载桩利用 m(岩石地基比例系数 m 取相对较大值 500MN/m^4)法计算锚桩内力(剪力 Q 和弯矩 M),并进行配筋设计。

6. 扣索

两岸两扣扣索采用 2ϕ43.5mm(6 × 37 + 1)的麻芯钢索,公称抗拉强度 1 700MPa,单根破断拉力 971.7kN。一扣扣索采用 2ϕ39mm(6 × 37 + 1)的麻芯钢索,公称抗拉强度 1 700MPa,单根破断拉力 786.8kN。扣索张力安全系数按大于 3 控制。

扣索张力利用"微机结构分析通用程序 SAP2000"按空间梁单元计算,拱脚与各分段点按铰接考虑,风缆用两端铰接梁单元模拟,每道风缆按初始张力 50kN 进入计算,风缆初张力用单元初始应变模拟。每岸按扣挂拱脚段、第二段和拱顶合龙段分别进行计算,每道扣索按各阶段的最大索力控制设计。计算合龙状态时,按规范合龙段计入一半质量。

扣挂系统计算模型如图 3-8 所示，各阶段扣索力计算结果如表 3-2 所示。可见，各扣索安全系数皆满足大于 3 的规范要求。

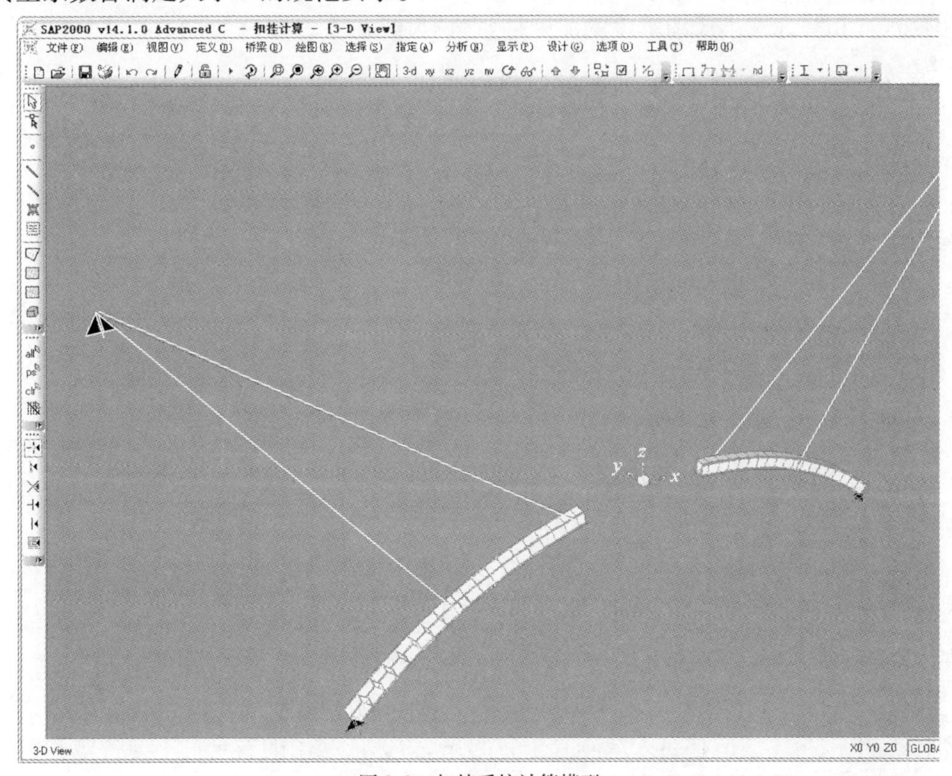

图 3-8 扣挂系统计算模型

各阶段扣索力计算成果表(10kN) 表 3-2

扣挂状态	夏里乡岸		同卡乡岸	
	一扣索力(T_1)	二扣索力(T_2)	一扣索力(T_1)	二扣索力(T_2)
拱脚段	27.006		28.224	
第二段	40.476	40.105	41.526	43.717
合龙段	35.919	57.796	36.421	63.002
张力安全系数 K	3.89	3.36	3.79	3.08

两岸扣索皆通过垫梁顶座滑轮锚固于主锚桩上。同卡乡岸扣索与扣点捆绑千斤绳的连接采用 H 板及转向轮；夏里乡岸为拱箱起吊岸，为便于单肋合龙拱箱出台，扣索利用扣架将每道扣索的两根钢索分开，拱箱从两根扣索之间吊运通过。扣索采用滑车组卷扬机调整。

7. 起重索和牵引索

拱箱两个吊点抬吊，起重索采用 ϕ19.5mm(6×37+1)的麻芯钢索，公称抗拉强度 1 700MPa，钢绳破断拉力为 196.5kN。起吊滑车组走 10 线布置，跑头拉力 $F=0.362$kN，安全系数$K=6.41>[5]$，采用 5t 卷扬机做起吊动力。

牵引索采用 ϕ24mm(6×37+1)的麻芯钢索，公称抗拉强度 1 700MPa，钢绳破断拉力为 239.91kN。最大牵引力 130.6kN，牵引滑车组走 3 线，跑头拉力 $F=47.19$kN，安全系数 $K=6.23>[5]$，采用 8t 中快速卷扬机牵引。

8. 拱箱风缆索

拱箱缆风绳采用2ϕ19.5mm 钢索，风缆与地面夹角不大于30°，风缆水平投影与桥轴夹角不小于50°，为减小风缆垂度的非弹性影响，风缆初张力按5t 控制。

四、拱箱吊装施工工艺

1. 吊装前的准备工作

在吊装系统完成安装、正式吊装前，应进行以下几方面的工作：

（1）复核跨径、起拱线高程，放样拱脚对位大样，并画线。

（2）对拱脚预埋件进行检查和校正。

（3）检测吊装段拱箱的几何尺寸及预制施工质量。

（4）对吊装系统进行全面检查并进行试吊，以检验吊重能力及系统工作状态。缆索系统的试吊包括吊重的确定及重物的选择、系统观测、试验数据收集整理。

2. 拱肋安装方法

每肋分5 段吊装，全桥4 肋拱箱共20 个吊装节段。

（1）拱箱起吊与出台

如图3-9 所示，将预制好的拱箱通过平车轨道横移至①号主拱墩侧，并在前后吊点位置设置横移索，经检验节段几何参数和质量符合设计要求后，准备利用运输天线吊装。

拱肋吊装利用千斤绳配合吊架捆绑吊装，由于预制场设置于河滩上，出台时因拱座桥台的干扰，吊拱箱无法横移至天线垂直下方起吊，为保证起吊的安全且不与桥墩和已扣挂段的扣索碰撞，在预制场设置两台5t 横向牵引卷扬机，横移牵引滑车组设置于前后吊点位置，每道横移索采用ϕ19.5mm 钢索滑车组穿4 线布置。起吊索从一、二扣扣索之间横向穿出。拱箱应缓慢起吊并缓慢收紧横移索，防止拱箱与拱座及墩台撞击，当拱箱提升高度迈过已扣挂的一扣扣索时，再慢慢放松横移索，使主起吊滑车垂直，然后解除横移索，拱箱由主跑车牵引前行。

（2）拱箱吊装顺序及单肋合龙稳定分析

①拱箱吊装顺序。

拱箱吊装采用单基肋合龙方式，吊装顺序如图3-10 所示。

a. 先吊装下游中肋，单肋合龙调整好拱肋轴线和高程后，拧紧接头螺栓，吊、扣索松而不解（保持10% ~20%索力），收紧拱肋浪风，并进行拱肋纵向接头焊接；接头焊接完成后，解除起吊索，暂时保留扣索。

b. 进行上游中肋的吊装，解除下游中肋扣索并利用其进行扣挂，合龙调整好拱肋轴线和高程后，拧紧接头螺栓，吊、扣索松而不解（保持10% ~20%索力），收紧拱肋浪风，并进行上游中肋纵向接头及与下游中肋的横向连接接头的焊接；焊接完成后，才能解除吊、扣索。

c. 双肋合龙，纵横向接头焊接完成后，解除吊、扣索，用于后续拱肋的安装，但保留两肋风缆索；安装上游边肋和下游边肋，上、下游边肋的安装可不设置风缆，利用倒链葫芦和木楔块连接于已安装的两中肋上，保证横向稳定和调整横轴线。

全部拱肋安装完成，且纵横向接头焊接全部完成后，解除扣索和全部浪风索，拱肋安装完毕。最后浇筑纵横接头及顶板现浇层混凝土，整体化拱圈。

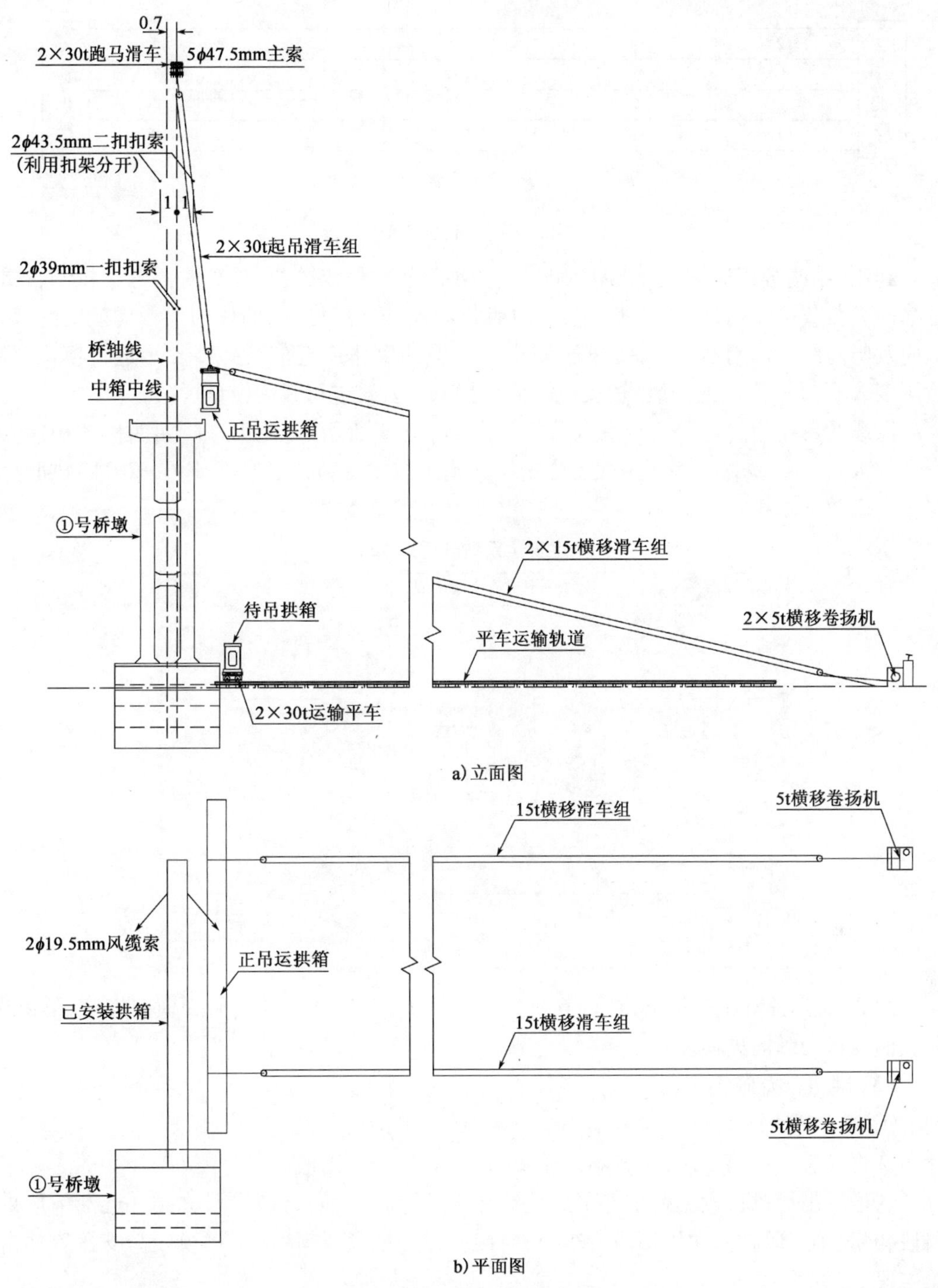

图3-9 拱箱起吊出台示意图(尺寸单位:m)

②单肋合龙稳定措施及计算分析。

由于单肋横向宽度较小,单肋横向稳定性差,拱肋的横向稳定主要依靠在每吊装段上下河各设一道缆风索来保证,缆风索对拱肋的作用,相当于拱肋在横向的多点弹性支承,减小了拱肋的自由长度,因而在设计风缆时,不仅考虑了它的强度,而且考虑了它的刚度(风缆截面积),并通过较大的初张力减小垂度等非线性影响,同时对拱肋产生约束作用。

1号拱座						15号拱座
	12	14	15	13	11	
	7	9	10	8	6	
	2	4	5	3	1	
	17	19	20	18	16	

↓怒江

图 3-10　拱箱吊装顺序示意图

利用《结构分析通用程序 SAP2000》进行拱肋屈曲稳定分析，计算时需考虑拱肋自重及横向风荷载等作用，风缆初张力按集中荷载加入，风缆对拱肋的作用仅考虑横向约束，纵向及竖向约束作用不予考虑（偏于安全），风缆约束作用近似按弹性支承进行模拟，弹簧刚度 K 通过换算得到。风缆安装张力利用 Ernst 公式进行弹性模量折减。

风缆约束作用的稳定安全系数分析结果如表 3-3 所示，可见第一阶屈曲模式稳定安全系数 $K = 14.45 > [4]$，完全满足《公路桥涵施工技术规范》（JTG/T F50—2011）拱肋稳定安全系数不小于 4 的要求；其余屈曲模态稳定安全系数更大。

稳定安全系数分析结果表　　表 3-3

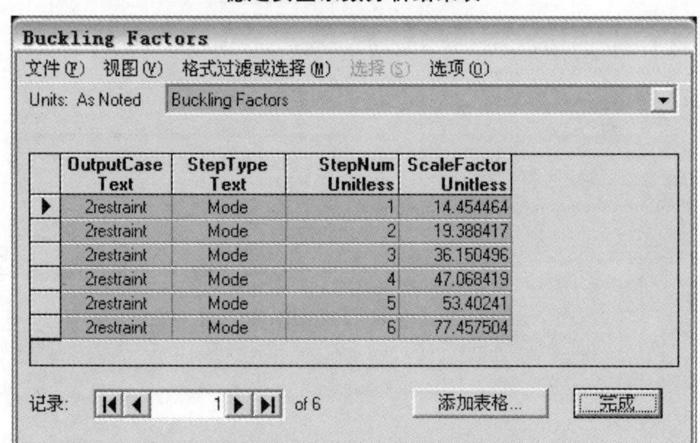

Buckling Factors

文件(F)　视图(V)　格式过滤或选择(M)　选择(S)　选项(O)

Units: As Noted　Buckling Factors

OutputCase Text	StepType Text	StepNum Unitless	ScaleFactor Unitless
2restraint	Mode	1	14.454464
2restraint	Mode	2	19.388417
2restraint	Mode	3	36.150496
2restraint	Mode	4	47.068419
2restraint	Mode	5	53.40241
2restraint	Mode	6	77.457504

记录: 1 of 6　添加表格...　完成

图 3-11 为各阶屈曲变形（取前 6 阶），可见第 1、第 2、第 3、第 5 阶为横向失稳，第 4、6 阶屈曲变形为纵向失稳。

（3）拱肋合龙施工工艺

①先吊装两个拱脚段，设置不小于 10cm 的施工预抬高值。

②再安装两个第二段，设置不小于 20cm 的施工预抬高值。

③最后吊运拱顶段至跨中并下放至约高于设计高程，同时两岸对称循环逐渐下放拱脚段扣索、第二段扣索和拱顶段滑车组，使接头慢慢抵紧，尽量避免拱顶段简支搁置冲击第二段。

④合龙松索控制。当下放至第二段前接头与拱顶段端头高程基本一致时，拱顶段先上好一端接头螺栓，然后观测拱顶及接头高程，若低于设计高程并超过规范容许值，在另一接头处加垫钢板调整至设计高程后，上好螺栓完成合龙，将加垫钢板焊于连接角钢上。

在扣索及起吊滑车组松索过程中，除应注意同时两岸对称循环逐渐下放拱脚段扣索、第二段扣索和拱顶段滑车组外，拱顶段起吊滑车组及各扣索一次松索长度应尽量小，通过增加循环次数来达到扣索基本放松的目的，以保证施工安全。松索采取定长松索方法，并

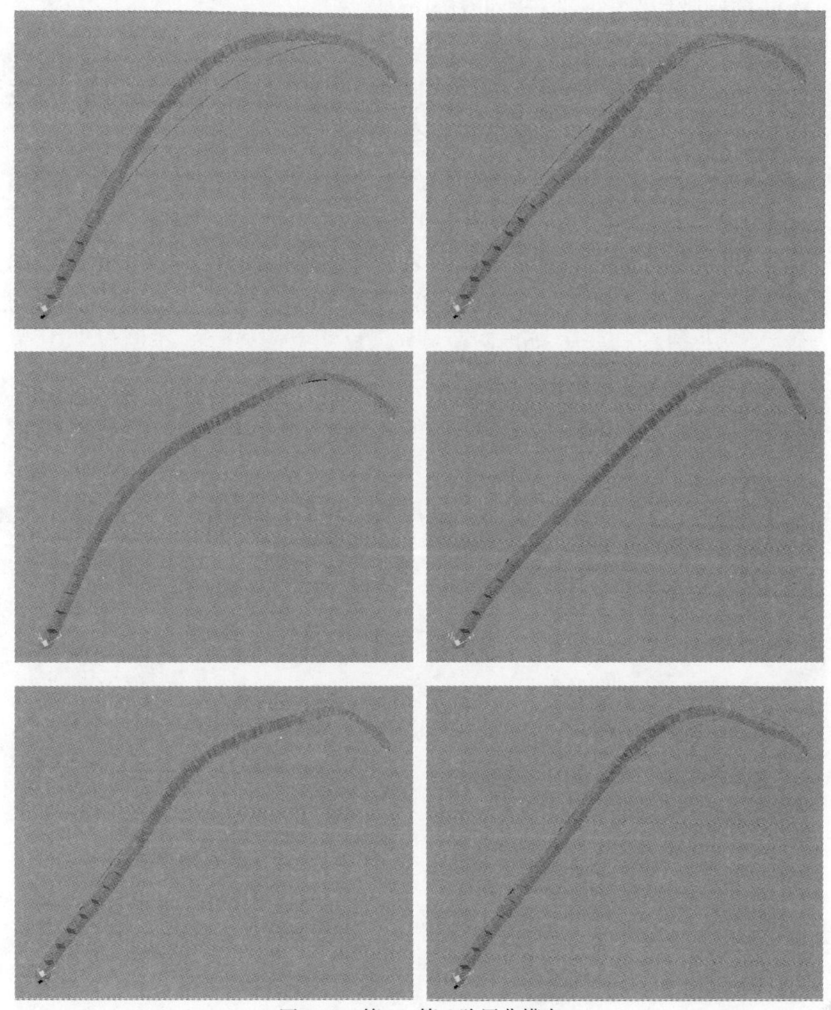

图 3-11　第 1 ~ 第 6 阶屈曲模态

用粉笔在滑车组跑头钢索上做好标记；每松一次索（对称），应进行一次各接头及拱顶的高程观测，并根据反馈的高程数据随时进行松索量调整。扣索的调整利用滑车组和卷扬机进行。

经过多次松索循环，各扣索及起吊滑车组皆基本放松（保持 10% ~ 20% 索力），拱肋高程亦符合设计要求后，再进行一次拱肋轴线的精确调整。

⑤拱肋轴线控制。拱肋轴线横向偏位、高程是吊装拱肋的控制指标，是一个复杂的控制过程。在整个吊装过程中，测量技术人员进行跟踪观测，使用拱肋侧风缆对轴线偏位进行调节。风缆的锚固设置在两岸陆地上。

拱肋轴线高程的调节依靠调整扣索长度来实现，扣索调节是为了使拱肋轴线符合设计要求，但是在安装过程中频繁调索也会影响施工的进度和结构内力的不断变化，因此需要减少调索的次数，为此，拱肋在安装阶段需要设一定的预抬高量。

扣索收紧、放松（合龙）的同时，测量小组对整个过程进行跟踪观测，同时将所有已安装拱肋的高程和轴线横向偏位观测数据反馈到指挥台，由技术组分析数据后制订出扣索和拱肋侧风缆调整措施，确保吊装节段准确、快速完成对接就位，并转换到完全扣挂状态。拱肋完成合龙扣挂体系基本放松以及高程调整完成后，应再一次通过侧风缆对拱肋横向偏位进行一次精确调整，最后再进行拱肋接头的焊接。

(4)拱肋安装过程中应注意的几个问题

①在拱肋安装的几个主要受力阶段，应对垫梁、主索、扣索、锚碇进行张力、应力、垂度和位移观测，并作好记录，以指导确保施工安全。

②各扣段的安装应设置一定的施工预抬高值，此预抬高值为合龙前各段预抬高值，在各段安装过程中，应注意扣索及起吊滑车的调整，确保施工预抬高值始终不小于上述数值，以便拱顶段的顺利安装；在拱顶合龙段安装并松索完成后，此施工预抬高值消失。

③接头焊接应在轴线高程调整完成，松扣(保持10% ~20%扣索力)和接头充分抵紧后进行。

④施工过程中应注意千斤绳的配套使用，千斤绳的安全系数应大于8；同时各钢绳的索卡数量及间距应满足规范及起重操作手册的要求；索塔的连接螺栓及钢索的索卡等必须拧紧。

⑤吊环、倒拐滑车锚环、风缆锚环等应采用韧性较好的钢材，不能使用脆性大的钢材。

第四章 桁架拱桥

第一节 概 述

桁架拱由钢筋混凝土或预应力钢筋混凝土桁架拱片、横向连接系和桥面系组成，桁架拱片是桁架拱桥的主要承重构件，横桥向桁架拱片的片数由桥梁的宽度、跨径、设计荷载、施工条件、桥面板跨越能力等因素综合确定。

桁架拱的施工方法根据跨径大小分片预制或分杆件预制，安装方法也根据地形、设备及构件质量合理地选用支架拼装、缆索吊装或悬臂拼装。

混凝土桁架拱桥如图4-1所示。

a)

b)

图4-1　混凝土桁架拱桥

第二节 一般桁架拱桥

一、一般桁架拱桥施工安装特点

桁架拱桥的施工程序是先预制拱片（或拱片预制段）、微弯板（或预应力空心板）及横向连接系；然后吊运预制件至桥孔，就位合龙，处理接头，同时安装拱片间横向连接系构件，使各片桁架拱片联成整体；最后在其上铺设微弯板（或空心板），浇筑桥面铺装，安装人行道悬臂梁及人行道板和栏杆。

桁架拱片的桁架段预制构件一般采用卧式预制，故桁架段构件在吊离预制底座出坑之后和安装之前，须在某一阶段由平卧状态转换到竖立状态。这个作业一般由吊机的操作来完成。

基本步骤是：先将桁架段构件平吊离地，然后制动下弦杆吊索，继续收紧上弦杆吊索，或者制动上弦杆吊索，缓慢放松下弦杆吊索，这样构件就在空中翻身由平卧状态转为竖立状态。

由于拱片的大小不同，上下弦的距离是不同的，为使在翻身过程中各吊点始终保持在同一平面上，大小两头的吊索收紧或放松速度应该是不一样的，大头应该较快，小头应该较慢，否则就会造成小头吊点松弛，大头吊头受力过大，使下弦杆受扭开裂。

预制桁架段的安装工作分为有支架安装和无支架安装两种。前者适用于桥梁跨径较小和河床较平坦、安装时桥下水浅等有利条件的情况。后者适用于跨越深水和山谷或多跨、大跨的桥梁。

有支架安装时，需在桥孔下设置临时排架。桁架拱片的预制构件由运输工具运到桥孔后，用浮吊或龙门吊机等安装就位，然后进行接头和横向联系。无支架安装时，桁架拱片预制段在用吊机悬吊着的状态下进行接头和合龙，常采用的有塔架斜缆安装、多机安装、缆索吊机安装、悬臂拼装、转体等施工方法。

1. 桁架拱片的预制

桁架拱桥的桁架预制段具有面积大、宽度小、模板复杂等特点，通常采用卧式预制。卧式预制侧模高度由桁架杆件的宽度决定，一般较矮，便于绑扎钢筋和浇筑混凝土，构件尺寸和混凝土质量较易得到保证。预制完成后再进行翻身使其变为竖立状态。

桁架拱片可以单片预制，也可以多片重叠预制。单片预制就是在每一个预制底座上先预制一片，待其出坑后再预制第二个同规格的拱（桁）片。重叠预制则在同一底座上预制数片，即在前一片之上浇筑后一片，以前一片作后一片的底模。一般可重叠 2 ~ 4 片，此时应注意片间的隔离措施。

拱（桁）片除整体预制外，还可以先预制腹杆（斜杆或竖杆），钢筋两端伸出。要施加预应力的杆件可在一次张拉后浇筑混凝土或预制杆件时留出预应力管道。当腹杆预制好后再将其钢筋与弦杆钢筋一起绑扎，浇筑弦杆混凝土。

桁架拱实腹段一般采用立式预制。

（1）放样

拱片放样是按设计图上的拱片上下边缘坐标以及各部分的轮廓线按 1:1 的比例准确地画在预制场上。在放样时，拱片上下边缘坐标应计入预拱度。预拱度可按施工中拱片的实际变形计算。亦可估计拱顶预拱度，再按直线分配于各点。拱顶预拱度在一般情况下，可取跨径的 1/1 200 ~ 1/1 600。此外还应加上支座位移以及拱片采用单数分段时中间一段的简支挠度。

（2）模板

拱片的模板可用砖模、木模和砖木混合模板、专用钢模等。

砖模通过放样定出的轮廓线，用黏土泥浆砌砖作底模。为抵抗混凝土浇筑振捣时的侧压,常在侧模外加培土夯实。

木模一般用砂浆把地坪抹平即可作底模,为了固定侧模板,地坪上嵌以地木或钢棒以固定侧木模板。为保证美观,宜在木板上钉白铁皮或塑料板。

砖木混合模板拱片的外边缘用木模,其余用砖模。

钢模采用工厂加工的定型模板。

(3)钢筋绑扎及入模

钢筋可采用分部成型,整体入模的办法。即先分别扎好上、下弦杆及各根腹杆的钢筋骨架;再在模板上每隔 1 ~ 2m 放一根小方木;然后放上、下弦杆的钢筋骨架;再穿插各腹杆钢筋骨架;在各结点处略加固定后,抽去小方木,将钢筋骨架入模;入模后再校正各杆件钢筋位置,调整保护层,将结点扎好,也可加点焊。

(4)浇筑混凝土

构件混凝土采用拌和机拌和,施工时用高频插入式振捣器振捣,并辅以人工插扦振捣。一个预制段的混凝土应连续浇完,不留施工缝。由于预应力杆件的预应力筋孔道均为直孔,一般采用钢管制作预留孔,浇筑混凝土时要经常转动钢管。抽拔钢管时间一般以小时数乘气温摄氏度数计算,大于 40h · ℃后拔管为宜。

2. 施加预应力

当采用预应力混凝土桁架拱时,杆件可采用先张法或后张法施工。一般情况下,为了使节点的连接牢固和桁架片的整体性强,多采用后张法进行施工。构件预应力筋一般下端为固定端,上端为张拉端,实腹段张拉在两端进行,张拉吨位根据设计要求,对于平放的构件,一般在起吊前只张拉控制应力的一半左右,其余张拉力在吊装完并铺设了桥道板(恒载起作用时)后进行张拉,实腹段一般一次张拉完成。

张拉工作完成后,应尽快压浆,先用高压泵清水洗孔,将水全部排除后,再用水泥浆压注。

二、有支架安装

吊装时,构件上吊点的位置、数目、吊装的操作步骤应经过计算正确合理地确定,以保证安装工作安全和顺利地进行。

排架设在桁架拱片的接头位置。一般为双排架,以便分别支承两个相邻连接构件的两端,并在其上进行接头混凝土的浇筑或接头钢板的焊接等工作。

第一片桁架预制段就位后常用斜撑加以临时固定。以后就位的平行各构件则用横撑与前片暂时联系,直到安上横向连接系构件后拆除。斜撑用于支撑墩台和排架,如斜撑能兼作压杆和拉杆,则仅用单边斜撑即可。横撑可采用木夹板的形式。

当桁架拱片和横向连接系构件的接头均完成后,即可卸架。卸架设备可采用木楔、木马或砂筒等。卸架按一定顺序对称均匀地进行。如用木楔卸架,为保证均衡卸落,最好在每一支承处,设两套木楔轮流交替卸落。一般采用一次卸架。卸架后桁架拱片即完全受力。为保证卸架安全成功,在卸架过程中,要对桁架拱片进行仔细的观察,发现问题及时停下处理。卸架宜安排在气温较高时进行,这样较易卸落。

跨径不大、桁架拱片分段数少的单孔桥施工,可用固定龙门架安装。这时在桁架拱片预制段的每个支承端设一龙门架。河中的龙门架就设在排架上。龙门架可为木结构或钢木混合结构,配以链滑车。龙门架的高度和跨度,应能满足桁架拱片运输和吊装的净空要求。

安装时,桁架拱片构件由运输工具运至固定龙门架下,然后由固定龙门架起吊、横移和下落就位,其他操作同浮吊安装。

当桥的孔数较多,河床上又便于沿桥纵向铺设跨墩的轨道时,可采用轨道龙门架安装。龙门架的跨度和高度应按桁架拱片运输和吊装的要求确定。桁架拱片构件在运输时如从墩、台一侧通过,或从墩顶通过,则龙门架的跨度或高度应相应增大。

龙门架可用单龙门架或双龙门架,根据桁架拱片预制段的质量和起吊设备的能力等条件确定。

施工时构件由运输工具或由龙门架本身运至桥孔。然后由龙门吊机起吊、横移和就位。在相应于桁架拱片构件接头的部位,设有排架,以临时支承构件。

对多孔桁架拱桥,一般每孔内同时设支承排架,安装时应逐孔进行,但卸架须在各孔的桁架拱片都合龙后同时进行。卸架程序和各孔施工(加恒载)进度安排必须考虑桥墩所能承受的最大不平衡推力。

三、无支架安装

1. 塔架斜缆安装法

塔架斜缆安装就是在墩台顶部设一塔架,桁架拱片边段吊装后用斜向扣索和风缆稳住再安中段。一般合龙后即松去扣索。接着移动塔架,进行下一片的安装。

塔架可用 A 字形钢塔架,也可用钢管组成的人字扒杆。塔架的结构尺寸,应通过计算确定。

扣索是安装过程中的承重索,一般采用钢丝绳。钢丝绳的直径根据受力大小选定。扣索的数量和与桁架拱片连接的部位,应根据桁架拱片的长度和重力来确定。对于长度和重力不大的桁架拱片,只需用一道扣索在一个结点部位连接即可;如果长度和重力比较大,可用两道扣索在两个节点部位连接。连接扣索时,应注意不要左右偏位,以保证桁架拱片悬吊时的竖直。

可利用扣索和风缆调整桁架预制段的高程和平面位置。待两个桁架预制段都如法吊装就位并稳住后,再用浮吊等设备吊装实腹段合龙。待接头完成,横向稳住后,松去扣索。用此法安装,所用吊装设备较少,并无需设置排架。

2. 多机安装法

多机安装就是一片桁架拱片的各个预制段各用一台吊机吊装,一起就位合龙。待接头完成后,吊机再松索离去,进行下一片的安装。这种安装方法工序少,进度快,在吊机设备较多时采用。

用上述两种无支架安装方法施工时,应特别注意桁架拱片在施工过程中的稳定性。即应采用比有支架安装更可靠的临时固定措施,并及时安装横向联结系构件。第一片拱片的临时固定,拱脚端可与有支架安装时一样用木斜撑固定,跨中端则用风缆固定。其余几片也可采用木夹板固定。除了在上弦杆之间布置木夹板外,下弦杆之间也应适当地设置几道。对于多孔桁架拱桥,安装时应注意邻孔间施工的均衡性。每孔桁架拱片合龙后吊机松索时,桁架拱片对桥墩即产生推力,应避免桥墩承受过大的单边推力。

当起重吊装能力有限,桁架拱片的预制构件重力太大时,可将桁架拱片分成下弦杆构件和一些三角形构件预制,并采用先使拱肋合龙,再在其上安装三角形构件的方法。

下弦杆构件和实腹段先作为“拱肋”吊装合龙。吊装过程可用支架或不用支架。接头形式可为湿接头或干接头。一跨内各桁架拱片的“拱肋”应及时进行互相间的横向联系。三角形构件之间及它们与“拱肋”之间的连接，一般采用混凝土现浇接头。但在安装的过程中，先利用专门夹子暂时将各结点处的预留接头钢筋夹住，使三角形构件均竖立于“拱肋”上。待全跨的三角形构件位置校正准确后，再将接头钢筋焊死，取掉夹子，浇筑各处的接头混凝土。其吊装设备可采用与箱形拱相同的缆索吊装。

如桁架拱片的竖杆内布置有预应力筋，则可在安装时利用此竖杆预应力筋，使每个三角形构件竖立于“拱肋”上。为此三角形构件下顶点与下弦杆顶面之间须设置水平的拼接面。待三角形构件均安上后，再进行相邻三角形构件之间的连接，即上弦节点的连接。一般也采用混凝土现浇接头。

这种安装方法的特点是三角形构件在施工中作为荷载由“拱肋”承受，其后的结构重力（主要是桥面构造的重力）和活荷载才由桁架拱片整体受力。故下弦杆内力相应增大而腹杆和上弦杆内力相应减小，使下弦杆的作用更接近于肋拱桥中拱肋的作用。

3. 悬臂拼装法

悬臂拼装就是利用桁架拱桁片本身能悬臂受力的特点，将桁片分块（段）预制，逐块悬拼。待桁片安装完后再吊装实腹段。对悬拼过程中的张拉应该在相邻两段拱片吊装好并横向联系牢固，形成较稳定的框架后进行，防止单片张拉时发生横向失稳。

4. 转体施工法

转体施工法就是自实腹段中央将整个拱片分为两个半拱片，分别在两岸预制、装配。装配位置根据地形确定，可以采用平转、竖转，也可以平竖结合转动。具体施工程序可参见转体施工的相关章节。

第三节　预应力混凝土桁式组合拱桥

预应力悬臂拼装桁架在施工工艺上是采用人字桅杆作为吊具将预制的桁片或单根杆件悬臂拼装的施工方法。桥梁结构形式从外形看像是带斜杆的箱形拱，又像上、下弦为闭合箱形断面的桁架拱，从受力体系看是预应力桁架 T 构、行车道板和拱圈闭合箱形断面的无铰箱形拱的组合结构，该桥型及施工方法的优点：

（1）较之箱形拱桥，它具有桁式体系的优点，拱上建筑与主拱圈共同受力，整体性好。

（2）施工设备结构简单，起重能力大，适应性强，移动方便。

（3）在施工过程中预应力上弦杆和预应力斜杆起了扣挂设施的作用。

（4）跨越能力强，与同跨径的其他桥型比较造价低，该桥型及其施工方法是山区大跨径桥梁的比选方案之一。

主孔施工：主孔悬拼采用钢格构人字桅杆作为吊运工具，上弦及斜杆预应力钢筋除结构受力需要外，在施工阶段主拱合龙前还起了扣挂设施的作用。

一、预制构件分块

预制构件分块可视跨径大小、桅杆吊装能力（臂长、吊重）、构造上拼装的可操作性，将桁片分为单杆、三角形单片或梯形单片，跨径小、杆件短的桥可将三角形或梯形桁片先在岸上用横向联系拼好后再整段吊装。跨径超过一定限度的桥，单杆太长，受重力等因素影响单杆还要分段，施工就比较复杂。

预制时根据设计分块情况预制并预埋连接需要的连接预埋型钢件。

在预制场地许可的情况下整体放样精度较高，不易出错，如场地受限也可按分块放样，但需加强精度校核。一般可在枯水季节利用河滩整体放样平卧预制，或在已成的边跨上利用场地分块放样平卧预制。为充分利用场地，两种方法均可将两片重叠预制。

上下弦顶、底板和其他小构件的预制场地可根据吊装需要，在桥下河滩和已成桥面上灵活布置。

二、构件移运

构件脱模方式因预制场地不同而异。如构件在吊机前方（已成桥面或桥下岸坡上）预制，则可将构件吊环直接系于吊机吊索上起吊脱模，如构件未设吊环，则可将吊点位置的土模凿出一个槽，穿索捆绑后，由吊机起吊脱模。当构件吊到一定高度后，可用枕木临时支垫，凿去黏结在构件底面的胎模，再进行下一步的操作。

如构件在吊机后方预制，则不能利用吊机起吊脱模，通常采用千斤顶脱模。千斤顶的安放位置要通过计算确定，一般采用两点顶（每点横向可设两个千斤顶），这样受力明确。如构件过长、质量过大，也可采用 3 点或 4 点顶。千斤顶和构件之间要加一钢板垫块，以扩大支承受力面，避免局部应力过大导致构件压裂。顶的过程要有专人指挥，做到每个千斤顶同步受力，避免起顶不同步造成构件扭曲和开裂。

桁架拱片预制段的运输方法取决于预制场离桥址的距离、现场地形、运输工具与构件大小及质量。

三、吊机系统

预应力悬臂拼装桁架拱，除可用一般无支架施工拱桥的施工方法外，目前国内已建成的大跨径桥较多采用人字扒杆吊机作为吊装工具悬拼施工。此法具有设备简单、起吊能力强的优点。一般常用的吊装法已在其他有关章节作了介绍。这里着重介绍钢结构人字扒杆吊机。

1. 人字扒杆吊机的基本构造

人字扒杆吊机由起重、变幅和稳定三大系统组成。

(1)起重系统。

起重系统由起重滑轮组和起重臂组成。其中，起重臂为吊机的主体结构，由若干扒杆节段及顶帽、底座拼装而成。

扒杆节段：扒杆中部为基本节段，等截面为便于运输，每节长 6m 左右。上、下两段的顶节和脚节为等截面。节段之间采用高强螺栓连接。脚节和底座之间设转换节，以调节斜度。

扒杆节段由主弦杆、横撑、斜撑焊接而成。根据扒杆起重力大小、扒杆高度及受力要求，主弦杆、横撑、斜撑分别采用不同尺寸的等边角钢。目前贵州省内外使用的几种扒杆尺寸、起重力和用钢量如表 4-1 所示，1 200kN 人字扒杆吊机技术性能如表 4-2 所示。

几种钢结构人字扒杆基本数据表　　表4-1

起吊重力(kN)	高度(m)	截面尺寸(cm×cm)		角钢规格(mm^2×mm)			扒杆自重(kN)	吊重/自重
		中部	端部	主弦杆	横撑	斜撑		
400	27	80×80	30×50	100^2×8	56^2×5	56^2×5	72	1:180
800	30	100×100	40×60	125^2×12	163^2×5	63^2×5	124	1:0.155
1 200	41	110×128	50×70	160^2×14		70^2×5	264	1:0.220

注:1. 表中所列自重为一副扒杆的总自重(不包括吊具等附加重)。

2. 顶帽:杆顶设顶帽,用两个双头螺栓与扒杆连接,使扒杆两肢能自由张合。一般情况下,顶帽前方设两根轴,可系主、副两组起重索。后方设1根轴,系变幅索。某大桥使用的1 200kN人字扒杆,在顶帽后方增加1根备用轴,供辅助构件翻身用。

3. 底座:扒杆每肢下端设底座,用1个双头螺栓与扒杆连接,使扒杆能灵活俯仰。底座上设孔,与预埋在构件上的地脚螺栓连接,也可与底座平车连接。

4. 底座平车:1 200kN人字扒杆增设供扒杆移动用的底座平车,在扒杆移动前安装于扒杆底部,用轻轨导向前进。

5. 横系梁:为增大扒杆横向刚度,一般在扒杆中部设1~2道横系梁。

1 200kN人字扒杆吊机技术性能　　表4-2

序号	构件重(kN)	计算吊重(kN)	扒杆倾角(°)	伸臂长度(m)	最小锚碇长度(m)	背索拉力(kN)	扒杆中部轴力(kN)	相应弯矩(kN·m)	稳定应力(MPa)	备注
1	1 500	1 749	60	21.34	50	1 741	1 585	358	141.3	最大吊重
2	1 400	1 639	58	22.56	50	1 786	1 546	418	145.7	
3	1 300	1 529	56	23.76	55	1 752	1 467	453	143.5	
4	1 200	1 419	54	24.92	60	1 727	1 306	495	142.6	最大吊重
5	1 100	1 309	52	26.06	60	1 725	1 338	536	142.6	
6	1 000	1 199	50	27.16	60	1 723	1 285	581	143.2	
7	900	1 089	48	28.23	60	1 706	1 226	622	142.8	
8	800	979	46	29.27	60	1 675	1 165	657	141.3	
9	700	869	44	30.27	60	1 628	1 097	686	138.6	
10	600	759	42	31.23	55	1 618	1 058	724	139.2	
11	500	704	40	32.15	55	1 636	1 042	757	141.2	最大伸臂

注:1. 计算吊重计入吊具等附加荷载90kN,动力系数取1.1。

2. 容许应力[σ]=166.6MPa。

(2)变幅系统。

变幅系统由变幅滑轮组和变幅索(背索)组成。背索上端系于顶帽后方的变幅轴上,下端系于背索锚环(或地垄)上。

(3)稳定系统。

人字扒杆的稳定性由背索、杆顶前浪风、侧浪风和地脚螺栓的强度来保证。

2. 人字扒杆吊机的安装

安装程序:人字扒杆吊机的安装与一般塔架安装方法相同,即用特制的副扒杆辅助,逐节安装,基本程序如下:

副扒杆辅助逐节安装架程序:立副扒杆(可用四周浪风稳定)→安装第一节段→提升副扒杆→安装第二节段→依次循环至各节段安装完毕→安装顶帽。

扒杆的安装顺序,可以采用两肢同步逐节安装。也可以先安装一肢至顶节,将另一肢在地上平放组拼,利用已安好的一肢将另一肢一次或分次起吊安装。

扒杆安装完毕后,再安装起重系统和变幅系统。安装时应注意以下事项:

(1)副扒杆长度。一般可取基本节段长度的 2 ~2.5 倍。副扒杆与已安装好的扒杆节段可采用螺栓或捆绑连接,副扒杆底部要加承托。设于副扒杆顶部的转向滑轮应高出安装节段顶面至少 60cm。

在起吊扒杆节段时,吊点一般可取在距上端 $h/3$,距下端 $2h/3$ 处(h 为扒杆节段长度)。

(2)背索安装方式。一般采取三种方式:

方式一:背索上端通过动滑轮系于顶帽后方的变幅轴上,下端通过长千斤和定滑轮固定在设置于桥轴线两侧的背索锚环上。

方式二:背索下端直接固定在桥轴线两侧的背索锚环上。

方式三:背索下端直接固定在位于桥轴线上的背索锚环上。

第三种方式,背索锚环设置在桥轴线上,移运构件时,比较困难。

实践表明,第一种方式在长千斤和背索的连接处需设置自重很大的滑轮和卸扣,以致背索自重大,扒杆空载时背索收放不灵活,人工挪线也不方便。采用第二种方式,则可避免上述缺点,效果较好。

(3)滑轮组的钢丝绳穿绕法:滑轮组的钢丝绳可采用多种方法穿绕。江界河大桥变幅滑轮组钢丝绳的穿绕法,即小花穿法。实践表明,用变幅滑轮组钢丝绳的穿绕法,即小花穿法引绕方便,受力均匀,效果较好。

3. 人字扒杆吊机的移动

人字扒杆的起重臂长度有一定限制,有效伸臂范围不大,在桥梁悬拼过程中必须多次移动,如不很好解决扒杆吊机的整体移动问题,其使用价值必然受到限制。在有条件架设工作天线,且工作天线高于扒杆顶部一定距离的工地,可以利用天线提拉使扒杆整体移动。在没有条件架设工作天线的工地,可采用"变倾度整体移动法"移动扒杆(图 4-2)。

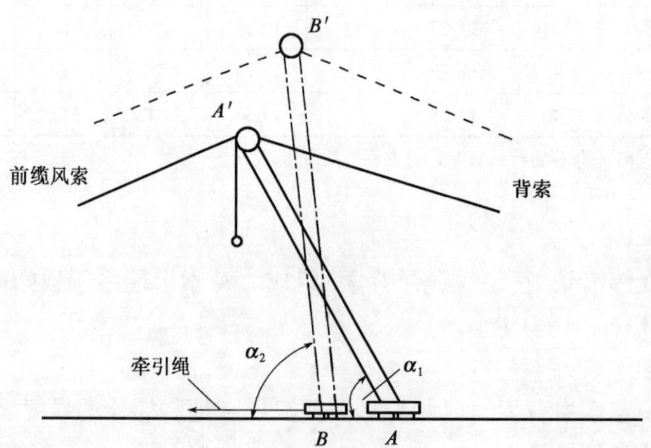

图 4-2 变倾度整体移动扒杆

在安装点 A 用千斤顶将两肢顶升至地脚螺栓高度以上→安放枕木、轻轨和底座平车→扒杆调整至起始角 α_1 后,用卷扬机走线牵引,扒杆整体前移,在倾角增大到 α_2 时,扒杆移至 B 点作为一个行程;再将扒杆降至 α_1 角,又牵引至 α_2 角,扒杆达到新的终止点。如此反复进行，直至到达新的安装点→在新安装点上仍用千斤顶顶起，拆除枕木、轻轨和底座平车，与地脚螺栓对孔落平。对孔时，可用链滑车或千斤顶横顶等方法微调。

如无轻轨和底座平车时，也可用走道板和钢管滚筒代替。

整体移动扒杆时，要严格控制角度，如起始角 α_1 太小，则扒杆自重弯矩大，受力不好，前方牵引绳拉力也较大；如终止角 α_2 太大，则可能出现扒杆后倾。在确保扒杆处于较好受力状态不致后倾的情况下，应尽量增大一个行程的距离，以提高工作效率。在剑河大桥等工地采用的 α 角度变幅为 70°～80°；在江界河大桥工地采用的 α 角度变幅为 63°～74°。

在移动过程中，杆顶侧浪风、前浪风、扒杆脚的后梢绳均系安全保障措施，当千斤顶顶起、下放和扒杆行走时，均需注意保持适当的松弛度，绝不能吃紧受力，以免受力不均或过紧拉断。

在扒杆脱离地脚螺栓时，牵引绳应略微受力，以免底座在离开螺栓的瞬间出现后坐或千斤顶倾倒。

实践证明，上述整体移动法受力明确，操作简便，行走平稳，无需其他辅助设备，是经济、安全、可靠的方法。

4. 试吊

吊机正式运行前，均应进行试吊，以检查吊机系统的起吊能力和运转性能。试吊的内容包括：吊机空运转、轻荷载试吊、设计荷载试吊、超载试吊等。一般情况下，试吊重物均采用桥梁预制构件，以减小工作量。

(1)试吊检验的内容。

①扒杆的强度和稳定性。

②起重滑轮组。

③变幅滑轮组及背索锚碇。

④横浪风、侧浪风及前浪风。

⑤卷扬机。

⑥指挥、通信、测试标志及安全保卫等。

(2)试吊工作程序。

①吊机空运转。检查吊机各部位运转是否灵活；声音是否正常；起重和变幅系统配置是否协调；当扒杆倾角变化时，杆顶是否有偏移，偏移值为多少。

②轻荷载试吊。可取设计吊重的 60%。起重离地 20cm，持荷 10min，各观测点检查、读数；扒杆俯至设计吊重时的最小倾角，持荷 10min，再次检查，读数；横浪风至最大横距，持荷 5min，再次检查，读数；恢复到原起吊位置，卸载。

③设计荷载试吊。取设计吊重，方法同上。

④超载试吊。取设计吊重的 115%，方法同上。

各级荷载试吊时，需检查的项目如表 4-3 所示。

试吊检查、测试项目表 表 4-3

序号	项 目	检 测 内 容	备 注
1	试吊构件	构件各部位，吊环、卸扣、千斤绳及滑轮组	放大镜及目测
2	扒杆顶部	顶帽各部位，滑轮组、转向滑轮、杆顶侧变位	侧变位用经纬仪测读
3	扒杆	扒杆全部杆件，连接螺栓，中部应力测试	应力由测试组检测

续上表

序号	项　目	检 测 内 容	备　注
4	扒杆底部	底座各部位,基座剪力齿、螺栓及转向滑轮	
5	背索地锚	地锚各部位,滑轮组、卸扣、千斤顶转向滑轮	
6	卷扬机	卷扬机各部位、运转情况,测读钢绳拉力	拉力由测试组观测
7	浪风	浪风绳、滑轮、地垄、链滑车及卷扬机	

5. 人字扒杆吊机的运行

人字扒杆吊机通过改变倾角来改变伸臂长度,将构件由起吊位置空中运送到设计位置就位。吊机运行中应注意以下几点。

(1)杆顶偏移。

扒杆安装完毕或移运完毕后,均应测量扒杆顶的偏移量,作为初始偏移值。

在运行过程中,由于安装偏差,或构件横浪风等因素,将会引起杆顶偏移,必须不断观测,如偏移量过大,可通过杆顶侧浪风予以调整。根据实际经验和受力分析,800kN 和 1 200kN 扒杆的杆顶偏移一般控制在 20cm 左右。

(2)防止扒杆后倾。

扒杆空载时,如倾角(扒杆轴线与水平线的夹角)较大,背索较长、较重,后倾力矩大于扒杆自重和吊具等产生的前倾力矩时,扒杆将出现后倾。另外,在构件就位角度较大时松索,扒杆也可能出现后倾。

这里有一个临界角度问题。临界角度与扒杆高度、质量、吊具质量、背索角度及质量等有关。在各种情况下都必须掌握临界角度,特别是空载时,扒杆倾角绝不能大于临界角。为了安全,在扒杆倾角较大时,应随时注意收紧杆顶前浪风,以防不测。

在某些情况下,当构件就位角度接近或大于临界角,松索时就必须启动附加起重索以减小扒杆倾角,同时,边调整扒杆倾角,边收紧前浪风,边松索。

在江界河桥使用的 1 200kN 人字扒杆,根据计算,临界角为 74°左右。在扒杆吊机运行,松索,空载及移运时,均应密切注意扒杆倾角,随时调整。

6. 人字扒杆吊机与构件的连接

人字扒杆构件连接方式,一般可采用以下三种。

(1)第一种方法。在预制构件上预埋钢板,构件吊装就位后,再实地放样,按照扒杆底座上的孔位,定出螺栓的位置(也可用按 1:1 比例制作的专用样板准确定位)。然后再用 L 形钢筋加强,焊接螺栓。扒杆安装(或移运就位)后,安上螺母,即可将扒杆与构件牢固连接。

预埋的钢板底面,设置锚筋埋入混凝土。为防止扒杆座前方可能出现的上拔力,前方的锚筋应比后方的锚筋略长。

螺栓承受剪力,以抵抗扒杆轴力产生的水平分力,其根数可由计算确定。如水平分力很大,可以设置钢板剪力齿。

(2)第二种方法。在预制构件时,就将套筒螺栓按设计位置直接埋入构件,构件吊装就位后,即可直接安装扒杆。

(3)第三种方法。在预制构件上不设预埋件,待构件吊装就位后,将专用扒杆座(由钢板和螺栓焊接而成)放置在设计位置,用角钢和螺杆组成井字形夹板,使专用扒杆座固定于构件上。为增强抗剪力,构件内侧也可浇筑部分混凝土,将螺杆包裹在其中。

第三种方法的优点是专用扒杆座可以周转使用,节约钢材,适用于跨径较小和扒杆脚水平分力不大的桥梁。如水平分力较大,用这种方法抗剪强度就不易控制。

第二种方法的工序虽然简单,但因套筒螺栓在构件预制时就埋入构件,在构件就位后无法再调整。如因预制构件精度不一,构件就位时接缝大小不一,以致上、下游两片构件错位,则两肢扒杆脚连线与桥轴线不垂直,扒杆运行时杆顶偏移就较大,不易控制。

第一种方法虽工序较繁,但可准确定位,使扒杆座的安装精度得以保证,这是很多桥梁采用的行之有效的方法。

7.人字扒杆吊机系统的主要设备

下面介绍 1 200kN 人字扒杆吊机吊装系统采用的主要设备。

(1)卷扬机

每岸 8 台,其中:

变幅 100kN 1 台;

起重 50kN 2 台;

横浪 50kN 2 台;

尾梢 50kN 2 台;

机动 30Ⅲ 1 台。

(2)滑轮及卸扣(每岸)

背索:1 400kN + 2 × 320kN 滑轮(2 组)。

背索千斤:3 × 1 000kN + 2 × 200kN + 160kN 滑轮,1 400kN 卸扣 1 个。

前组起重:800kN + 2 × 200kN 滑轮(2 组)。

前组起重吊索:800kN + 4 × 500kN 滑轮,800kN 卸扣 1 个,500kN 卸扣 2 个。

后组起重:800kN + 2 × 200kN 滑轮(2 组)。

后组起重吊索:800kN + 2 × 200kN 滑轮,800kN 卸扣 1 个。

辅助组:800kN + 2 × 200kN 滑轮(2 组)。

辅助组吊索:800kN + 2 × 200kN 滑轮,800kN 卸扣 1 个。

(3)钢丝绳

背索:27 线 ϕ28。

前组起重:21 线 ϕ26。

后组起重:21 线 ϕ21.5。

辅助滑轮组走线:21 线 ϕ26。

杆顶侧浪风:4 线 ϕ17。

过河前浪风:2 线 ϕ12。

构件横浪风:4 线 ϕ15.5。

四、悬拼工艺

桁式组合拱桥悬拼施工的基本程序为:安装上、下游两侧的桁片(并同时安装横向联系)→在上、下游两桁片间安装(或现浇)底板、顶板,形成闭合箱形截面→移动吊机作下一节间的安装→如此循环直到跨中合龙→体系转换→安装(或现浇)人行道系、桥面系等→全桥建成。

1. 悬拼程序

现列举两座桥的悬拼过程、说明桁式组合拱桥的悬拼程序。

(1)主孔为150m桁式组合拱,两岸边孔均为78m桁架拱的一半,由桥墩向两端挑出,固结于桥台上,全长241.10m。两岸边孔采用支架现浇,主孔为悬拼施工。吊装工具,一岸为800kN人字扒杆吊机,另一岸用400kN人字扒杆吊机改装加强。

①支架现浇边孔,完成除桥面磨耗层、分隔带,栏杆灯柱以外的全部工程。

②扒杆置于吊1点;吊脚段下弦(两片);分别吊斜杆(单片)并张拉;吊竖杆;分别吊上弦(单片)并张拉;安装上下弦顶底板及挑梁。

③两岸扒杆分别置于吊1、吊2点;吊装两段桁片(步骤同脚段);拆除边孔支架。

④在预制场张拉三段斜杆;两岸扒杆分别移至吊2、吊3点;分别吊三段三角形构件(单片)并张拉上弦;分别吊上弦(单片)并张拉;安装上下弦顶底板及挑梁。

⑤两岸扒杆分别移至吊3、吊4点(同时移动背索和卷扬机);分别吊四段梯形构件(单片)并张拉上弦。

⑥两岸扒杆分别移至吊4、吊5点;两副扒杆抬吊实腹段框架,全桥合龙。

⑦安装四段及实腹段顶底板;放张成拱,完成体系转换;现浇主孔上弦明槽及桥面现浇层。

(2)主孔为330m桁式组合拱,两岸边孔分别为20m+30m和20m+25m+30m桁式刚构,全长461m。除一岸第1孔采用支架现浇外,其余均预制安装。主孔为悬拼施工,吊装工具为1 200kN钢人字扒杆吊机。

①现浇桥台、腹杆基础及墩上立柱。

②支架现浇边孔第1孔。

③吊机置于吊1点(图4-3),依次吊装边孔第2孔竖杆、斜杆、上弦→现浇上弦底板、顶板,形成闭合箱→安装挑梁。

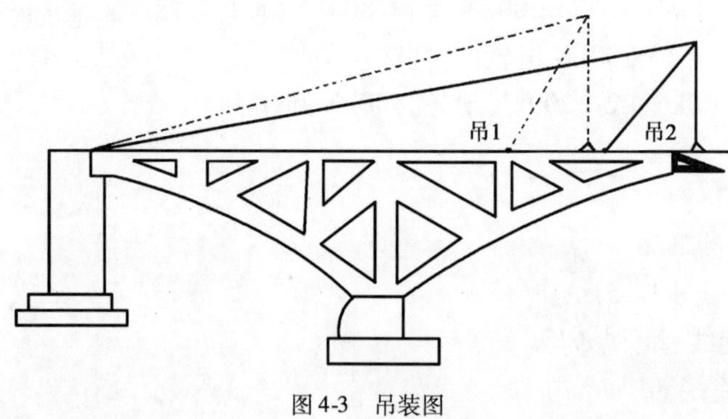

图4-3　吊装图

④吊机移至吊2点,依次吊装边孔第3孔斜杆、上弦→现浇上弦底板、顶板,形成闭合箱→安装挑梁。

⑤吊机移至吊3点,依次吊装主孔脚段下弦、斜杆、竖杆、上弦→安装下弦底板、顶板,形成闭合箱→现浇上弦底板、顶板,形成闭合箱→安装挑梁。

⑥吊机移至吊4点,吊装主孔二段,顺序同上。

⑦吊机移至吊5点,吊装主孔三段,顺序同上。

⑧吊机移至吊6点,依次吊装主孔四段长竖杆、下弦、斜杆、上弦,形成框架。

⑨吊机移至吊7点,依次吊装主孔五段下弦、上弦及前端空实腹交接处的节点块,形

成框架。

⑩吊机移至吊8点,吊装主孔六段,形成框架。

⑪吊机移至吊9点,吊装主孔七段,全桥合龙。

以上各步骤,均为两岸同步进行。

⑫体系转换→架施工二期恒载→全桥建成。

2. 主孔脚段(靠墩台段)吊装顺序

靠墩台段吊装顺序:

(1)吊装上游侧下弦1号构件,就位后用4根高强钢筋做临时拉杆扣挂于墩上立柱中部,用张拉预应力钢筋调整安装高程。

(2)吊装上游侧下弦2号构件,就位后用4根高强钢筋做临时拉杆扣挂于已成上弦前端。

(3)按同样程序吊装下游侧下弦1号、2号构件。

(4)安装下弦箱隔板,把上、下游两片桁片连成整体。

(5)吊装上游倾侧斜杆3号构件,就位后张拉预应力索。

(6)按同样程序吊装下游侧3号构件。

(7)安装斜杆横系梁。

(8)吊装上游侧竖杆4号构件,就位后用临时刚性杆件支撑于斜杆上,以保持稳定。

(9)按同样程序吊装下游侧竖杆4号构件。

(10)安装竖杆横系梁。

(11)按上述方法吊装上、下游4号以及5号、6号各构件。

(12)安装上弦箱隔板。至此,脚段框架全部形成。

(13)吊装下弦底板。

(14)吊装下弦顶板。

(15)用滑动模板现浇上弦底板。

(16)现浇上弦顶板。至此,主孔脚段悬拼全部完成。

(17)再次张拉上弦预应力钢筋。

(18)安装挑梁。

(19)移动吊机准备吊装下一段桁片。

3. 构件翻身及安装

(1)吊索布置

待安装的桁片构件移运至吊机前方起吊位置后,即可进行捆绑或挂钩。

跨径200m以内的桁式组合拱桥,构件多采用捆绑吊装。如跨径更大,构件多为长、大构件,则采用吊环吊装。挂钩时,一般均先挂前组吊钩,待前钩持力,构件前端临空后,取去前托架,将构件送出适当距离,再挂后钩,取去后托架,准备起吊。

一般构件均采用4个吊点。吊点位置根据构件重心计算确定,力求做到前后两组起重索均匀负荷。

为使构件在吊装过程中每个吊点都受力,且不产生横向扭矩,吊索必须分别采用纵、横向循环方式,确保构件受力均匀。

(2)构件翻身

带节点的桁式组合拱桥构件,大多采用卧式预制,吊装前均需将构件翻身。

用400kN和800kN人字扒杆吊装跨径200m以内的桥，构件采用捆绑吊装。构件按正常方式出肋挂钩，然后就地翻身或空中翻身。

预制构件质量达1 200kN时，不能再按上述方式翻身。需在扒杆顶部后方增设一个吊点，用以辅助翻身。

构件翻身时，前两个吊点（吊1、吊2点）挂在前组起重滑轮上，按正常出肋挂钩。后两个吊点（吊3、吊4点）挂在杆顶后方的辅助滑轮上。在构件中部（接近吊1、吊2点处）另设两道捆绑绳，挂在后组起重滑轮上，用以保护翻身。当构件处于翻身临界状态时，用以保护翻身的后组滑轮慢慢下放，以便构件平稳翻身，不致产生剧烈振动。

按此法将构件翻身放平后，将后组辅助滑轮拆除，并将后组起重索挂于吊3、吊4点，构件即可吊装出肋。

（3）构件空中运行

构件的空中运行由扒杆伸臂来完成。将构件提升到一定高度后停止起重，松背索使扒杆俯下，构件前移，并随之下降，至离地约20cm时停止伸臂，再启动起重索，提升构件至一定高度，重复以上操作，直至构件送出至设计就位位置为止。

（4）横浪就位

构件居中运行到就位位置后，用前后两组横浪绳将构件横浪至一定位置后，前组横浪暂停，后组横浪与起重配合先将后端就位，固定后组横浪，再启动前组横浪至构件前端就位。最后，微调起重和前端横浪，以调整中线和高程，至符合精度要求为止。

在构件就位和安装过程中，要注意以下事项：

①卷扬机不得同时启动，变幅与起重不得同时操作。

②构件运行时所有浪风和横浪绳均应保持松弛状态，使构件沿桥轴线居中运行，并同时监视扒杆顶部有无左右偏移情况，并用杆顶侧浪风加以调整。

③卷扬机应力求均匀平稳，避免发生冲击。

④构件横浪时的横向力，由杆顶另一侧的侧浪风平衡，故构件横浪前应先将两侧浪风同时收紧，横浪风时，根据观测到的杆顶偏移值，不断收调另一侧的杆顶浪风，使杆顶偏移值保持在允许范围内。

4. 构件稳定

悬拼施工中的构件，主要靠张拉设置于上弦和斜杆的预应力钢筋（丝）保持稳定。

如跨径特大，一个节间的上弦和下弦构件的质量已超过吊机的起重能力，则必须将该节间的上弦和下弦构件分成两件预制吊装。这时，就存在临时稳定问题。

吊装脚段时的临时稳定措施：当下弦1号构件吊装就位后，用4根高强钢筋临时扣挂于墩上立柱中部的适当部位，在墩上立柱箱内张拉和锚固。同样，当下弦2号构件吊装就位后，用4根高强钢筋临时扣挂于已成的上弦前端，在上弦顶面张拉和锚固。构件的安装高程，可用张拉高强钢筋加以调节。高强钢筋的张拉吨位随构件重力、重心位置和钢筋倾斜的角度变化而变化，可通过计算确定。在确定临时扣挂钢筋的根数时，必须计人较大的安全系数，确保万无一失。

当斜杆3号构件吊装就位、张拉高强钢筋（丝）完毕、三角形体系形成后，结构自身已形成稳定体系，用于临时扣挂下弦的高强钢筋即可拆除。

竖杆4号构件就位后，用特制刚性杆支承于斜杆上，为此，必须在预制竖杆、斜杆时，于相应部位预埋与刚性支承杆连接的预埋件。

上弦5号构件就位后，形成一个悬臂梁，靠张拉上弦预应力钢筋达到稳定。但松索后，悬臂端部将产生下挠，挠度值可由计算求得，在确定构件安装高程时须加以考虑。

以上提到的下弦临时扣挂，竖杆临时支撑、上弦临时张拉等，均属于临时稳定构件的措施。

下弦、竖杆、上弦的横向稳定均靠侧浪风，而且各段构件完成后，均在构件前端保留一对横向浪风，待下一段构件吊装就位，新的横向浪风安好后才可拆除。

5. 接头处理

桁式组合拱桥，除拱顶采用湿接头外，其余预制构件之间一般采用干接头。构件就位后，首先将普通钢筋电焊连通，接头的缝隙用钢板填塞，然后灌环氧树脂水泥浆。待环氧树脂水泥浆达到一定强度后即可张拉、松索。

跨径特大的桁式组合拱桥，为加强接头处的强度和整体性，构件接头采用四周开口，构件连接采用干湿混合接头。除了以上程序外，还需增加一道工序，即四周的开口用现浇混凝土封闭，待混凝土达到一定强度后才可进行张拉。

竖杆的接头（接缝是水平的）是在先安装构件的结合面上涂抹约1cm厚的环氧树脂水泥浆，待后一构件安装就位后，再用楔形钢板打人嵌紧，并将普通钢筋电焊连通，再浇四周开口的接头混凝土。

桁式组合拱桥的上弦断缝在施工阶段应能传递由施加预应力引起的轴向压力，因此，断缝四周用钢板填塞（钢板与混凝土接触面的局部承压要进行计算），中部灌水泥砂浆，待砂浆达到一定强度后，即可进行张拉。

拱顶湿接头的操作工序，与一般桥梁的湿接头基本相同，只增加了一道顶压工序。顶压的目的在于：在结构未进行体系转换之前，通过顶压，使之提前部分成拱，改善结构受力。具体操作步骤为：两岸合龙段构件吊装就拉后，在拱顶安装顶压器（一般可用高强钢筋配套筒，特大跨径桁式组合拱桥可专门设计拱顶刚性接头，并与千斤顶配合使用）→按上述要求处理后端接头→待后端接头达到规定强度后即张拉预应力钢筋→在拱顶进行顶压→电焊普通钢筋→浇筑接头混凝土→待接头混凝土达到规定强度后即可松索，全桥合龙。

处理拱顶湿接头时，要注意以下几点。

（1）预制构件的前端应预埋钢板，以便顶压。

（2）简易顶压器可用一段高强钢筋，两端配套筒制作而成，高强钢筋的长度可在构件就位后，根据实地量测的接头长度（并缩短2cm左右）下料，并将一端点焊在钢板上，以防脱落。在张拉过程中，应边张拉边旋紧另一端的套筒。正式顶压的方法是人工用加长扳手旋紧套筒，根据经验，每根32mm高强钢筋的顶压力可达到50～100kN。

（3）特制刚性接头应配合千斤顶使用，刚性接头用型钢加工而成，一端应电焊在构件端头预埋钢板上，用千斤顶进行顶压，边顶压边旋紧刚性接头另一端的前方套筒。顶压结束后，应将前方套筒电焊在构件端头预埋钢板上。此刚性接头最后被包裹在现浇接头混凝土中。

（4）拱顶接头混凝土宜采用较构件混凝土高一级的早强混凝土，以尽快达到规定强度后松索。

6. 合龙工艺

已建的桁式组合拱桥,根据实腹段预制场地的布置,分别采取不同的合龙方式。

根据施工现场情况,可在桥下河滩立式预制,然后用横向联系连成框架,总重力1 200kN,由两部吊机抬吊,一次合龙。

多数桥梁施工由于桥下都没有设置实腹段预制场的条件,因此,将合龙段分成两段4个单件,分别在两岸预制,然后由两岸分别吊装上游(或下游)一侧桁片,单肋合龙;待接头混凝土达到一定强度后松索,再吊另一侧桁片,至全桥合龙。

7. 体系转换

体系转换是组合体系结构施工中一道很重要的工序。悬拼施工阶段,结构属于悬臂桁架体系,合龙后,将进行体系转换,使结构由悬臂桁架体系转换成桁式组合拱体系,即从单纯的梁式体系转换成拱、梁组合体系,其间各构件内力的变化是很复杂的。

对于永存预应力钢筋(以下简称力筋),在悬拼施工时,必须在断缝处设一接头,并在连接套筒的两端上螺帽;放张时,首先在张拉端用拉伸机调整力筋的张拉吨位,使其达到营运阶段的设计张拉吨位,然后在断缝处将螺帽旋向前方锚固。

对于过断缝的临时力筋,只需一次张拉完毕,取出力筋即可。

尽管放张中力筋有较大的安全储备,但对各杆件而言,放张中内应力将产生明显的变化,特别是下弦轴力显著增大,会带来结构失稳等新问题。所以,放张过程必须缓慢进行,避免因受力体系的急剧转变给各杆件带来巨大的振动。同时,还须注意以下几点:

(1)放张必须全桥两岸左右对称均衡进行。

(2)采取先放永存力筋,后放临时力筋的顺序。

(3)合龙时,实腹段截面刚度较小(为了减轻悬挂质量,实腹段常采用框架合龙),而通过断缝的力筋根数又有一定富余,则可以分成几步放张(开始可全部逐根放张少许吨位,暂不断开),并与施工加载交叉进行,使实腹段逐步增大截面以适应放张时产生的巨大轴力。

(4)施工阶段,在上弦断缝处填塞有部分钢板,随着体系转换的进行,断缝逐渐扩大,钢板随之松动下落,要采取措施将钢板位置临时固定,以免掉下砸坏构件。

(5)体系转换宜选择在温度较高时进行。

8. 高程控制

特大跨径桁式组合拱桥悬拼施工阶段的高程控制尤为重要。主孔构件在预制放样时,须计入预拱度值。在安装时还要增加施工预抬高度,以抵消施工中各种因素引起的非弹性变形(如预应力钢筋松弛、构件接缝压密、吊索松弛、混凝土收缩、徐变等)。徐变计算的结果表明,断缝至墩(台)区段受徐变影响小,断缝至拱顶区段受徐变影响较大,应根据这一规律来确定各段预制构件的施工预抬高度。同时,在悬拼时,还必须根据挠度观测的数据,来确定下一段构件的安装高程。

第五章 钢管混凝土拱桥

钢管混凝土是一种钢—混凝土组合结构，充分发挥了混凝土的抗压性能及钢材的抗压、抗拉能力，主要用于承受轴向压力的构件，如桥梁墩柱等基础工程。拱桥拱圈是以承受轴向压力为主的构件，采用钢管混凝土可充分利用其结构受力特点。

钢管混凝土拱桥一般在拱圈主拱肋及部分拱上立柱位置采用钢管混凝土构件，拱圈其余部分采用钢管或型钢构件，故需分别进行钢结构与混凝土结构施工，施工过程包括钢管拱肋的加工与制作、钢管拱肋的安装、钢管混凝土的泵送施工及拱上其他部件的安装。

第一节　钢管拱肋加工与制作

钢管混凝土拱肋所用钢管直径大，一般采用钢板卷制焊接管，其中桁式钢管拱中直径较小的腹杆、横联可直接采用无缝管。

一、钢管制作

早期部分钢管混凝土拱桥的钢板卷制工作在工地进行。因工厂卷制质量便于控制，检测手段齐全，故推荐采用工厂卷制焊接管，其中钢管直径超过500mm、径厚比(D/t)大于30的卷制焊接管，应采用工厂卷制。

1. 材料准备

(1)卷管用材料必须按设计要求选用，其性能与质量应满足国家标准与行业标准的规定，具备完整的质量合格证明与检验报告，并按国家现行标准规定进行抽样复检。

(2)焊条选择。焊条的选用应根据被焊金属的类型，选择相应焊条种类。应考虑工件的物理、化学和力学性能，从等强度标准出发，选择能满足母材力学性能的焊条，或结合母材焊接性能，改用非等强度而焊接性能较好的焊条。焊条选择还应考虑工件的工作条件和使用性能、焊接工艺、施焊设备、经济效果与焊接现场劳动条件等因素。

(3)焊丝与焊剂选择。选择合适的焊丝与焊剂,通过采用合理的焊接工艺,可得到所需的化学成分和力学性能的焊缝金属与良好的焊缝成形。

焊丝与焊条的选择,应考虑具有良好的稳弧、脱渣性,尽量减少焊接过程中产生的有害气体。

常用钢材焊接焊条、焊丝、焊剂选配参见《建筑钢结构焊接技术规程》(JGJ 81—2002)中表6.1.3-1~表6.1.3-3。

2. 放样号料与切割

钢管拱肋加工分段长度应根据材料、工艺、运输、吊装等因素确定。

钢管拱肋加工前,需根据设计要求编制工艺细则、绘制加工详图,按杆件编号绘制相应的零件图、单元构件图、节段单元图及试装图,此外还需绘制从零件、单元构件直至节段单元的加工、组焊、试装工艺流程图。

放样与号料是大桥拱肋制作的第一道工序,应按不少于半跨的长度进行1:1精确放样,一般包括煨弯校正放样、拱段拼装放样、拱肋拼装大样以及肋间横梁放样等工作。

焊缝收缩量——钢结构焊接后会发生收缩,包括横向收缩与纵向收缩,其中,横向收缩较大,纵向收缩较小,其大小与板厚、材质、焊接速度、焊接方法、电流大小等因素均有关系,确切的焊接收缩量,需通过试验取得。

下料前,应考虑加工误差与焊接收缩变形影响,如表5-1和表5-2所示。

焊缝纵向收缩量(单位:mm/m) 表5-1

对接焊缝	连续角焊缝	间断角焊缝
0.15~0.3	0.2~0.4	0~0.1

注:表中所示数据为宽度大约为15倍板厚的焊缝区域的收缩量,适用于中等厚度的低碳钢板。

焊缝横向收缩量 表5-2

接头类型	钢板厚度(mm)									
	5	6	8	10	12	14	16	18	20	24
	横向收缩量(mm/m)									
✓型坡口对接焊缝	1.3	1.3	1.4	1.6	1.8	1.9	2.1	2.4	2.6	3.1
×型坡口对接焊缝	1.2	1.2	1.3	1.4	1.6	1.7	1.9	2.1	2.4	2.8
单面坡口十字角焊缝	1.6	1.7	1.8	2.0	2.1	2.3	2.5	2.7	3.0	3.5
单面坡口角焊缝	0.8	1.7	0.8	0.8	0.7	0.7	0.6	0.6	0.6	0.4
无坡口角焊缝	0.9	0.8	0.9	0.9	0.9	0.8	0.8	0.7	0.7	0.4
双面间断角焊缝	0.4	0.3	0.3	0.2	0.2	0.2	0.2	0.2	0.2	0.2

一般放样在组拼工区有预埋件混凝土地坪上进行,放样平台利用型钢搭设,保证有足够的强度与刚度,经检定的水平仪进行测量并调平,确保平台符合规定平整度。

放样前大样需作详细计算并得到相应计算图表,根据计算结果画线制作样板。

计算完成后,采用相应量具与相应工具等在钢管材料上进行画线、标记。

钢材下料画线后需根据所需尺寸与形状进行下料和切割,通常切割方法有气割、剪切(包括锯切、摩擦切割、砂轮切割)、等离子切割、激光切割,钢管拱桥中,钢板厚度在12~16mm的直线性切割,通常采用剪切,带曲线的零件或厚钢板多采用气割,各种型钢下料通常采用锯割,中小型角钢和圆钢通常采用剪切或气割,等离子切割主要用于熔点较高的不锈钢材。激光切割一般用于金属钣金件、需均匀切缝的特殊构件等的加工。

3. 钢管卷制

(1)直缝焊管

采用直缝焊管的钢管卷制成型一般分为预弯头、对接与板面弯曲三个过程,卷管方向应与钢板压延方向一致,卷管过程中,应使管端平面与管轴线垂直,对于小直径钢管,可在卷管前沿钢板边缘约 15cm 处进行局部压圆,以满足接缝处圆度要求,卷管后应进行校圆,校圆分为整体校圆与局部校圆两道工序,校圆后的筒体直缝焊接宜采用自动焊,板端坡口应在卷管前开好,其坡口尺寸及允许误差参见《钢管混凝土结构设计施工技术规程》(CECS 28:90)表7.1.2。

(2)螺旋焊管

直缝焊管只能间断生产,生产效率低,而采用生产线制作螺旋焊管,原料为热轧带钢卷或普通热轧平板,包括各种检测与监控设施,可连续大规模生产,可满足大批量供货需求。

螺旋焊管的制作流程:

①钢管开卷:15t 以上钢卷采用擦压法;15t 以下小卷制作展卷台展出钢头。

②钢管预送进:钢卷上台,预送进,通过矫平机进行钢带矫平。

③钢带头尾的切割预对接焊:分别在对接台压紧,用气割切去钢带原始尾端和头端不规则部分,并进行对接自动焊。

④钢管成型:清理钢带边,并用铣边机铣削坡口,用排辊使带钢弯圆,带钢圆弧面满足钢管曲率的要求。

⑤内外埋弧自动焊:钢管弯曲成管后,成型缝用埋弧自动焊接,先焊内缝,外缝焊接在内缝焊后 1.5 ~2.5 个螺距后进行。

⑥切管、卸管:螺旋焊管卷制连续进行,钢管长度根据需要任意截断,切割可采用等离子割枪切断。

螺旋焊管在内缝焊接过程中,应对内缝间隙进行自动控制调整并进行超声波探伤,外缝完成后进行射线探伤,成管后进行涂装并做标志。

4. 钢管煨弯、矫形

(1)煨弯

无论是直缝焊管还是螺旋焊管,均为直管,要满足钢管拱肋的弧线要求,需进行处理,一般采用温度效应——煨弯(热弯)方式进行。

煨弯将钢材加热至 900 ~1 000℃之间,使钢材在强度降低、塑性增加的基础上通过模具进行弯制加工,弯制完成后应缓慢冷却,以避免钢材变脆。

(2)钢结构受热反变形措施

钢结构焊接后会发生不同程度的变形,需采用反变形措施,一般采用反变形法,即将焊接工件向将要变形的反方向放置或变形,使得焊接后与预先反变形相抵消,以达到焊件所需的平整度。

(3)矫形

对于卷制、焊接等过程产生的变形,需通过机械矫正或火焰矫正进行处理。

机械矫正通过专用机械(如钢板矫平机、型钢矫正机等)对需要矫正的部件进行矫正处理,一般在号料与加工前进行矫正,也有在切割、焊接加工后进行变形矫正的。

火焰矫正利用火焰产生的高温对矫正件变形的局部进行加热，使加热部位钢材遇热膨胀、冷却收缩，被矫正部位发生变形，从而使被矫正件达到平直或预定几何形状并符合技术规范的工艺方法。

火焰加热矫正的温度，低碳钢与普通低合金结构钢采用600～800℃为宜，火焰矫正一般采用氧—乙炔气体与吸射式焊矩（焊枪）进行加热。

火焰矫正不适于高碳钢、高合金钢、不锈钢与铸铁等脆性材料。

二、钢管焊接

1. 焊接试验与焊接工艺评定

钢管混凝土拱桥参照《承压设备焊接工艺评定》（NB/T 47014—2011）执行相关焊接工艺评定并进行焊接接头性能试验，焊接工艺评定以可靠的钢材焊接试验为依据，并在桥梁正式施焊前完成，以测定焊接接头是否满足设计要求的使用性能，验证施焊工艺是否正确，确保焊接质量。焊接工艺评定一般包括：外观检查；抗拉试验；弯曲试验；冲击试验；焊缝内部的检查试验（包括超声波探伤与X射线探伤）。经评定合格后，有资质的质检单位出具试验报告，方可正式开始施焊作业。

焊接工艺评定时，应采用符合桥梁选定标准的钢材与焊材，由培训合格并持合格证的焊工进行试件的焊接，一般钢管混凝土拱桥的接头形式有对接焊缝、角焊缝与组合焊缝（对接焊缝+角焊缝）。

试件经外观检查与无损探伤合格后，需按相关规范开展力学性能试验。

焊工考试——从事钢管拱钢结构焊接的焊工，包括手工电弧焊、定位焊工、半自动气体保护焊焊工、埋弧自动焊工或半自动埋弧焊工、自动保护焊焊工、熔化嘴或非熔化嘴电渣焊焊工、螺栓焊焊工，均应经焊工考试委员会进行考试，合格者承担焊接工作，严禁无证焊工上岗。焊工考试应按不同的焊接方法和焊接位置进行分类考核，同时焊工只能在考试合格的位置：如平、仰、立、横上进行焊接，不能越级施焊。

2. 焊接

钢结构焊接常用的焊接方法为电弧熔化焊，利用低电压大电流引燃电弧，使焊条与焊件间产生很大热量与强烈弧光，利用电弧热来熔化焊条和焊件边端部分，达到焊接目的。电弧焊分为手工焊、自动焊与半自动焊。

钢管对接焊缝与弦腹杆连接焊缝是钢管拱关键连接部位，一般采用 CO_2 气体保护自动或半自动焊打底，分层滚动焊接。

在工厂或工地首次焊接工作之前或材料、工艺在施工过程中遇有须重新评定的变化，必须分别进行焊接工艺评定试验。

工厂焊接宜在室内进行，湿度不宜高于80%。焊接环境温度，低合金高强度结构钢不应低于5℃，普通碳素结构钢不得低于0℃。主要杆件应在组装后24h内焊接。

低合金高强度结构钢厚度为25mm以上，进行定位焊、手弧焊及埋弧焊时应进行预热，预热温度80～120℃，预热范围为焊缝两侧，宽度50～80mm。厚度大于50mm的碳素结构钢焊接前也应进行预热。

焊接材料应通过焊接工艺评定确定，没有生产厂家质量证明书的材料不得使用。焊剂、焊条必须按产品说明书烘干使用，对储存期较长的焊接材料，使用前应重新按标准检验。CO_2 气体保护焊的气体纯度应大于99.5%。

施焊时母材的非焊接部位严禁焊接引弧。

多层焊接宜连续施焊，应注意控制层间温度，每一层焊缝焊完后应及时清理检查，清除药皮、熔渣、溢流和其他缺陷后，再焊下一层。

3. 焊缝质量要求

焊接完毕，焊缝须在全长范围内进行外观检查，并满足《钢结构工程施工质量验收规范》(GB 50205—2001)与《建筑钢结构焊接规程》(JGJ 81—2002)的要求。

外观检查合格后，焊缝应在24h后进行无损检验。

对接焊缝与角焊缝应100%进行超声波探伤，并取不小于其焊缝长度的20%进行射线探伤，两条焊缝交叉点必须进行射线探伤检验。

无损探伤需按《钢焊缝手工超声波探伤方法和探伤结果分级》(GB/T 11345—1989)与《公路桥涵施工技术规范》(JTG/T F50—2011)相关规定执行。

4. 钢管外形质量要求

钢管纵向弯曲偏差要求 $f/d \leqslant L/100$，且不大于10mm。

钢管椭圆度(失圆度) $f/D \leqslant 3/1\,000$，钢管椭圆度影响钢管对接，故需对管端椭圆度严格控制。

管端的不平度 $f/D \leqslant 1/500$，且不大于3mm；《钢管混凝土结构设计与施工规程》(CECS 28:90)中规定 $f/D \leqslant 1/1\,500$，且不大于0.3mm，要求过高，不推荐使用。

三、钢管组拼

钢管加工制作平台(胎架)应能满足拱肋1:1大样放样的要求，钢管组拼以拱肋中轴线为准，要求台座地基基础密实、稳定，表面平整度好，按设计要求采用测量仪器放样并用水准仪抄平。

钢管管节制作完成后，拱肋节段应在拼装胎架上组拼，首先应考虑组装基准面的选择，一般应以平面作为装配基准面，选择较大或最重要的面作为装配基准面，如横向风撑应以竖向桁架为准。

对于桁式拱肋，弦杆与腹杆、平联的连接尺寸和角度必须准确。连接处间隙应按钣金展开图要求进行放样，焊接顺序应考虑焊接变形的影响，由焊接工艺试验确定。

在焊接前对小直径钢管可采用点焊定位，对大直径钢管可打马板做临时固定。对于重要受力管件，为保证连接处的焊接质量，可在管内接缝处增加附加衬管，与管内壁保持0.5mm预膨胀间隙，以确保焊缝根部质量。

主弦管、腹杆钢管的对接焊缝应与其他焊缝至少错开500mm，且横向各构件对接焊缝不能布置在同一位置。

拱肋节段制造完成后，应进行连续匹配试拼装，试拼装的拱肋段数不应少于3段，试拼装检查合格后，留下最后一个梁段并前移参与下一批次试拼装，其余拱段吊运出胎架。

钢管节段试拼完成后，需安装临时定位连接件(如法兰、连接耳板与定位销)，制造精度、拱座预埋件精度与上述临时连接件定位精度将共同决定钢管拱肋的安装精度，安装过程中拱肋能实施的调整量极其有限。

四、钢管制作质量要求

钢管拱肋制作加工的检查项目如表5-3所示。

钢管拱肋制作实测项目 表5-3

项次	检 查 项 目	规定值或允许偏差	检查方法和频率	权值
1	钢管直径(mm)	±D/500及±5	尺量:每段检查3~5处	3
2	钢管中距(mm)	±5	尺量:每段检查3~5处	1
3	内弧偏离设计弧线(mm)	8	样板:每段测1~3点	2
4	拱肋内弧长(mm)	+0,-10	尺量:每段检查	1
5	节段对接错边(mm)	2	尺量:检查各对接断面	2
6	节段平面度(mm)	3	拉线测量:每段检查1处	1
7	竖杆节间长度(mm)	±2	尺量:检查每个节间	1
8	焊缝尺寸	符合设计要求	量规:检查全部	2
	焊缝探伤		超声:检查全部射线:按设计规定,设计无规定时按5%抽查	3

注:D为钢管直径。

第二节 钢管拱肋防腐

钢管混凝土拱桥作为一种钢管外包混凝土构造,钢管拱肋外表面成桥后暴露在大气中,故其防腐问题相当突出,而钢管拱肋内表面则主要考虑施工期间防腐问题。

钢材腐蚀按反应机理分为化学腐蚀与电化学腐蚀,按自然环境引起的腐蚀可分为大气腐蚀、土壤腐蚀、海水腐蚀、淡水腐蚀和生物腐蚀,对钢管拱肋而言,主要的腐蚀为大气腐蚀,在拱脚位置,还可能产生海水腐蚀、淡水腐蚀以及土壤腐蚀,上述腐蚀中,最常见且危害最严重的为电化学腐蚀的潮湿大气腐蚀。

钢材防腐方法主要有选择合适的钢材、改变环境、电化学防腐以及涂层保护等。国外在内陆山区环境曾采用耐候钢,达到防腐与降低维护费用的效果,但在海洋环境则防腐效果不显著,在我国,耐候钢造价高,未得到大量使用,钢管拱均采用普通钢材;对于封闭环境(如钢箱梁内部)可采用控制空气湿度来抑制潮湿大气腐蚀,起到防腐效果,但对钢管拱肋外表面控制则实施困难;采用牺牲阳极的阴极保护电化学防腐措施,在海洋环境中使用较多,特别对于钢管桩工程应用普遍,地处海洋环境的钢管拱拱脚位置,可采用上述措施并结合涂层防腐。

采用涂层防护,将钢材与腐蚀介质隔绝开来,可起到良好的防腐效果,这是目前钢管拱肋使用最普遍的防腐措施。涂层防腐又可分为金属涂层与非金属涂层两类。

一、钢材表面处理

在实施钢材外表面涂层覆盖之前,需要对其进行除锈、清洁与平整工作,对于采用涂层防护的钢管拱肋，一般采用喷砂或抛丸除锈，要求除锈等级达到 Sa2.5 ~ Sa3，在焊接接头等位置，采用手工与动力工具除锈，要求除锈等级达到 St2 以上。钢材表面除锈等级要求如表 5-4 所示。

钢材表面除锈等级要求　　表 5-4

涂 料 品 种	最低除锈等级
沥青涂料	St2 或 Sa2
醇酸耐酸涂料、氧化橡胶涂料、环氧沥青涂料	St3 或 Sa2
其他树脂类涂料、乙烯磷化底漆	Sa2
各类富锌底漆、喷涂金属基层	Sa2.5

钢管内表面除锈则按 Sa2 要求进行，只需涂抹一层底漆，防止施工过程的腐蚀，因后期压注混凝土，故内部也可不作任何处理。

1. 金属涂层

在完成除锈清洁工作的钢材表面喷涂锌、铝、锌铝或镁铝合金涂层，该涂层与母材结合紧密，其防护原理为在牺牲阳极防护的同时，起到与外界的隔离作用，为防止腐蚀介质接触钢铁表面，还需在金属喷涂层外用涂料进行封闭处理。

金属涂层施工一般采用电弧喷涂、热浸镀锌与火焰喷涂工艺，采用金属涂层防护的基本流程为：

喷砂（抛丸）除锈→金属电弧喷涂→金属涂层封闭→涂覆底漆。

2. 非金属涂层防护

非金属涂层种类较多，大多属于隔离性涂层，要求涂层无孔、均匀，与钢基有较强的结合力与较好的抗老化能力。非金属涂层一般包括底漆、封闭漆、中间漆与面漆。

非金属涂层施工前应进行试涂试验，检查钢材表面处理质量是否满足设计要求，同时涂装施工应在规定的施工环境下进行。

（1）环境温度：应符合产品说明书要求，如无说明，环境温度宜在 5 ~ 30℃。

（2）环境湿度：应符合产品说明书要求，如无说明，环境相对湿度以不大于 80% 为宜。

（3）钢材表面的温度和露点温度：控制空气相对湿度，并不能表示钢材表面的干湿程度，故相关规范与规程规定：钢材表面的温度在高于空气露点温度 3℃ 以上时，方可进行施工。

在以下环境下，一般不得施工，如要施工，需有防护措施：

①有雨雾雪和较大灰尘的环境。

②施工光线严重不足的环境。

③可能受到尘埃、油污、盐分和腐蚀性介质污染的环境。

④没有安全措施和防火、防爆器材的环境。

此外，涂料的运输、储存均需按相关质量、安全规定执行。

涂装的材料、层数、涂装厚度均应符合设计要求，当设计对涂层无要求时，宜涂装 4 ~ 5 遍，涂层干漆膜总厚度，室外宜为 150μm，室内宜为 125μm，其允许偏差为 -25μm。涂装时，每遍涂层干漆膜厚度允许偏差为 -5μm。

当设计对涂层有要求时，设计最低涂层干漆膜厚度加上允许偏差的绝对值，即为涂层的要求厚度。

当天使用的涂料应在当天配置，并不得随意添加稀释剂，如按规定层数达不到最小干膜总厚度时，应增加涂装层数使其达到规定厚度，且需等头层漆干透后，才可进行下层漆涂装。

非金属涂层涂装施工方法有刷涂法、浸涂法、压缩空气喷涂法、电泳涂覆法，其中，在工地面漆涂装可采用压缩空气喷涂法，而有条件的车间底漆涂装宜采用电泳涂覆法。

在安装焊缝处应留出 30 ~ 50mm 暂不涂装，待现场焊接完成后再行处理。涂装时应均匀、无明显起皱流挂、附着力良好，底漆、中间漆要求平整、均匀、漆膜无气泡、裂纹，无严重流挂、脱落、漏涂等缺陷，面漆除以上要求外，其颜色还需同比色卡一致。涂装完毕后，还应在构件上标注构件的编号，大型构件的质量、重心位置以及定位标记。

运输、安装过程对涂层造成的损坏，应及时进行修补。

第三节　钢管拱肋安装

从施工角度而言，钢管混凝土拱桥结构中的钢管拱肋对管内混凝土而言，本质上是一种外包劲性骨架，它参与结构受力，同时也是混凝土施工过程的支架与模板，成桥过程先合龙钢管骨架，再灌注管内混凝土形成主拱圈。所以钢管拱肋安装是钢管混凝土拱桥施工的关键环节。

钢管拱肋安装一般有：浮吊（汽车吊）结合支架安装；缆索吊装；转体施工等方法，其中无支架缆索吊装一般结合斜拉扣挂方式悬拼，少支架缆索吊装可在支架上进行拱肋拼装，如为系杆拱结构，还可考虑采用整体顶推方式安装（杭州九堡大桥）。

浮吊与汽车吊安装拱肋一般适于主跨 100m 以下、交通与通航条件较好的区域，其拱肋节段划分受起重设备起重能力限制；转体施工要求有足够的现场组拼场地；缆索吊装是钢管拱肋安装最常用的方法，起吊能力强，适用范围广。

一、拱肋缆索吊安装

缆索吊是一种能兼作垂直与水平运输的起重设备，因承重索高悬空中，不受地形与操作场地限制，适宜于大型起重设备无法达到的山川河谷地区，其设备简单、装拆运输便利、起吊高度大、吊运速度快，缆索吊装是拱桥最常用的安装方法之一。

对于节段悬拼的拱桥安装，一般需设置斜拉扣挂系统，作为拱圈合龙前节段保证稳定与拱轴线形微调措施。

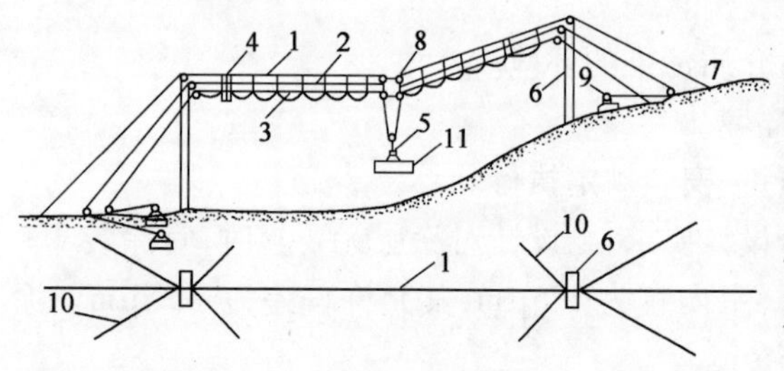

图 5-1　缆索吊装系统布置

1-承重索；2-牵引索；3-起吊索；4-承索器；5-吊具；6-吊塔；7-地锚；8-跑车；9-卷扬机；10-抗风绳；11-起重物

缆索吊系统一般包括：吊装索塔（亦称支架）、锚碇、承重索、起吊索、牵引索、吊具、跑车、承索器、卷扬机（包括主卷扬机、起吊卷扬机、牵引卷扬机等）、抗风（亦称缆风、浪风）系统等部分，如图 5-1 所示。

缆索吊装应进行专门吊装设计，对索塔、扣塔、主缆、扣索、抗风、地锚等结构均应按有关规定经过设计计算确定，对索塔、扣塔和吊装过程中形成的拱肋还应进行施工稳定性验算。

主缆、抗风钢丝绳安全系数不小于3.5，起吊钢丝绳安全系数不小于6，牵引钢丝绳安全系数不小于4，扣索钢丝绳安全系数不小于5。

索塔必须按当地气象条件设计可靠的避雷装置。

与无吊索、主梁的悬索桥结构类似，承重主绳作为主承载结构，在吊塔位置通过索鞍改变方向，将荷载传至锚碇。起重物通过吊具、起吊系统、跑车将荷载传至承重主绳，设置起吊系统与牵引系统以完成起重物的垂直提升与水平移动，抗风系统作为保证结构的稳定与拱轴线形微调的措施（在整体结构体系稳定性有足够保证的前提下，也可取消）。

吊塔。一般采用型钢或万能杆件、贝雷梁等组拼而成，从施工与结构稳定角度考虑，一般采用门式桁架结构，上设分配梁与承重索鞍。吊锚构造如图5-2所示。

锚碇。作为荷载承力基础，可采用桩基式锚碇（地垄）或重力式锚碇，对于特大型桥梁或重要结构，可选用二者相结合的复合锚碇形式。扣锚构造如图5-3所示。

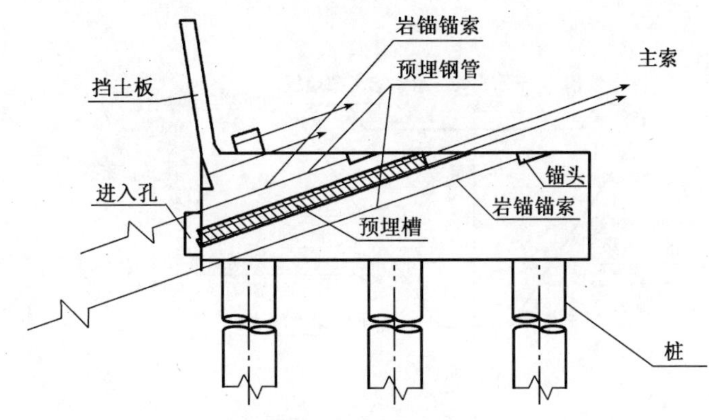

图5-2　吊锚构造示意图

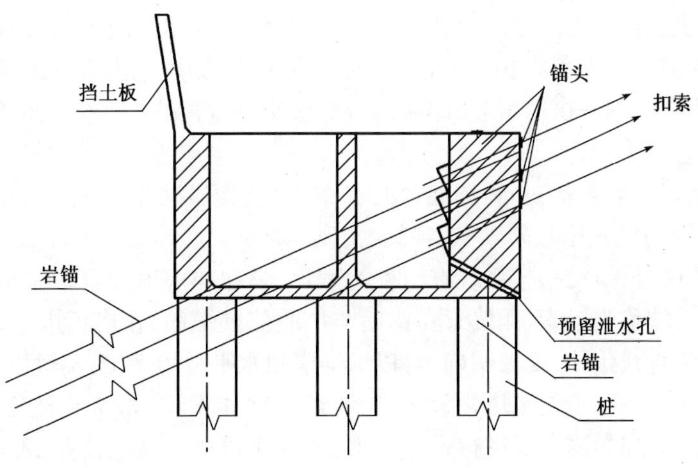

图5-3　扣锚构造示意图

承索器(分索器)。由起重索和牵引索的垂度引起的松弛阻力将极大地影响到起吊力和牵引力,为减小起吊和牵引力,在主缆上在设置承索器,承托起吊绳及牵引绳,从而减小其松弛阻力,达到减小起吊和牵引以及配重块质量的目的。承索器构造如图 5-4 所示。

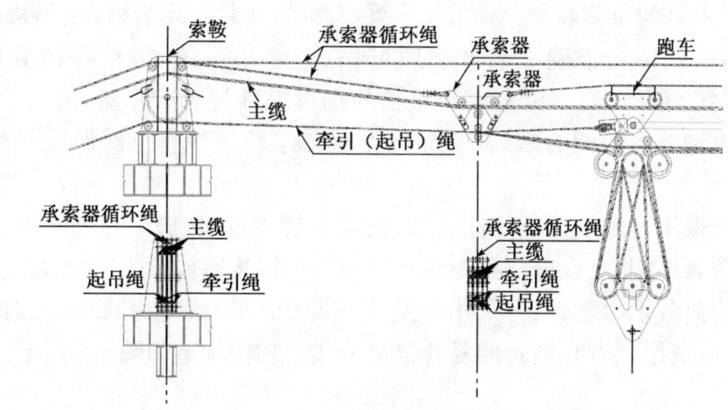

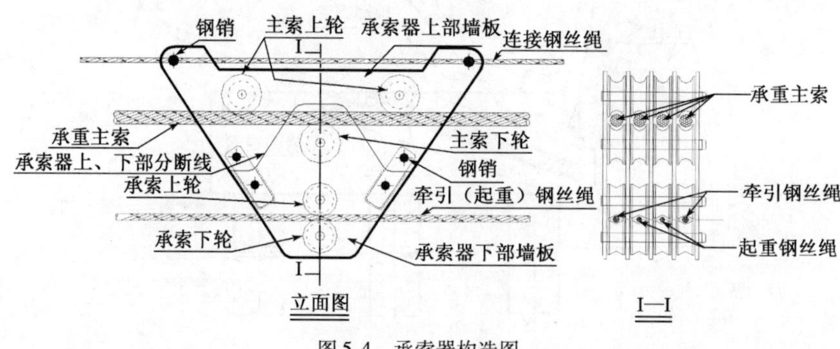

图 5-4　承索器构造图

吊具。为确保起吊绳垂直受力及各吊点受力均匀,在吊索下部放置吊具分配梁,以调整吊绳间距,保证拱肋两侧自动平衡,便于其安装就位。吊具构造如图 5-5 所示。

在合龙前,拱肋构造无承载能力,需要采用临时结构支撑其质量,目前最常用的是类似斜拉桥的工作方式——斜拉扣挂体系;亦有个别拱桥(如广东南海三山西大桥)采用类似悬索桥的支撑方式——拱肋吊装,即通过吊杆悬挂在缆索吊装系统主承重绳上,直至完成合龙。

斜拉扣挂系统一般包括:扣索锚碇、扣索(钢绞线、高强钢丝或钢绳)、扣塔、张拉调节装置(千斤顶或卷扬机)、塔顶转索鞍、锚梁、抗风等部分。

按张拉位置区分,斜拉扣挂系统有两种类型:一是在扣塔顶设置张拉锚梁,扣索在前端称为扣索,在后端称为锚索,扣锚索在锚碇与拱肋位置锚固,在塔顶进行两端张拉调节拱肋线形,该方法直线张拉、受力明确,可以保证塔顶水平分力平衡,不过塔顶构造相对复杂且需在高空张拉作业;一是在塔顶设置多层索鞍,将扣索(一般为钢绞线)经塔顶转索鞍转向后进入扣锚,在扣锚位置进行张拉调整,该方法避免了高空作业,不过因钢绞线弯曲半径要求较大,塔顶转索鞍构造实施上存在一定的困难。

扣锚构造与吊锚类似,不过采用锚碇端张拉的扣索系统,在扣锚位置应设有张拉操作空间。

拱肋锚固端。在拱肋锚固端设置扣端反力梁，一般用型钢制成，拱肋荷载通过该反力梁传至锚具与扣索，因钢绞线扣索使用时处于低应力状态，故锚具多采用挤压锚头，以防止低应力状态滑锚。扣索拱肋锚固端构造如图 5-6 所示。

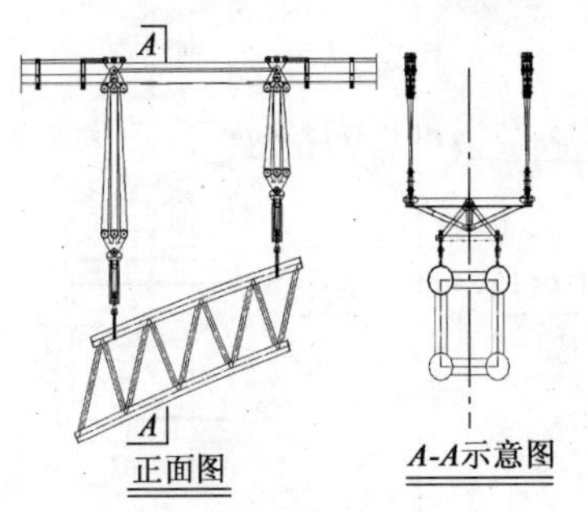

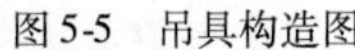

图 5-5　吊具构造图

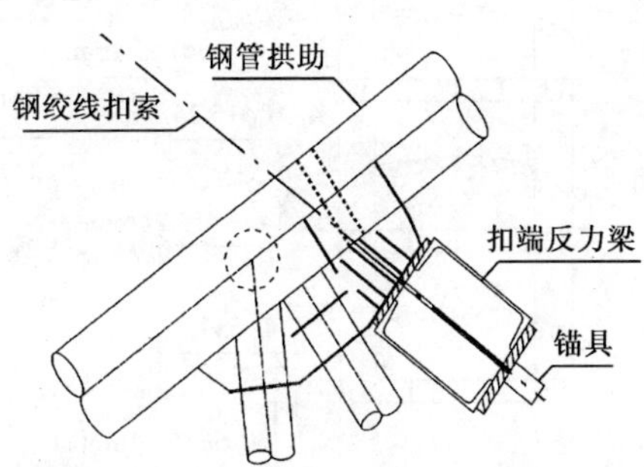

图 5-6　扣索拱肋锚固端构造图

扣锚单端张拉体系：

扣锚张拉端。张拉端采用夹片锚构造，为防止锚具低应力状态滑锚，在张拉端设置低应力锚固体系（图 5-7），通过千斤顶反顶并安装防松压板，确保了夹片低应力状态的可靠性。

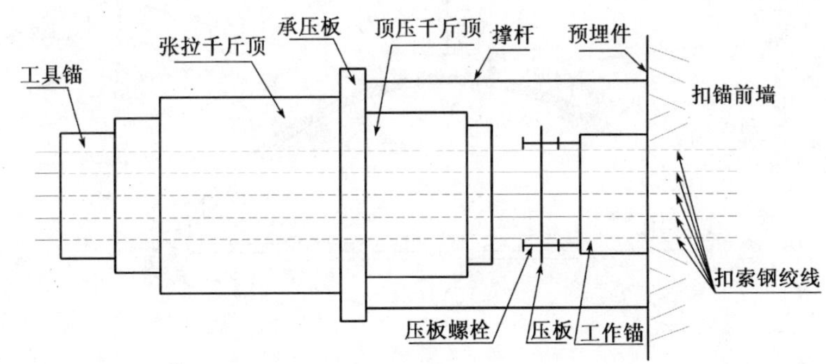

图 5-7　低应力锚固体系张拉端示意图

转索鞍采用扣锚单端张拉的体系，在扣塔顶部设置供扣索转向的转索鞍，转索鞍一般分数层，一般由多个索鞍轮组成，为避免钢绞线扣索产生过大弯曲应力，其弯曲半径不得小于钢绞线允许最小值，见图 5-8。

扣塔两端张拉体系：

扣塔张拉端。设置于扣塔上，采用大型钢锚梁构造，扣、锚索交错布置，也采用前述的低应力锚固体系防止夹片锚滑锚。

扣锚锚固端。与拱肋锚固端采用同样锚具，不过通常可省去反力梁构造。

扣索张拉通过穿心式千斤顶完成，为安全考虑，扣索张力安全系数一般不小于 2.0。

为节约操作空间，优化结构，钢管混凝土拱桥安装时，多将扣塔布置于吊塔上，吊塔与扣塔之间可设置铰支座，避免拱肋吊装、扣挂施工相互干扰。吊塔与扣塔之间也可刚性连接，此时为减小塔根部应力，多将塔脚位置铰接。

各扣索位置必须与所吊挂的拱肋在同一竖直面内，扣塔上索鞍顶面的高程应高于拱肋扣点高程，拱肋吊装时，除拱顶段以外，每段应各设一组扣索（临时或正式扣索）。

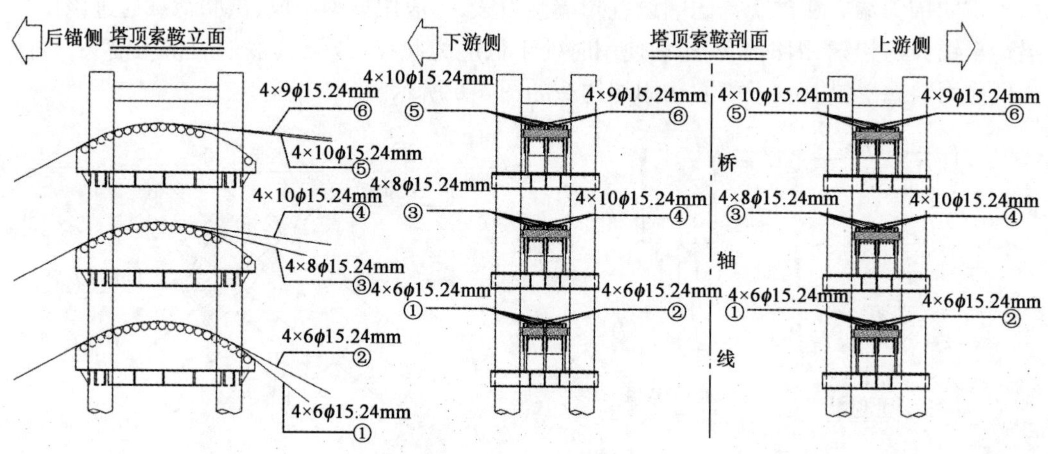

图 5-8　扣塔转索鞍构造图

扣吊塔合一的斜拉扣挂体系如图 5-9 所示。

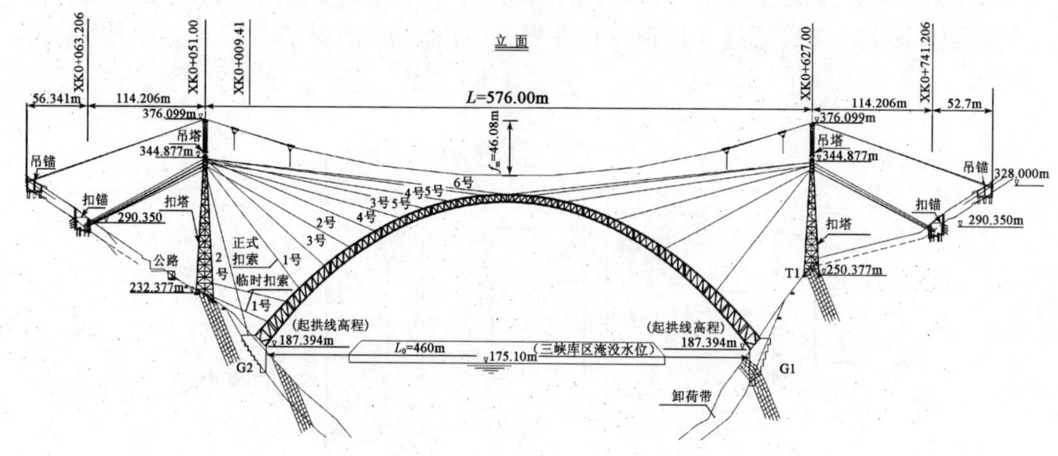

图 5-9　缆索吊—斜拉扣挂体系布置(扣吊塔合一)

二、缆索吊安装拱肋

缆索吊机在吊装前必须按设计荷载进行试吊，以检验缆索吊装系统的安全性和设计计算的准确性。

试吊时应检查所有设备运行情况，分级加载，并对主缆跨中垂度、索塔偏位、锚碇和索塔基础变形等参数进行观测。

在合龙前，拱肋安装过程中结构的整体稳定性一般随安装节段增多而减小，故对拱肋节段的安装顺序应认真分析，一般按设计与监控要求执行。原则上拱肋应采用双肋整体安装方式最为可靠，不过因运输、吊装能力限制，往往采用单肋→单肋→横撑顺序安装，故应重视横撑安装前节段的稳定问题。

安装调试好吊装与扣挂系统，扣索经计算进行下料并编束，制作挤压锚头，利用辅助吊装系统安装扣索，拱肋反力梁可随拱肋一起安装就位。

钢管拱肋节段工厂制作试拼装合格后出厂，运至桥位处停靠，缆索吊装系统通过吊具与拱肋连接,启动卷扬机,完成拱肋起吊、纵移、落位操作,两岸分别同时自拱座1号拱肋节段开始,向对岸拼装至除合龙段的最后一段拱肋节段。钢管拱首段与拱座间可设置临时铰,待安装一定节段后可进行固结。

通过扣索并辅以抗风绳调节拱肋线形(拱肋高程与偏位),其中扣索张拉调整采用与斜拉索张拉类似原则,即高程与扣索张力双控的原则,调整时采用频谱法或压力传感器测试索力,利用全站仪测试拱轴线形,测试前应在工厂准确做好拱轴线的标记。

拱肋节段间采用临时连接接头,待合龙后再将各拱段焊接为一体,临时接头可采用法兰连接形式或栓焊结合连接形式。

待整体调整好轴线及各控制点高程后,在两个拱段间加入嵌填(合龙)段,实施合龙。空钢管拱肋合龙指在各节段接头焊接完成并形成无铰拱后,逐级对称放松各道扣索(待钢管混凝土灌注完成后再解除),完成全部拱段吊装。

拱肋节段安装流程如图5-10所示。

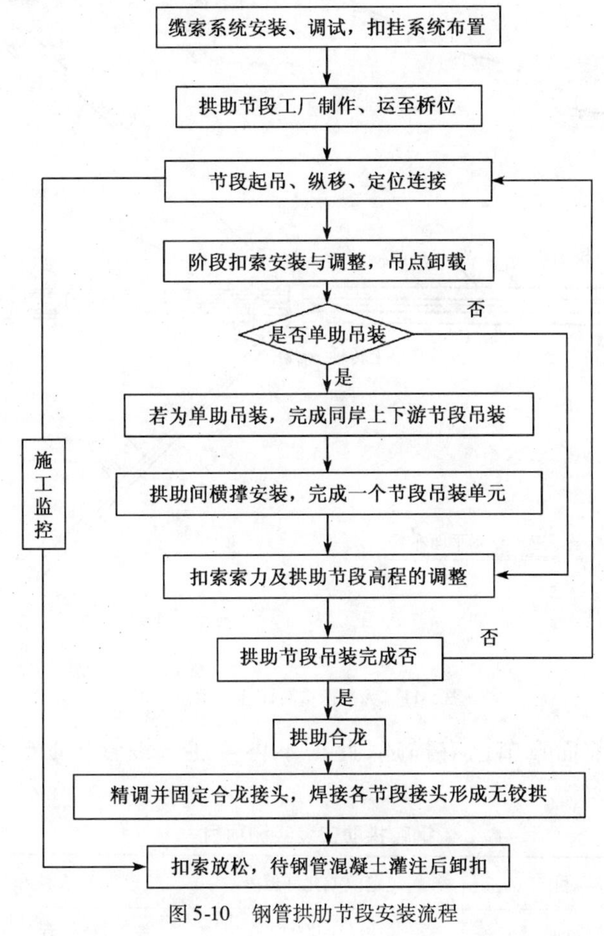

图5-10　钢管拱肋节段安装流程

三、拱肋转体施工安装

转体施工是将拱圈分为两个半跨并在两岸制作,通过转体完成合龙的施工方法。拱圈绕拱座作竖向旋转完成合龙的称为竖向转体施工法,拱圈绕拱座作水平旋转则称为平面转体施工。

其中，平面转体施工根据是否采用平衡块来防止转体过程倾覆，分为平衡重转体与无平衡重转体。

平衡重转体主要由平衡转体、转动体系（转轴与环道）和控位体系三部分组成。

无平衡重转体施工法采用锚碇体系平衡悬臂主拱，取消平衡重，如图 5-11 所示。

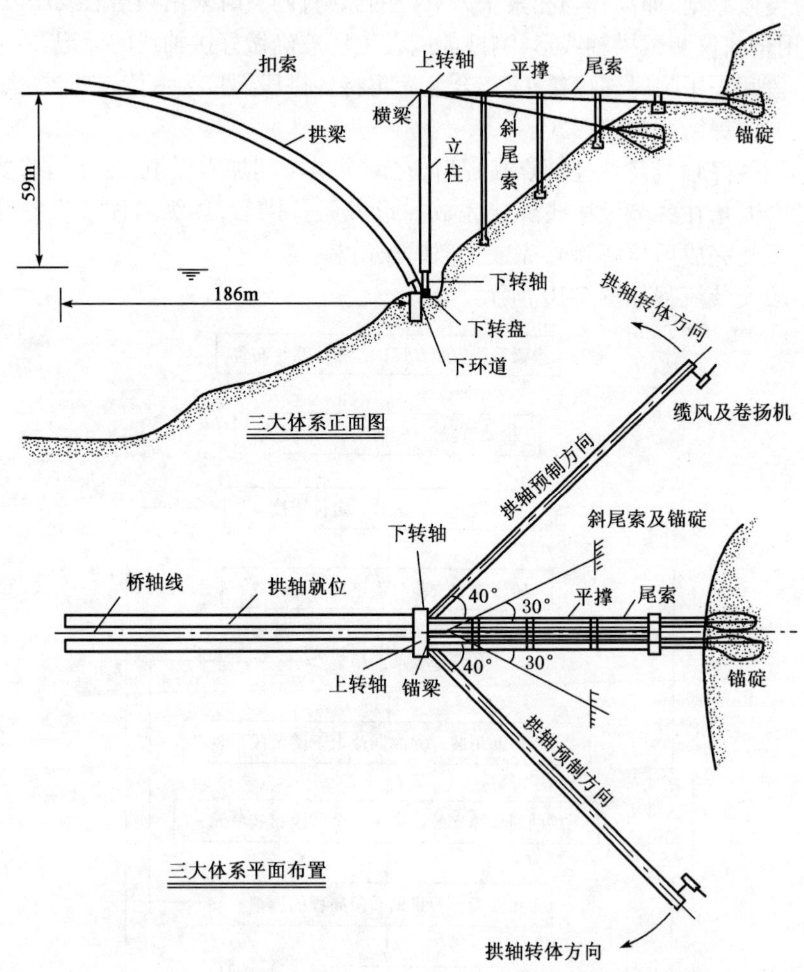

图 5-11　无平衡重转体施工示意

拱桥转体施工前面章节已有描述，此处不再赘述。钢管拱肋安装实测项目如表 5-5 所示。

钢管拱肋安装实测项目　　表 5-5

项次	检查项目		规定值或允许偏差	检查方法和频率	权值
1	轴线偏位（mm）		L/6 000	经纬仪：检查 5 处	1
2	拱圈高程（mm）		±L/3 000	水准仪：检查 5 处	2
3	对称点高差（mm）	允许	L/3 000	水准仪：检查各接头点	2
		极值	L/1 500，且反向		
4	拱肋接缝错边（mm）		0.2 壁厚且≤2	尺量：每个接缝	2

续上表

项次	检查项目	规定值或允许偏差	检查方法和频率	权值
5	焊缝尺寸	符合设计要求	量规:检查全部	2
	焊缝探伤		超声:检查全部 射线:按设计规定,设计无规定时按5%抽查	3

注:L 为跨径。

第四节　钢管拱内混凝土浇筑

一、钢管混凝土浇筑

钢管混凝土拱是钢与混凝土的组合结构,钢管拱肋可在工厂预制,而钢管混凝土必须在现场制备并压注。

因钢管拱肋为封闭结构且存在相当大的高差,故一般采用泵送顶升浇灌法施工,而小跨径钢管混凝土拱桥也可采用人工浇筑振捣施工。

从钢管混凝土结构受力特点出发,要求管内压注混凝土质量:混凝土不能有断缝与空洞;混凝土与管壁间密实无间隙;新灌注的混凝土,3d 承载力不宜高于设计强度的 30%,7d 承载力不宜高于设计强度的 80%;单根钢管混凝土应连续灌注,灌注时间不得超过混凝土初凝时间。

1. 管内混凝土制备

因钢管混凝土多采用泵送顶升浇灌法施工,故对混凝土品质要求较高,一般钢管混凝土强度不低于 C30 级,为充分发挥钢管套箍作用,要求混凝土收缩率小、填充饱满、同时便于泵送浇筑,故要求混凝土具有可泵性好、自密实、坍落度经时损失小、和易性好、缓凝、微膨胀、早强、低水化热等性能,为满足上述要求,混凝土配合比设计应考虑:

(1)掺加高效减水剂。配置高强混凝土,需控制水灰比,水灰比愈小,强度愈高,但同时会导致施工困难,为此,可通过掺加高效减水剂的方法解决。高效减水剂一般有萘系高效减水剂、树脂类高效减水剂以及用煤焦油中成分制成的高效减水剂,减水剂掺量通过试验确定。

(2)掺加磨细掺和料。磨细料包括粉煤灰、磨细矿粉与硅粉等,一般多采用粉煤灰作为泵送混凝土的磨细掺料,能减少水泥用量、降低干缩变形与水化热、增加和易性、改善泵送混凝土工作性能。

(3)掺加微膨胀剂。为保证管内混凝土的密实,减小混凝土收缩系数,可在混凝土中掺入微膨胀剂,一般采用 UEA 膨胀剂,即铝酸钙膨胀剂,将其掺入混凝土,将生成钙矾石,使混凝土产生适度膨胀,以补偿混凝土收缩并产生一定的自应力,其掺量一般为水泥用量的10% ~15% 。

(4)控制原材料。应控制粗集料的最大粒径、针片状含量及含泥量,细集料的细度模数和含泥量,确保混凝土强度与可泵性。

(5)坍落度控制在 12 ~ 18cm。

(6)掺加保塑剂。

为控制坍落度经时损失快的问题,可考虑将保塑剂与高效减水剂复合使用,以达到减水保塑的目的。

2. 管内混凝土浇筑

泵送顶升法是将混凝土从低处向高处顶升,在一次性从拱脚向拱顶浇筑的加载程序时,从两端拱脚向拱顶泵送,当泵送高度较高时,可采用分级泵送,此时每段从低处向高处泵送。

混凝土输送泵应能保证连续灌注,同时应有备用泵;输送泵额定扬程应不小于 1.5 倍灌注顶面高度;输送泵的额定速度:

$$v \geqslant 1.2\frac{Q}{t} \tag{5-1}$$

式中:v——输送泵额定速度;

t——混凝土初凝时间;

Q——混凝土灌注总量。

为润滑管壁,减少泵送过程混凝土与管壁间的摩擦力,在混凝土泵送前,应先用压力水润滑泵输送管,然后用掺粉煤灰的水泥砂浆润滑管道,待钢管出气孔冒浆后,再输送混凝土,将管内水泥砂浆挤出来,以上端气孔出现石子为准,因水泥砂浆的存在,会削弱混凝土与钢管的紧密结合程度。

混凝土灌注口中要设置带有阻止混凝土流动的闸阀构造,待混凝土灌注到位,关闭闸阀,防止混凝土下泄。

为减小灌注时钢管内空气压力,每隔一定距离在钢管上设置排气孔,同时在浇筑节段最高点设置溢流管(冒浆管)。

泵送混凝土时,可在钢管上每隔一定距离设置一个附着式振捣器以加强混凝土密实度。

泵送时,应从两岸同时泵送,尽量对称顶升,浇筑顺序应按设计与监控要求执行,浇注过程应对拱轴线高程、偏位及扣索张力(如果有)进行观测。

混凝土灌注完成后,对混凝土入口、排气孔与溢流孔用钢板进行焊接封闭处理。

钢管混凝土灌注流程为:准备工作→砂浆(水泥浆)和混凝土拌制→拱肋线形测量→安装灌注口、排气孔与闸阀→清洗管内污物,湿润管壁→灌注管内混凝土并进行拱肋线形测量→顶部泄流管冒浆→关闭灌注口处闸阀稳压→拆除闸阀,完成灌注→对钢管肋开孔位置进行修补。

钢管混凝土灌注过程,特别是混凝土终凝前,结构荷载变化大、局部存在偏载,对钢管拱肋构造受力不利,可能产生局部应力过大,甚至结构存在因偏载发生失稳的风险,此时应由监控单位对混凝土灌注过程进行计算并全程监控,特别是采用斜拉扣挂体系施工的拱桥,不应立即拆除扣索,而需根据监控指令,通过对扣索张力调整,削减施工过程局部应力,增大结构稳定性,减小施工过程风险。

钢管混凝土拱桥拱肋与桥面相交处的竖腹杆、拱肋上吊杆处上下横联、拱上立柱处上横联等短钢管,根据设计要求可能要灌注混凝土,由于每处的混凝土数量少,需灌注的部位多,可采用吊斗将普通混凝土吊至浇筑部位,用人工灌入,插入式振捣器捣实。

二、钢管混凝土质量检测

1. 钢管混凝土实测

钢管混凝土结构管内混凝土浇筑实测项目，按《公路工程质量检验评定标准》(JTG F80/1—2004)要求执行，如表 5-6 所示。

钢管拱肋混凝土浇筑实测项目 表 5-6

项次	检 查 项 目		规定值或允许偏差	检查方法和频率	权值
1	混凝土强度(MPa)		在合格标准内	按 JTG F80/1—2004 附录 D 检查	3
2	轴线偏位(mm)	$L \leqslant 60$m	10	经纬仪：每肋检查 5 点	2
		$L \leqslant 200$m	50		
		$L > 200$m	$L/4\ 000$		
3	拱圈高程(mm)		$\pm L/3\ 000$	水准仪：测量 5 处	2
4	对称点相对高差(mm)	允许	$L/3\ 000$	水准仪：检查各接头点	2
		极值	$L/1\ 500$，且反向		

注：1. L 为跨径。
2. L 在 60 ~ 200m 之间时，轴线偏位允许偏差采用内插法。

2. 钢管混凝土检测

钢管混凝土结构管内混凝土浇筑，因外有钢管包裹，故该位置混凝土质量检验、评定存在一定难度。一般采用的检测方法有敲击法、超声波法、冲击回波法、光纤法等。

(1)敲击法

采用敲击法，可对钢管混凝土浇筑质量初步进行检查，若声音沉哑，表明混凝土填充密实，若有异常情况，可用超声波法等其他方法进一步检测。

(2)超声波法

超声检测具有无损、简便且能大致定量地识别存在的缺陷等优点而被用于钢管混凝土的质量检测。

超声波在传播过程中遇到由各种介质缺陷形成的界面时，会改变传播方向和路径，其能量会在缺陷处衰减，造成声时、振幅、频率的变化，对这些变化进行分析，可检测钢管混凝土的质量。超声波在钢管混凝土中的传播方式如图 5-12 所示。

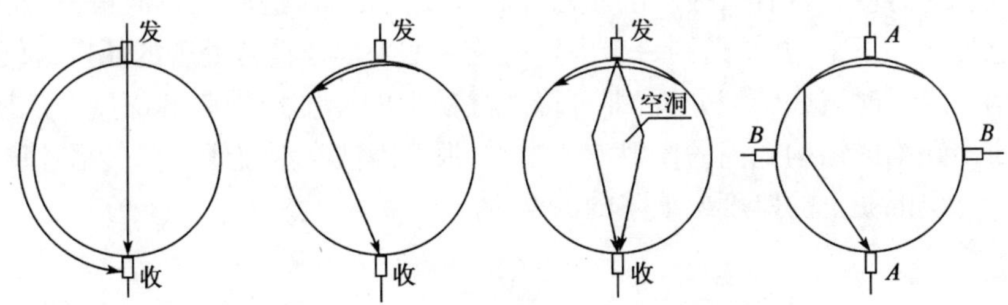

图 5-12 超声波在钢管混凝土中的传播方式

采用超声波检测的主要方法有首波声时法(波速)、波形识别法和首波频率法。

①首波声时法

首波声时法是依据探头接收首波(最先到达的超声波)的声时参数来检测钢管混凝

土质量。混凝土越密实,超声波的传播速度越大,探头接收到的首波声时越小;反之,混凝土中若存在空洞或脱离管壁的现象,则接收到的首波声时越大。由于超声波的声时参数受外界环境干扰较少,检测质量时常用它作为主要判据。

超声波在钢管混凝土中的传播途径有多种情况,而接收探头并不能识别接收到的超声波首波是否携带混凝土质量信息。如果接收到的超声波首波没有在混凝土中传播(绕射),则检测的信号不能准确地判断钢管混凝土质量。因此,首波是否在混凝土中传播是超声波检测钢管混凝土质量的决定条件。

在检测前,可制备一段合格的钢管混凝土试件作为标定件,用仪器测定其透射与绕射的传播声速、振幅、频率及波形曲线等参数,作为标定数据,将结构件测得的参数与标定参数比较,判断是否存在缺陷。

②波形识别法

超声波传播过程中遇到两种不同介质界面(如固—气界面)时,会发生波的反射、折射、绕射等现象,而后与先到达的超声波叠加产生干扰发生畸变,通过对波形特征(如波形的组成、波的叠加现象、分布特点等)进行分析,可判断混凝土内部是否存在缺陷,若混凝土质量良好,则波形清晰正常,有明显圆弧状脉冲包络线,此法即为波形识别法。

③首波频率法

由于介质的不均匀性及缺陷的存在,超声波在传播中将产生能量衰减,而高频部分的超声波衰减的最快。质量良好的钢管混凝土首波频率相对较高,而存在缺陷部位接收到的大都为较低频率波。首波频率法即依据探头接收首波(最先到达的声波)的声频参数来检测钢管混凝土质量。

由混凝土收缩引起的混凝土与钢管脱离,可采用正交对测识别。一般而言,钢管拱顶容易与混凝土脱离,可采用上下垂直与左右水平对测,若钢管顶部与混凝土脱离,则 $A-A$ 声时偏大,$B-B$ 声时正常(图 5-12);如两者声时均偏大,则有两种可能,一种是混凝土与钢管全周脱落,一种是混凝土中心有空洞。在此情况下,可在测点断面前后各增加若干检测断面,若正交两方向仍然声时偏大及衰减大,则可判断为混凝土周边与钢管脱离,脱离间隙大小可根据声时、首波波幅及首波频率判断;若仅一两个断面出现上述情况,其他断面正常,则可判断为混凝土中心存在空洞缺陷。

(3)冲击回波法

冲击回波法是利用一个短时的机械冲击(钢球或锤敲击混凝土表面)产生低频的应力波,应力波传播到结构内部,被缺陷和构件底面反射回来,这些反射波被安装在冲击点附近的传感器接收下来,并被送到一个内置高速数据采集及信号处理的便携式仪器中,将所记录的信号进行时域或频域分析,即可得出混凝土的厚度或缺陷的深度。从所记录的信号中判定出缺陷或结构底面的反射波的走时,根据声波在混凝土中的传播速度,即可由以下公式计算出混凝土的厚度或缺陷的深度:

$$h = v_p \frac{t_r}{2}$$

式中:h——混凝土厚度;

v_p——混凝土中波速;

t_r——回波走时。

在实际应用中,通过一已知厚度的回波标定混凝土的波速,然后以该波速为基准,检测结构的其他部位。

(4)光纤法

分布式光纤脱空传感监测技术是传感原理是基于瑞利散射(Rayleigh Scattering)原理的微弯效应(Microbending Effect),属于本征型强度调制式光纤传感,利用光时域反射仪(OTDR)对瑞利后向散射光加以接收、分析,得出其衰减波形,以确定脱空的量值、部位和范围。

其科学依据是光纤承受外力时对光波导的作用,传感光纤与界面(或缝面)呈现特定的非正交构型或布置,一旦界面脱开(或开裂),光纤即直接生成微弯,力学量直接转化为光学量。这样,由混凝土弹性场的力学效应(脱空或裂缝)直接生成光纤微弯,并调制光学信号,直接构成力—光信号的单值连续对应规律。而这正是本项分布式光纤传感监测系统和关键技术的科学基础。

在上述原理基础上,发展光纤—混凝土复合体细观力学分析理论、非线性有限元方法与组合传感光纤的力—光本构关系试验和技术。

光纤在现场的埋设难度与保护较大,这是光纤传感能否成功应用于工程的关键环节之一,目前,工程中光纤钢管混凝土中埋设的存活率为70% ~80%,基本可满足检测要求。

3. 缺陷修补

根据混凝土质量检测结果,混凝土不密实的部位,应采用钻孔压浆法进行补强。缺陷较小时,压注环氧树脂;缺陷较大时,可压注高强度等级的砂浆,压浆后钻孔补焊并进行防腐处理。

第五节　钢管混凝土拱桥安装实例

一、工程概述

巫峡长江大桥位于中国重庆市著名的三峡风景区入口处,大桥跨越长江,是一座主跨460m(492m)的中承式钢管混凝土拱桥,矢跨比1∶3.8,南岸引桥为6×12m的预应力连续梁,北岸为3×12m的预应力连续梁,全桥跨径组合为6×12m(引桥)+492m(主跨)+3×12m(引桥),全桥总长612.2m,是目前世界跨度最大的钢管混凝土拱桥(小于在建的渝泸高速公路合江一桥)。桥面为预应力混凝土π形连续梁;全桥吊杆和立柱间距为12.0m,吊杆、立柱横梁及引桥墩盖梁均设计为预应力混凝土截面梁,桥面与拱肋交汇处横梁为组合截面梁,设计总体布置如图5-13所示。

1. 主拱圈

大桥拱肋为钢管混凝土组成的桁架结构,主跨拱肋拱顶截面高7.0m;拱脚截面高为14.0m,肋宽为4.14m,拱轴系数1.55,净矢跨比为1/3.8。主拱圈截面由两肋构成,每肋由四根钢管构成组合矩形截面柱:上、下各两根ϕ1 220×22(25),内灌C60混凝土的钢管混凝土弦杆,弦杆通过横联钢管ϕ711×16和竖向钢管ϕ610×12连接,构成钢管混凝土桁架,吊杆处竖向两根腹杆间设交叉撑,加强拱肋横向连接。拱肋中距为19.70m,两肋间桥面以上放置“K”形横撑,桥面以下的拱脚段设置“米”形撑,每道横撑均为空钢管桁架。拱肋与桥面交接处,设置一道肋间横撑。全桥共设横撑20道。拱圈接头构造分为主弦管接头构造和拱顶合龙构造。主弦管接头构造设计为先拴接后焊接的构造形式;拱顶合龙构造设计为先瞬时合龙,再焊接主管的构造形式。

拱肋钢管桁架顺桥向半跨分为11个节段,全桥共计22个节段,横桥向分为上、下游两肋,肋间由“K”形或“米”形撑相连,全桥共计20道,吊装时为单肋单节段吊安,因此拱肋共计64个吊装节段,最大节段吊装质量为118t(其中肋间横撑最大吊装质量约40t)。

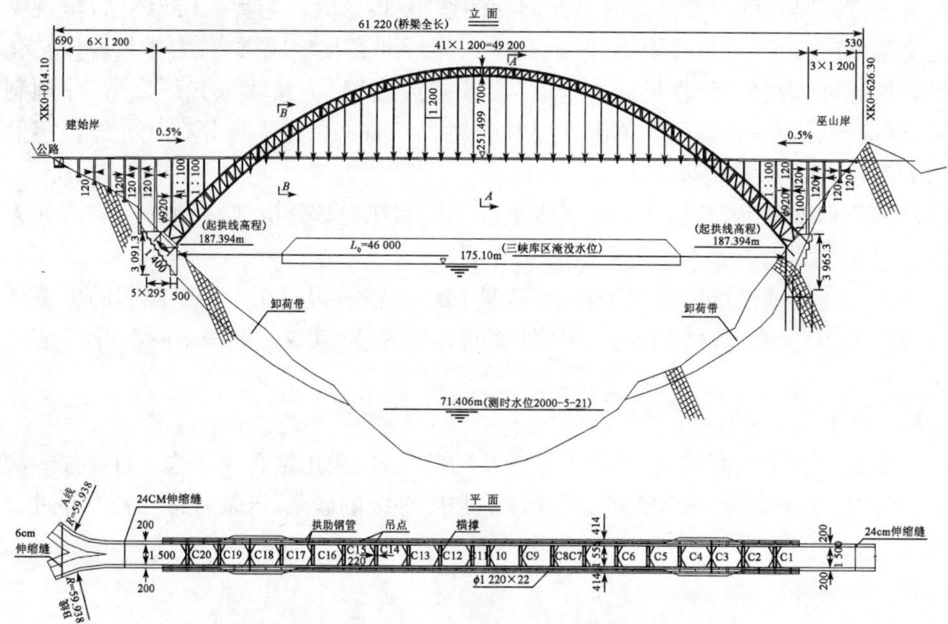

图5-13　巫峡长江大桥总体布置图(尺寸单位:cm;高程单位:m)

2. 吊杆

吊杆采用109ϕ7mm预应力镀锌钢丝,两端采用OVMLZMT-109型冷铸锚具,上下两端锚具设有可调节横梁高度的螺母。吊杆钢丝外采用聚乙烯护套防护。

3. 横梁与桥面梁

吊杆横梁与钢管混凝土拱肋上立柱横梁为预应力混凝土组合截面梁;拱肋间横梁为钢横梁,便于空中安装和连接,两岸肋间横梁与端吊杆横梁间设有纵向撑,以限制吊杆横梁纵向变位。

行车道梁为先简支后连续的预应力π形连续梁,梁高110cm,梁体预制长度1 170cm(伸缩缝处梁除外),吊装就位后,采用窄间隙式焊接连接上下缘主钢筋,再现浇接头混凝土形成连续梁。大桥建设包括拱肋预制防腐、拱座基础施工、拱肋安装、拱肋混凝土压注、吊杆安装、横梁与桥面板安装等。

二、拱肋制作与防腐

1. 拱肋制作

大桥主拱肋等钢结构件在工厂制作,按主拱肋的接头特点,分拱肋节段和横撑片体,并分别制作。通过钢管卷制、作样、号料与切割、构件矫正、杆件组装和焊接等工序完成拱肋节段预制拼装。

钢管拱肋钢管纵缝和环缝连接采用自动埋弧焊机焊接,全熔透焊接。

所有接点均采用焊接,钢管纵缝、环缝要求采用 CO_2 气体保护半自动焊接,全熔透。

2. 拱肋防腐

(1)防腐设计

巫峡长江大桥选用电弧喷涂防腐,用电弧喷涂(Arc Spraying)铝合金长效防腐涂层,寿命超过 30 年,具体方案为:

金属表面处理等级 Sa3;

电弧喷涂锌铝合金 160μm(锌 85%,铝 15%);

环氧云铁封闭涂层(842)两道(50μm);

丙烯酸聚氨酯面漆两道(50μm)。

(2)防腐工艺流程

钢管下料制成片段后,首先进行喷丸处理(粗糙度要求 Ra 在 40 ~ 80μm 之间),对于焊接预留部位则采用胶带防护,保护宽度为 50 ~ 100μm,然后对其他部位用电弧枪喷涂锌铝金属,厚度为(160 ± 25)μm,质量要求达到《热喷涂铝及铝合金涂层》(GB 9795—1988)标准,构件尚有余热刷涂锌磺环氧脂(Zinc Methyl Epoxy Resin)底漆两道,厚度 50μm。

节段组装后,对焊接部位再进行上述工艺处理(喷丸→喷涂→封闭三个工序),然后对整个主拱肋钢管节段涂装一道橘红色面漆(拱上立柱为银白色面漆),厚度为 25μm。桁架节段完成后,对于节段焊缝及吊装破损位置严格按上述工艺要求进行防腐处理,桥面系完成后,对整个主拱钢管再涂装一道橘红色面漆,厚度为 25μm,拱上立柱再涂装一道银白色面漆,厚度为 25μm。

三、拱肋安装

1. 总体方案

拱肋节段安装采用斜拉扣挂式无支架缆索吊装方案。拱肋节段安装采用两岸对称悬拼,每半跨拱肋 11 个节段(22 个吊段)、6 个正式扣段,第 1 扣段含 3 个节段、第 2、3、4 扣段含两个节段,其余每节段为 1 个扣段,含两个及以上扣段时,第 1、第 2 节段采用临时扣索扣住,待第 3 节段就位后张拉正式扣索,同时拆去临时扣索(临时扣索采用钢丝绳或钢绞线)。

安装节段在工厂加工、运达现场后采用无支架缆索系统进行吊装就位,节段为单肋安装,待上下游同一节段吊装就位后,安装节段间连接横撑,即完成一个双肋节段。采用钢绞线扣索进行斜拉扣定。

由于上下游主拱肋相距较远,所以只能分别利用上下游两套吊装系统进行安装。吊装时,每根主拱肋节段由 4 组吊点抬吊;肋间横撑由于质量轻且位置居中,由内侧两组吊点抬吊。

2. 吊装系统

(1)缆索吊装系统总体设计

缆索吊装系统由起吊安装缆索吊机、拱肋斜拉扣挂系统、拱肋平衡稳定系统三部分组成,如图 5-14 所示,图中未示巫山岸临时扣索扣塔平衡和拱肋抗风索。

起吊安装缆索吊机由主承重索、吊塔、吊塔纵向风缆、吊锚、起吊、牵引、动力机械等部分组成。

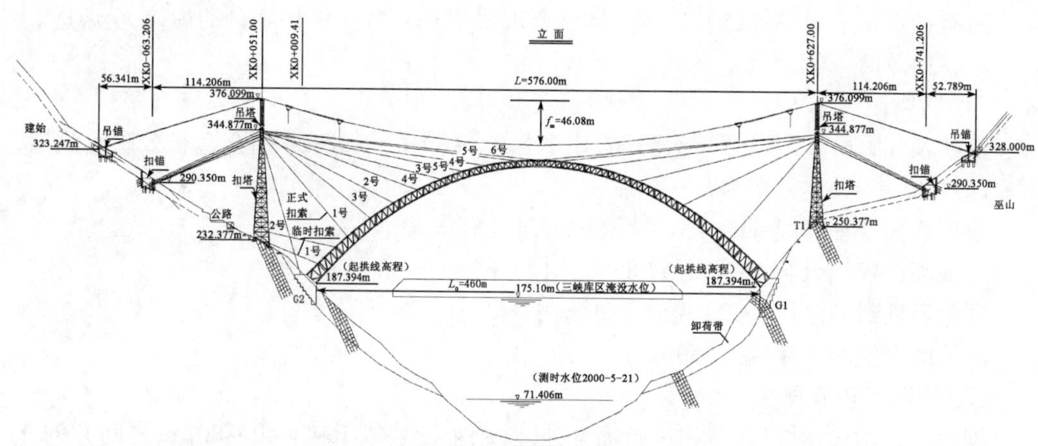

图 5-14　巫山长江大桥钢管拱肋无支架缆索吊装—扣索斜拉扣挂布置图

拱肋斜拉扣挂系统由拱肋上锚固点、钢绞线扣索、扣塔、扣塔前后平衡索、扣锚(含扣索张拉端)等部分组成。

拱肋平衡稳定系统由拱肋上锚固点、钢丝绳风缆、地锚等部分组成。

(2)缆索吊装系统的特点及难点

桥位处于巫峡峡口,两岸地势陡峭,施工场地狭窄,阵风可达 7 级,因此,系统布置难度大,影响因素多,安全风险大。

拱肋钢管桁架的安装有以下难点:

①缆索吊装系统的索跨大(576m),吊重大(节段吊重达 128t,加上吊具等质量后,缆索吊装系统的设计吊重达 170t),索塔高度达 150.22m,起吊高度达 260m(江水面至节段就位位置间的高度),吊运有较大难度。

②不能断航:桥位位于黄金水道上,处于长江巫峡峡口,风大,江面狭窄,过往船只多,施工期不能长时间断航,只能短时禁航。

(3)缆索吊机

①吊、扣塔。

扣塔是扣索的支点,位于两岸主拱座以外,塔高分别为 94.5m(巫山岸)和 119.5m(建始岸),塔距为 576m,在 8ϕ610×10 钢管混凝土立柱内灌筑 C60 混凝土并用钢管相连,组成全焊接门式格构柱,塔脚固结于大地上,塔顶有吊塔与之铰接。

吊塔立于扣塔塔顶,吊塔与扣塔之间用铰相连,能最大限度地减少吊塔对扣塔的变位影响,不会增加拱肋线形的调整难度,缩短了布索工期,节约了成本。

吊塔采用 M 型万能杆件拼成双柱门式索塔,塔高 31.2m,中部设一道横系梁。

为了使塔顶三排竖杆受力基本均匀,塔顶分配梁的中间支点用 200mm×200mm×20mm 纯橡胶支座。

扣塔为钢管结构,由厂家对其分节、分片加工后,船运至桥孔下的水域,起吊 180~290m 高度后才能到安装的位置,扣塔构件安装后,在焊接工作完成前,扣塔上不能承受外力作用,因此,扣塔的安装不能由塔吊来辅助安装。

经过分析比较后,选用万能杆件拼成的支架来辅助安装扣塔,由系于其上的通长缆风索来确保稳定。

②索塔抗风设置。

受地形限制，经计算分析优化，仅设置纵向抗风索，不设横向抗风索。通长纵向缆风绳（自一端地锚起，经一岸索塔顶到另一岸索塔顶后，进入另一岸地锚的通长约束钢丝绳）由 4ϕ47.5mm 钢绳分 4 组构成，钢绳与塔顶固定后，锚固于地锚上。

为方便调整吊塔偏位，在边跨上下游还分别布置了 1 组背抗风绳，由 3ϕ21.5mm 钢绳组成，预紧力 10t。

在建始岸，由于索塔高度大，并且在地形允许下，为确保安全，加设了索塔横向抗风索，初张力 100kN。

③主承重索。

吊装系统主跨 576m，后锚端跨径（边跨）分别为 167m（巫山岸）和 171m（建始岸），与水平线夹角为 19.2°。

全桥对应拱肋设置两套主承重索，每套由两组 4ϕ56mm（CFRC8 × 36SW + IWR-56mm）满充式钢丝绳组成，负责单根拱肋吊装，4 组主索间间距为 6m、14m、6m，每根绳的破断拉力 >2 450kN。

主索安装垂度 31.2m（$L/18.5$），重载垂度 46.1m（$L/12.5$），安装张力 204kN，重载张力 822kN，安全系数 3.041。

每 4 根主索用特制索夹连接成 1 根，以实现受荷后自动调平，受力一致，每处接头用特制索夹 36 个。

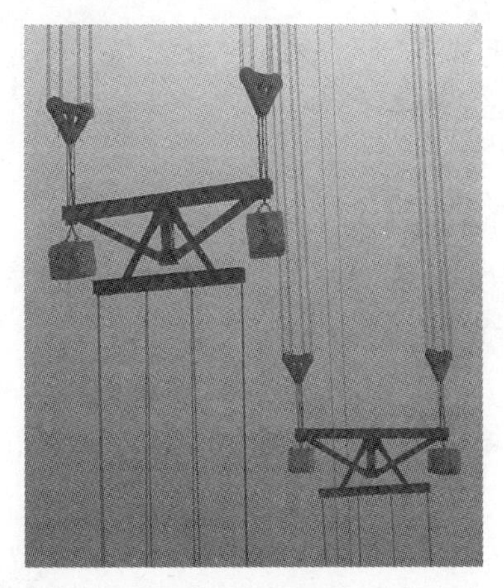

图 5-15 吊点分配梁及吊索受力自动平衡系统

全桥横向两条拱肋布置 2 × 2 组 4ϕ56mm 主索，中距 19.7m。在主索纵向设置成双吊点跑车（滑车组形式），间距为 18m，长度为16.997 ~ 30.011m 的拱肋节段吊装均可适用。

采用两组主索同时吊重，设置专门横向受力均匀分配构造，确保各组吊点受力均匀，如图 5-15 所示。

④牵引索。

每组主索上设两个跑车，间距 18m，用 3ϕ39mm 钢绳相连为一体，跑车两侧各设一套牵引索（一侧拉、一侧放），ϕ28mm 钢绳走 2 线，重载牵引力 97kN，安全系数 4.702。用 10t 中速卷扬机作动力。

⑤起吊索。

一组索道上对应两个跑车布置两套起吊，即每段拱肋用 4 个吊点同时起吊。每个跑车上的滑车组由 8ϕ24mm 钢绳组成，用特殊的方法解决了起吊高度达 260m，而滑车组钢绳不扭绞的问题。

重载牵引力 63kN，安全系数 5.147，用 8t 中速卷扬机作动力。

⑥承索器。

该吊机系统首次研制了主动式承索器（图 5-4），解决了起吊绳在空载时下垂太多相应需要的配重大和牵引绳的放出端下垂太多的问题，也相应减少了快绳拉力，提高了机械效率。

⑦吊锚。

吊锚采用桩锚与岩锚复合结构形式(图5-16),上下游分离独立设置,因此全桥共4个锚碇。吊锚受力1 800t,分离设置的上、下游锚碇受力各为900t。

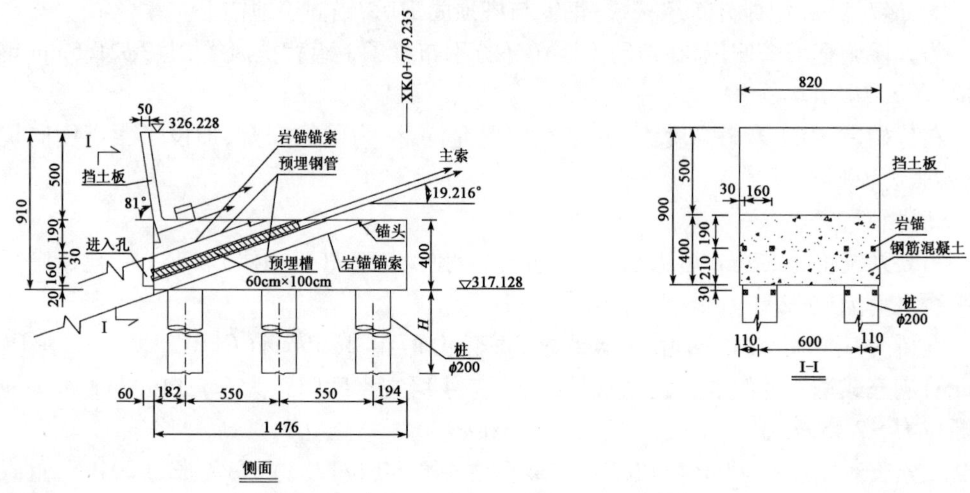

图5-16　吊锚布置示意图(尺寸单位:cm;高程单位:m)

每座锚碇设6ϕ2m桩式锚碇,承台既是将桩基连为一体,又是捆绑主索尾绳的巨型桩。

由于吊锚位于碎石土或较破碎的岩石层中,并且锚前地势陡峭,土体的抗力不足以保证桩锚稳定,因此,每座锚碇加设了8索9ϕ^{S}15.24mm无黏结预应力钢绞线岩锚,作为吊锚的安全储备。

岩锚前端锚固于承台上,选用$R_y^b=1\ 860$MPa的钢绞线,张拉控制应力为$0.6R_y^b$。

扣锚形式与吊锚形式相似,为改善受力,扣锚承台前墙架设竖向与水平预应力束。结构形式与吊锚相同,采用6ϕ2.5m基桩,每座扣锚受力约13 000kN。

(4)斜拉扣挂体系

本桥钢管桁架拱肋安装的扣索体系分为:固定端、索鞍、张拉端、钢绞线、扣塔五大结构部分。

①扣塔。

前节已介绍。为保证扣塔顺桥向位移在使用期不超过规定的7.5cm,设置扣塔前、后平衡索。

扣塔上采用多个滚轮做弧形索鞍,其目的是增大钢绞线的弯曲半径,使钢绞线受力后不致产生大的弯应力。弧形索鞍轮的半径为2 962mm,每束6~10根的钢绞线均通过宽度为54mm的轮槽,经实施观察,效果良好。

②扣索。

正式扣索和临时扣索都锚固于拱肋两根上弦管上,并通过塔顶索鞍,进入扣锚张拉端。

临时扣索为2ϕ47.5mm与ϕ47.5mm钢绳(单肋),正式扣索分别为4×6ϕ15.24~4×9ϕ15.24(单肋)钢绞线,索长分别为266.5m、284.5m、323.8m、370.4m、396.2m、419.9m,为典型的低应力扣索锚固体系,安全系数在2.5以上。

正式扣索地锚端与水平面的夹角为23.9°~25.3°。随着工程进展,当正式扣索张拉后，拆去上节段临时扣索。

1号~9号节段，采用预抬高程法施工，索力基本不作调整，但当9号节段吊装后，对已吊节段进行了线形调整，也适当调整了扣索力。

10号、11号节段采用实时调索法施工，以高程控制为主，根据施工进度，调整9号、10号、11号节段索力，以确保两岸线形基本一致，从而顺利合龙。

③扣索锚固端。

用P锚锚于预设在主弦管上的张拉横梁上，每索6~10件P锚用特制锚具连为一体。

④扣索张拉端。

用低应力夹片锚具，锚于扣锚的钢筋混凝土墙体上，该锚具采用群锚方式张拉，顶压锚固方式（解决在低应力情况下，锚具夹片自动跟进量不足的问题），压板方式锁紧夹片。

低应力锚固系统由预埋钢垫板、承压螺栓、反力架、定位压板、限位板、工具锚、工作锚等组成，并在该项目中首次研究、设计、制造与运用。

扣锚体系采用YM夹片锚具，保证其在低应力（$0.08R_y^b \sim 0.42R_y^b$）情况下，满足夹片的自动跟进及跟进的一致性的要求，在张拉或调索到位并自动锚固后，利用YY1250型顶压器以设计顶压力（3~6t），对夹片进行顶压，进一步保证锚固的安全。

因巫山长江大桥地处巫峡入口处，风力较大，为保证钢绞线不会因长时间的频繁振动而在夹片处滑移，锚具在顶压锚固后再利用锁紧螺栓及专用压板对夹片进行锁紧防松，以保证整个拱肋吊装施工过程的安全。

施工中用棕绳将扣索联系，作为扣索制振措施。

⑤拱肋平衡稳定系统。

拱肋节段间接头采用高强螺栓临时连接，钢管桁架节段端头的弦管内设法兰盘，节段之间用高强螺栓临时连接；拱脚设柱形铰，便于调整拱轴线，此铰在第9段安装完并调好拱轴线形后固结。

拱肋安装过程中，在第5号节段上下游下弦管上分别布置4ϕ21.5mm钢绳抗风缆，每段拱肋通过设置轴线调位风缆作为微调手段，拱肋轴线位置的准确性主要由拱肋的自身刚度及加工精度来保证。

3. 拱肋安装流程

工厂制作拱段经车间制作试拼装验收合格后出厂，采用专用运输驳船进行节段运输，经船运通过三峡大坝（武昌造船厂）至桥位处江面下靠岸边（位于陆上节段）或待安装节段（江面上节段）正下方江面上停靠。施工中，在拱肋上、下游的两岸设地锚，驳船行驶到拱肋附近上游后，用钢丝绳与地锚连接并调整，完成驳船定位，起吊、纵移、落位，南北岸分别同时自拱座1号拱肋节段开始，向对岸拼装至11号拱肋节段。待整体调整好轴线及各控制点高程后，在两个11号拱段间加入嵌填段，实施合龙。空钢管拱肋合龙，在各节段接头焊接完成并形成无铰拱后，逐级对称放松各道扣索，完成全部拱段吊装。巫山长江大桥拱肋安装流程和钢管桁架拱肋合龙全景分别如图5-17和图5-18所示。

四、拱肋混凝土压注

1. 拱肋混凝土压注方案

每肋上、下弦各2根（两肋共8根）ϕ1 220×22（25）主钢管内、拱肋与桥面相交处的竖腹杆（全桥共8根）ϕ610×22钢管内、立柱处上横联ϕ1 220×22钢管和吊杆处上、下横

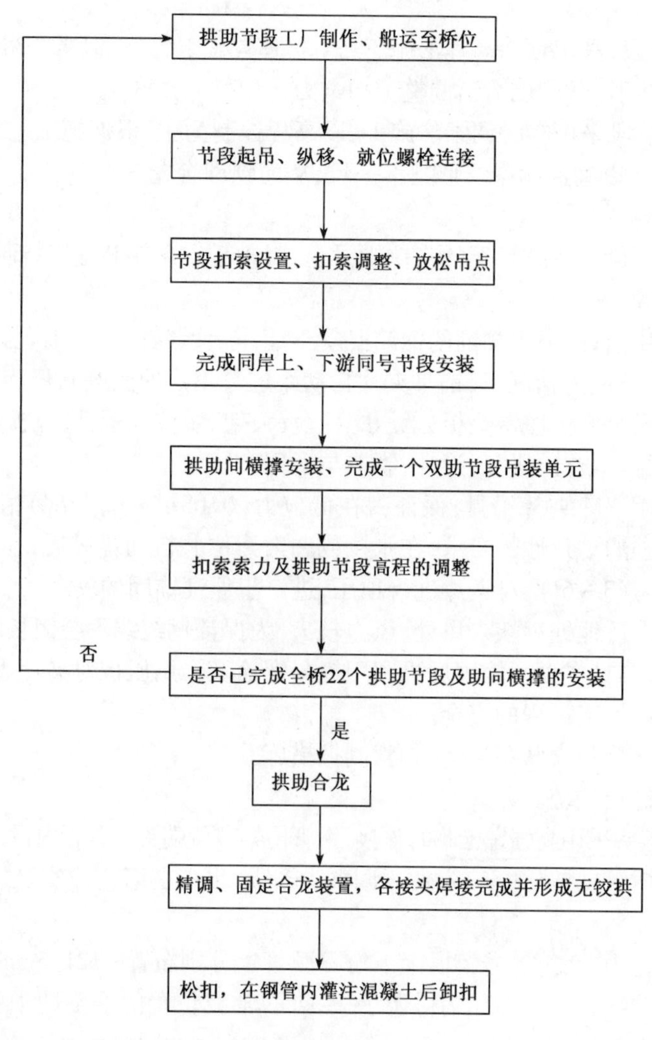

图5-17　巫山长江大桥拱肋安装流程

图5-18　巫山长江大桥钢管桁架拱肋合龙全景图

联 ϕ711×16 钢管内,均需灌注 C60 混凝土。每根主管需灌注 C60 混凝土方量约 600m^3。

根据对称与均衡加载的原则,应以拱顶为对称线两半跨对称加载、以桥轴线为对称线上下游拱肋交替加载,组织钢管内混凝土的灌注施工。两肋共 8 根钢管依序逐一灌注,然后灌注竖腹杆、横联钢管。每一根拱肋钢管内的混凝土,采用在两岸由拱脚到拱顶各分三段连续灌注的施工方案;其他部位钢管内的混凝土,采用各根单独灌注的施工方案。

(1)钢管内混凝土的配制技术要求及配和比的确定

设计要求钢管内混凝土应采用 C60 高强微膨胀混凝土。混凝土应具备大流动性、收缩补偿,延后初凝、早强等工作性能,结合钢管混凝土灌注特点及工地拌和能力,计算灌注一根钢管的持续时间,要求混凝土拌和坍落度为 22~24cm,4h 坍落度损失 <4cm,扩展度 ≥40cm,初凝时间 20h 以上(室温 20℃时),砂率为 37%~40%,混凝土施工配制强度不低于 69MPa。

按设计要求,本桥钢管混凝土的膨胀率应大于万分之三。

(2)灌注分段位置的确定

钢管内混凝土灌注按设计和监控提供的顺序,在两岸分别从拱脚向拱顶方向划分为 I、II、III 段,按顺序连续泵送施工,每灌注完成一根后,待管内混凝土达到设计强度的 80% 以后再向另一根钢管灌注内混凝土。

根据现场的实际情况,第 I 段为第一泵口至第二泵口之间的位置,第 II 段为第二泵口至第三泵口之间的位置,第 III 段为第三泵口至拱顶的位置。

(3)设备的选择及施工布置

①拌和设备

两岸分别布置一套理论产量为 50m^3/h 的自动拌和站,两台 500L 的拌和机(自动进料),实际拌和能力 30~35m^3/h。

建始岸用一台 50 型装载机,巫山岸用两台 50 型装载机向拌和站供料。

②混凝土输送泵

一级输送泵(靠拌和站的一台)用 60 型拖式泵,实际产量约 30m^3/h,其余用 90 型拖式泵,实际产量约 50m^3/h。输送管全部用 ϕ150mm 的管道。

a. 建始岸混凝土输送泵管布置

一级输送泵位于拌和站附近,浇筑第 I 段拱肋混凝土时,将混凝土由拌和站经下坡地面布置的管道向拱脚处布置的带缓冲储罐的二级泵内输送。该二级泵负责用输送管道向第一泵口内输送第 I 段拱肋钢管内的混凝土,其输送管道的布置原则是泵与拱肋压注口之间的连接:(a)不应有小于 90°的弯头管道;(b)管道长度不宜小于 15m(管道中设有大于 90°的弯管时可适当减小);(c)管道下坡布置时的水平倾角不宜大于 15°。浇筑第 II、III 段拱肋混凝土时,由一级输送泵直接将混凝土由拌和站经沿栈桥布置的管道向拱肋上的第二、三泵口内输送,因此,该输送泵要布置两套输送管道。建始岸共用三台输送泵,其中同时使用两台(浇筑第 I 段拱肋混凝土时),一台备用。

b. 巫山岸混凝土输送泵管布置

一台一级输送泵位于至离 T1 桥台 250m 拌和站附近,浇筑第 I 段拱肋混凝土时,它将该拌和站拌制的混凝土输送至离 T1 桥台约 50m 的另一套拌和站处的另一台一级输送泵内,与这套拌和站拌制的混凝土一起输送至 T1 桥台前,然后沿下坡地面布置的管道向拱脚处布置的带缓冲储罐的二级泵内输送。该二级泵负责向第一泵口内输送第Ⅰ段钢管内的混凝土。浇筑第Ⅱ、Ⅲ段拱肋混凝土时,直接将离T1桥台约50m处输送泵集中的混凝土通过沿栈桥布置的管道向拱肋上的第二、三泵口内输送,因此,在T1桥台后约50m处输送泵的管道向拱上要布设两套。巫山岸共用四台输送泵,其中同时使用三台(浇筑第Ⅰ段拱肋混凝土时),一台备用。

c. 施工栈桥

为解决人员交通和方便布设输送管道,应设置施工栈桥,如图5-19所示。

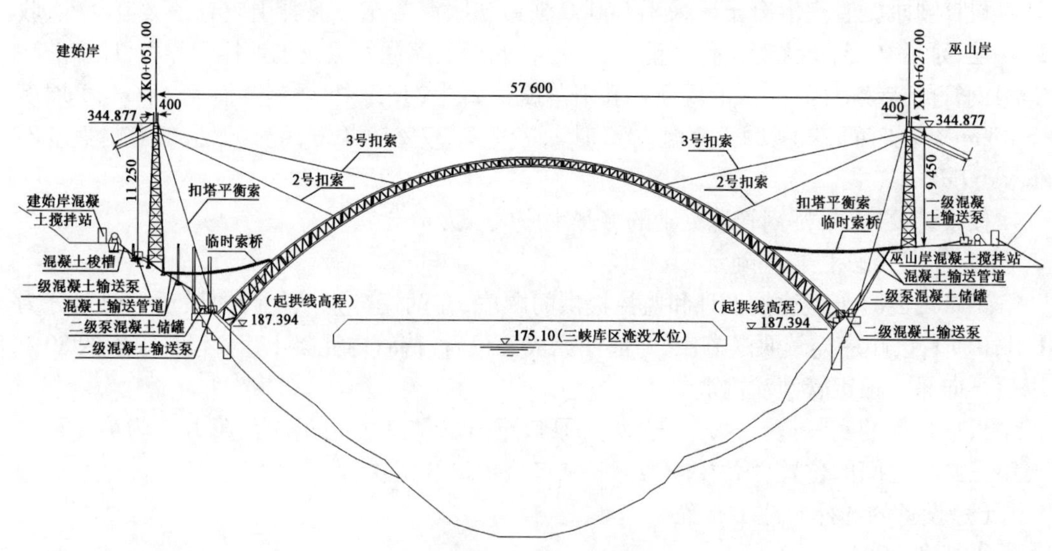

图5-19 施工栈桥布置图(尺寸单位:cm,高程单位:m)

建始岸:L17号墩脚至C19拱肋横撑处,位于桥面高程下,有较缓上坡,总长约70m。

巫山岸:扣塔脚(T1桥台)至C4拱肋横撑上缘,基本处于桥面高程上,总长约100m。

2. 钢管内混凝土灌注施工

(1)灌注顺序

钢管混凝土施工按照对称与均衡加载的原则,结合现场的实际情况,8根钢管的灌注顺序为:下游肋下河上弦;上游肋上河上弦;下游肋上河下弦;上游肋下河下弦;下游肋上河上弦;上游肋下河上弦;下游肋下河下弦;上游肋上河下弦。

(2)弦管灌注混凝土工程流程

准备工作→拌砂浆(水泥浆)和混凝土→混凝土一级泵送至拱脚→二级泵→灌注第一段管内混凝土→灌注第二段管内混凝土→灌注第三段管内混凝土。

(3)每根弦管灌注前的准备工作

①安装输送管道及设置灌注口

灌注口的精确位置由输送泵管的具体长度确定,设置灌注口构造前,先安装好输送管道,待输送管道安装至计划灌注口位置时,把灌注口构造与输送管相连,精确测定拱肋主弦管上的开孔位置,气割孔洞,将灌注口构造与拱肋钢管焊接牢固,并接通输送管道。拱脚处二级泵的输送管道与第一泵口相连,拌和楼附近的一级泵的输送管道接出两路分别与第二、三泵口相连。

全桥灌注口构造共48个,每个构造中都带有阻止混凝土流动的闸阀。

②设置冒浆管

在拱顶隔板两侧设(使出口混凝土不污染拱肋)内直径150mm、高2.0m的倾斜钢管作为出浆管,灌注完毕待混凝土达到设计强度后,切割灌注口钢管和冒浆管,用与拱肋弦管同材质、等壁厚的钢材(开孔时,把切割下的原材放置在附近,此时可直接利用)填焊孔洞。

③开设排渣、排浆管

在拱肋拱脚的下弦最低处气割ϕ150mm孔并焊接钢管作为排渣管,在第一、二、三泵口的钢管侧面比相应钢管压注口高程低20cm处的底面气割开设ϕ150mm孔并焊接钢管,作为排浆管。排渣、排浆管均设置可封闭构造。

④钢管内的清洗

在每根钢管内灌注前,从拱顶的冒浆管内注入自来水以清洗拱肋钢管内部,清洗后的水及锈渣等从拱脚处的出渣孔内排除。

⑤张拉索力

按照设计意图,在浇筑拱肋管内混凝土前,应将1号、4号、5号、6号扣索全部拆除(半跨每肋共有6组扣索,每组有扣索4束),同时将2号、3号扣索的内侧两束索拆除,仅余外侧两束索,即全桥仅余2号、3号扣索的1/2数量(每组靠外侧两束)共16束索。根据监控指令,在某根钢管内混凝土灌注前适时张拉相关扣索的索力。

(4)弦管内混凝土的灌注

①第I段钢管混凝土灌注

一级泵输送管内先泵送水润湿管道,然后拌和站拌制2.5m^3水泥砂浆(与C60拱肋混凝土中的胶砂比相同),每拌和完一盘,放入一级输送泵中,砂浆拌完后接着拌制C60拱肋混凝土。一级输送泵适时将拌和站送来的拌和料泵送出去。

先泵送的砂浆及部分C60混凝土经一级输送泵输送至拱脚处带缓冲储罐的二级泵内,经再次搅匀后将其经第一泵口泵入拱肋第I段钢管内。先进入管内的3~4m^3拌和料从排渣孔内排出至允许的地方,当确认混凝土已完好时,封闭排渣孔口,向弦管内连续灌注混凝土,直至混凝土面上升至超过第二泵口附近的排浆管并从管中排出混凝土1~2m^3(用一料斗储存后运至指定地点排放,下同)时完成第I段拱肋混凝土浇筑。在灌注第I段钢管混凝土快结束前,适时进行管道清洗。

②第II段钢管混凝土灌注

在第I段钢管混凝土浇筑完毕前,第二灌注口(泵口)处的输送泵管已安装好,随时可以投入使用。

第I段钢管混凝土灌注完成后,把一级泵出口与预先接好的进入第二灌注口的管道连通,输送管内首先泵送适量水和砂浆,然后继续泵送第II段拱肋混凝土,先在第II段内泵入约3m^3拌和料,并从排浆孔内排出(用储灌接装排到指定地点,下同)。确认混凝土已完好时,封闭排浆孔口,向弦管内连续灌注混凝土,直至混凝土面上升至超过第三泵口附近的排浆管并从管中排出混凝土1~2m^3后,封闭排浆管,完成第II段混凝土浇筑。在灌注第II段钢管混凝土快结束前,适时进行管道清洗。

③第III段钢管混凝土灌注

第II段钢管混凝土灌注完成后,把一级泵出口与预先接好的进入第三灌注口的管道连通(先已定好位,连通耗时不多)。

输送管内首先泵送适量水和砂浆，然后继续泵送第 III 段拱肋混凝土，先在第 III 段内泵入约 3m^3 拌和料，并从附近排浆孔内排出。确认混凝土已完好时封闭排浆孔口，向弦管内连续灌注混凝土，直至混凝土面上升至超过拱顶处的冒浆管并从管中排出混凝土1 ~ 2m^3 后，停止灌注，完成第 III 段混凝土浇筑。在灌注第 III 段钢管混凝土快结束前，适时进行管道清洗。

(5) 测量与控制

①桥轴线偏位测量

利用经纬仪直接测量桥轴线的偏位情况，在每根钢管混凝土灌注前、灌注至 1/3、灌注至 2/3、完成时、完成 8h 时、完成 24h 时，共 6 个工况进行实时测量，并做好记录。如有异常变化情况及时报告监理、监控及施工技术人员，并进行相关处理。

桥轴线观测时，拱顶、1/3 半跨、2/3 半跨共 5 个点在两岸同时测量以校核。

②拱轴线(高程)测量

高程测量的目的在于掌握混凝土浇筑过程中拱轴线变化情况，特别是在灌注至 1/2 数量前后拱顶的上升情况和 1/2 半跨附近拱肋下挠情况，然后根据高程变化情况，确定扣索的张拉时间和张拉索力以及张拉后的松索时间。

高程测量在每根钢管灌注前、灌注在 1/3、灌注至 2/3、完成时、完成 8h 时、完成 24h 时共 6 个工况进行，并做好记录。

高程观测时，拱顶、1/3 半跨、2/3 半跨共 5 个点，在两岸同时测量以校核。

(6) 拱肋上其余部位的混凝土浇筑

按照设计要求，拱肋与桥面相交处的竖腹杆、拱肋上吊杆处上下横联、拱上立柱处上横联等短钢管内均要灌注 C60 混凝土，由于每处的混凝土数量少，需灌注的部位多，因此采用吊斗将普通混凝土(拱肋上 C60 混凝土配合比中减少用水量，把坍落度控制在 10 ~ 12cm 之间)吊至浇筑部位，用人工灌入，插入式振捣器捣实。为确保美观，每浇筑一个部位后，应用清洁水将钢管表面洗净。该项工作应在主管混凝土待强期间分批进行，不占用主流程时间。

(7) 检验与试验

结合施工技术规范，每根钢管混凝土取抗压强度试件 8 组(南北岸各 4 组)，测得 7d、28d 混凝土试件抗压强度值。

拱肋上其余部位的短钢管混凝土，每一工作班取两组抗压强度试件，测得 7d、28d 混凝土试件抗压强度值。

本桥采用分布式光纤脱空传感技术监测压注混凝土质量(脱空情况)。

(8) 实施效果

本桥钢管内混凝土灌注约历时 45d。每根钢管内混凝土灌注一般用时 12h，均为分三段连续灌注完成。灌注过程中，桥轴线偏位及拱轴线变化均符合计算要求，灌注完成后(气温 9℃)比灌注前(17℃)拱顶下挠 293mm，拱肋横桥向偏位 20mm。

8 根钢管弦管内混凝土共取抗压强度试件 77 组，全部有效，其 28d 的混凝土试件抗压强度平均值为 79.3MPa，强度标准差 3.5MPa，强度评定结果为合格。

钢管内混凝土经检验仅极个别部位有微小的脱空，质量符合设计要求。

第六章

劲性骨架钢筋混凝土拱桥

第一节 概 述

劲性骨架施工法是指在事先架设的拱形劲性骨架上,围绕骨架分环分段浇筑混凝土,最终形成钢筋混凝土拱圈(肋)的一种施工方法。劲性骨架在施工过程中起拱架作用,在拱圈形成后埋入混凝土中,作为混凝土拱圈截面的一部分,因此,劲性骨架法又称埋入式拱架法,国外称米兰法。劲性骨架法是一种较老的施工方法,1942 年西班牙就采用该法建成 210m 的 Esla 混凝土拱桥,由于其用钢量较大,施工控制技术落后等原因,该法未得到推广。20 世纪 80 年代,因大跨径拱桥的大量出现以及高强、经济的骨架材料和施工控制技术的发展,我国在大跨径混凝土拱桥中又开始采用劲性骨架法。

用劲性骨架法施工的钢骨架,不但需要满足拱圈在施工和使用阶段的受力和变形要求,而且在施工中还起临时拱架的作用,因此劲性骨架必须具有足够的强度和刚度。劲性骨架早期采用型钢(如角钢、工字钢、槽钢、钢管等)做成,其柔性较大,在混凝土拱圈形成过程中难以保证混凝土拱圈的设计线形,骨架截面应力大,尤其是在由开口箱向闭口箱转换过程中,骨架上弦杆容易出现应力超限和局部失稳的现象,在施工安全上存在较大风险。钢管混凝土劲性骨架是以钢管作为骨架的上下弦杆,以槽钢、角钢等作为腹杆组成空间桁架结构,吊装合龙成拱形钢骨架,然后浇筑管内混凝土,待管内混凝土达到设计强度后,形成钢管混凝土劲性骨架。钢管混凝土劲性骨架刚度大、用钢量省、经济、安全。

需要指出的是,劲性骨架法存在空中浇筑拱圈混凝土工序多、时间长、混凝土质量较难控制、施工接缝多、后期收缩徐变大等不足。

第二节 劲性骨架混凝土浇筑分环、分段长度的确定

为确保施工中的安全、质量及成桥后拱圈(肋)的线形,在浇筑混凝土前,必须事先进行加载程序设计,即确定拱圈(肋)的分环、分段数。在拟订分环、分段数时,除遵

循对称、均衡施工原则外，应使混凝土浇筑过程中骨架变形均匀，防止骨架出现大幅度的起伏变形，所有弦杆内力都应处在压力区内，内力曲线比较均匀，并且还要满足施工稳定性等要求。混凝土箱肋至少应划分为底板、腹板和顶板3环，当拱圈高度较大时，腹板可分为2～3环；对混凝土箱拱，除了底板、腹板、顶板3环外，还应结合拱箱具体构造确定。重庆万州长江大桥拱圈采用单箱三室截面，底板、顶板各划分为2环，如图6-1所示的①、④、⑤、⑧；腹板划分为4环，如图6-1所示的②、③、⑥、⑦，整个拱圈共划分为8环。

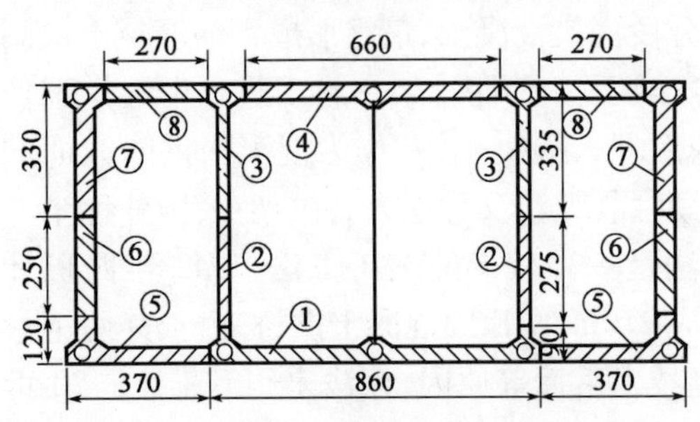

图6-1 拱圈混凝土横向浇筑顺序（尺寸单位：cm）

对每一环的分段长度，则应结合劲性骨架线形控制方法来确定，当采用锚索假载法、水箱调载法和千斤顶斜拉扣挂调载法时，可以实现从拱脚到拱顶的连续浇筑；当采用多工作面法时，每环宜分为6～8个工作面，每个工作面还应划分为若干工作段。为此，重庆万州长江大桥专门编制了"拱圈纵向加载程序"，按拟订的浇筑顺序进行加载计算，通过对由"两工作面"、"四工作面"和"六工作面"对称、同步浇筑所产生的骨架挠度曲线和骨架上、下弦杆内力比较，选择了每环分六个工作面和八个工作面，每个工作面又细分为12～13个工作段，纵向浇筑顺序如图6-2所示。

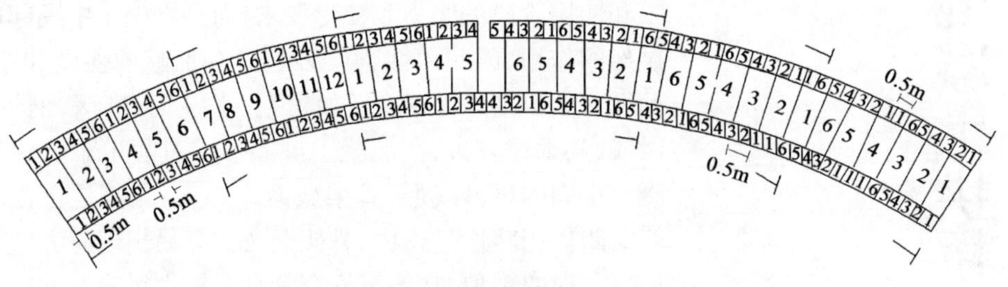

图6-2 万州长江大桥拱箱混凝土纵向浇筑顺序

第三节 线形与稳定控制

一、线形控制

采用劲性骨架法施工的拱桥，线形控制方法有锚索假载法、水箱调载法、千斤顶斜拉扣挂调载法和多工作面法四种。

（1）锚索假载施工法。将锚索锚固在河床的地锚上，锚索与地锚之间装有拉力计和紧固器，用以施加假载。在拱箱混凝土浇筑时，根据各施工阶段的拱圈受力和骨架变形，调整锚索拉力，以保证劲性骨架的线形和稳定性。这种控制方法操作难度大，场地要求高，效果不理想。

（2）水箱调载法。该法是在拱形骨架成形后，在拱顶部位设置多个水箱（图6-3），在拱圈混凝土浇筑过程中，根据预先计算的加载质量向水箱内注水，确保拱圈变形和截面应力控制在允许范围内。与此同时，进行变形和应力检测，如发现异常，及时调整水量和浇筑速度、张紧或放松八字浪风索等。该方法的缺点是水箱设备较复杂,操作也较麻烦。

(3)千斤顶斜拉扣挂调载法。该法是利用缆索吊装扣挂骨架节段时使用的斜拉索,调整混凝土浇筑过程中拱轴变形、骨架上下弦杆及已浇筑混凝土的局部应力(图6-4)。采用千斤顶张拉系统张拉、收放索长,具有张拉能力大、行程控制精度高、索力调整灵活、锚固可靠等优点。但由于劲性骨架已成超静定体系,斜拉索张拉不仅影响调整区段的混凝土应力和变形,而且张拉点的混凝土拉应力往往容易超限,张拉力需要通过反复试算才能确定。

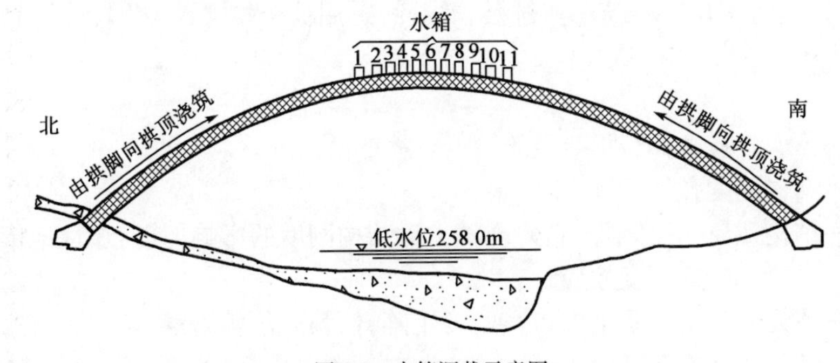

图6-3　水箱调载示意图

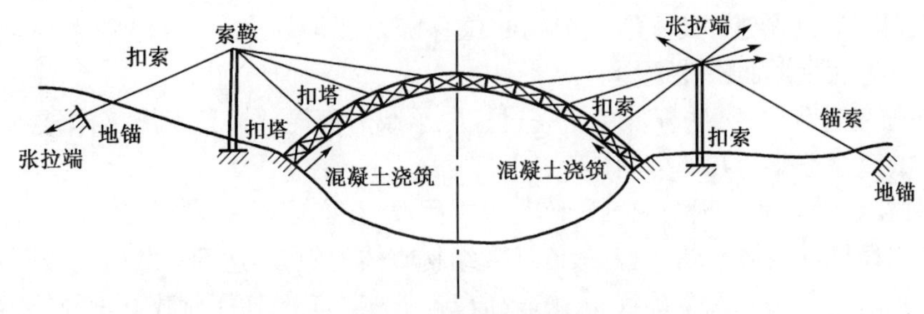

图6-4　斜拉扣挂系统和斜拉索力调整张拉方式

(4)多工作面法,又称多点均衡浇筑法,是将拱圈横向分块、纵向分环、各环分段,如图6-1和图6-2所示。施工时,按方案进行多点均衡浇筑混凝土,使拱圈受力、变形及稳定状态保持在允许范围内,并分环合龙。每环混凝土间隔一定龄期,达到一定强度后参与骨架联合作用,共同承受下环混凝土的重力。

多点均衡浇筑法依靠多工作面浇筑的混凝土质量保证劲性骨架的均匀变形,特点是一次浇筑的混凝土方量少,不需借助外加荷载来调整骨架变形和弦杆应力,减轻了劲性骨架的负担,骨架挠度下降均匀,基本上无上、下反复现象;骨架上、下弦杆及混凝土截面始终处于受压状态,应力变化均匀,施工中的强度、稳定得到保证。但多点均衡浇筑法对施工要求比较严格,各工作面的进度须严格控制,工序转换比较多,施工接缝多,工期长。

二、稳定控制

劲性骨架拱桥的成败在于其施工过程中稳定性,因此必须进行稳定性分析。当浇筑底板混凝土时,荷载仅由骨架承担,此时骨架稳定性最低,以后随着混凝土不同程度地参与受力,劲性骨架的刚度和稳定性得到提高,但在浇筑顶板混凝土(即拱箱由开口箱变闭口箱)时,稳定性又可能是较低的,因此,在计算由分环分段形成拱箱的劲性骨架拱桥中必须逐步计算稳定性。

劲性骨架的失稳与一般拱桥的失稳不同,在拱箱形成过程中,劲性骨架弦杆和腹杆的受力不均匀。最先被混凝土包住的构件,因荷载由骨架和混凝土共同承担,骨架构件应力较小,而最后被包住的上弦构件、腹杆内力和应力最大,故在计算稳定时必须考虑各杆件的受力历程,防止在结构整体失稳之前,发生局部构件的失稳(国内曾出现过局部失稳的情况)。

由于劲性骨架的刚度是随着混凝土的浇筑而逐渐增大的,因此结构受载后变形较大,在分析稳定时,应考虑几何非线性和材料非线性,采用荷载增量法求解,结构的增量平衡方程可表示为:

$$(\boldsymbol{K}_{\mathrm{E}} + \boldsymbol{K}_{\mathrm{G}} = \boldsymbol{K}_{\mathrm{NL}})\Delta\boldsymbol{\delta}_i = \Delta\boldsymbol{P}_i \tag{6-1}$$

式中:$\Delta\boldsymbol{\delta}_i$——第 i 次加载 $\Delta\boldsymbol{P}_i$ 所产生的结点位移增量列阵;

$\boldsymbol{K}_{\mathrm{E}}$——结构刚度弹性矩阵;

$\boldsymbol{K}_{\mathrm{G}}$——结构几何刚度矩阵,它体现轴力对结构刚度的影响,其值线性地依赖于位移增量 $\Delta\boldsymbol{\delta}_i$ 的刚度效应;

$\boldsymbol{K}_{\mathrm{NL}}$——单元局部坐标系下的位移刚度矩阵,依赖于位移增量 $\Delta\boldsymbol{\delta}_i$ 的平方,通常在活动的局部坐标系中单元的应变和转动均较小,可忽略不计。

劲性骨架混凝土拱桥在施工过程中的失稳可能表现为:

(1)在荷载逐渐增加的过程中,结构的位移随之逐渐增大,当再施加微小增量荷载时,结构即发生大变形而不能适用。

(2)在加载过程中,某些杆件由于超过极限承载力而局部失稳退出工作,导致结构刚度显著降低,直至退化为几何可变体系。

这两种在数学上都表现为刚度矩阵奇异。因此,在变形较大、构件轴向压力渐增的情况下,局部失稳杆件数目不断增多,最终导致结构整体失稳,即达到承载力的极限状态。

对此,可以定义一个安全系数 λ,来表征在各个施工工况外加荷载下承载能力的安全储备系数。对第 j 工况,有:

$$P_j^{\mathrm{cr}} = P_j^{\mathrm{d}} + \lambda_j P_j^{\mathrm{a}} \tag{6-2}$$

式中:P_j^{cr}——结构失稳时能承载的全部荷载;

P_j^{d}——结构所承担的恒载(包括结构自重、静风荷载等);

P_j^{a}——该结构所受工况的实际施工荷载;

λ_j——该工况在承重结构失稳前可以承受的实际施工荷载的倍数。

在计算 λ_j 时,必须考虑结构变形引起的非线性效应,应采用分阶段加载法求解。

采用劲性骨架法施工的拱桥,线弹性稳定系数不应低于4.0。

第四节　多工作面法浇筑拱圈混凝土

下面以重庆万州长江大桥为例加以介绍。

一、钢管混凝土劲性骨架构造

重庆万州长江大桥净跨420m,劲性骨架由 5 个桁片组成,如图 6-5 所示,其中,第 1、

2、4、5 片(即上下一根弦管构成一片)对应于拱圈箱肋位置,第 3 片作加劲用,桁片中心间距 3.8m。每个桁片上、下弦为 $\phi 420 \times 16$ 的 Q345 无缝钢管,腹杆与连接系杆为 4∠75 × 75 × 10 角钢组合杆件。骨架沿拱轴分为 36 节桁段,每个节段长约 13m,高 6.8m,宽 15.6m,重约 60t。节段间采用法兰盘螺栓连接。

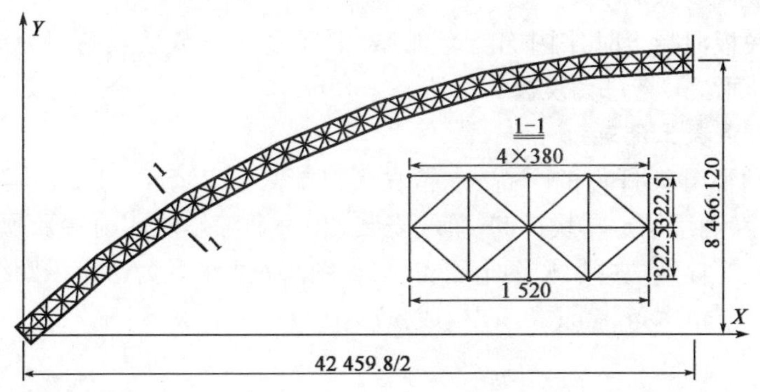

图 6-5 420m 拱桥劲性骨架构造图(尺寸单位:cm)

为便于安装时调整骨架几何线形,在拱脚节段的下弦端面设置临时铰。

劲性拱桁安装合龙并调整高程及轴线位置后,立即封好拱脚双铰,然后在骨架上、下弦杆内压注 C60 混凝土,达到一定强度后形成钢管混凝土劲性骨架,便可开始浇筑拱箱混凝土。

二、拱箱混凝土浇筑

1. 中箱底板混凝土浇筑

浇筑纵向底板混凝土时,劲性骨架承担底板混凝土质量,此时劲性骨架稳定系数最低,仅为 3.9,是该桥施工的控制环节,而底模设计的好坏直接关系到工期、施工操作和施工过程中的安全度。通过分析比较,采用工作吊篮翻模法,如图 6-6 所示。该法是在底模上每隔 1.4m 设置 2[14b 作背楞,形成大块承重模板,通过 ϕ28mmU 形吊杆螺栓将底模固定在劲性骨架下弦的 3 根钢管上。每个工作面设 3 套模板,每套模板利用配设的工作吊篮整体拆卸、整体安装。全桥配设两套工作吊篮,两岸各一套。在场地上组拼成 18m × 6m × 2m 的万能杆件桁架后整体起吊就位。每套工作吊篮重 18t,由 4ϕ47.5mm 缆索起吊,每套工作吊篮分管各岸 3 个工作面的底模安装。

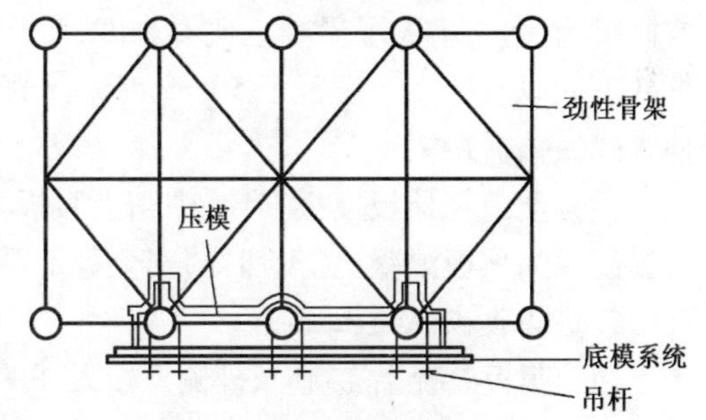

图 6-6 工作吊篮翻模法布置图

由于拱脚段较陡,为防止底板混凝土浇筑时混凝土朝拱脚方向流动,在混凝土顶面设置压板,前端头设端模并用螺栓和型钢牢固定位,使其成为一个封闭的箱形,在压板上设置 50cm × 50cm 混凝土进料口,同时兼作振捣口,用插入式振捣器振捣混凝土。

为方便中箱下腹板混凝土浇筑,拱箱下倒角及该处 30cm 高腹板混凝土与底板一起浇筑。中箱浇筑宽度 8.6m，两侧各留 5cm 便于边箱底板模板安装。

为避免劲性骨架横向连接系对压模安装的影响，拱座承托区底板混凝土先全宽浇筑 3.5m 长，其后严格按设计要求的“六工作面法”施工，每个工作面分为 12 个工作段，每工作段每套模板长 6.43m。

2. 边箱底板混凝土浇筑

浇筑边箱底板混凝土时，因中箱已经形成，骨架稳定系数已较高。为加快施工进度，采取了“八工作面法”，将每套模板加长到 12 ~ 15m，用工作吊篮分两次安装就位。

3. 中箱腹板混凝土浇筑

受到两侧劲性骨架杆件的干扰，中箱腹板只能采用 2.5m × 2.5m 模板逐块组拼成 13m 长的工作段，利用吊点单块拆卸、单块安装，在每个工作段的前端及顶部设置端模及压模。内外模设螺栓定位并用型钢牢固支承，如图 6-7 所示。为适应拱圈线形变化，每隔 6.5 ~ 7.5m 设一三角木条将混凝土调整成弧形。

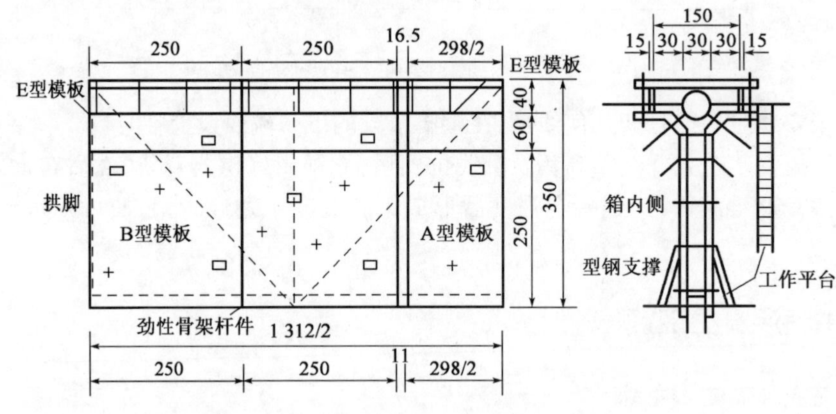

图 6-7　中箱上腹板浇筑布置图(尺寸单位:cm)

由于该桥腹板厚度仅为 30cm，而劲性骨架杆件和钢筋已分别占去 17cm 和 8cm，剩余空间仅为 5cm，增大了混凝土振捣难度，为此，在腹板内侧模板适当位置，特别是在结点和杆件下面以及压模上设置了 50cm × 50cm 的混凝土进料口兼做振捣口，分层进料，分层用插入式振捣器振捣密实。

为方便中箱顶板模板安装，中箱上腹板含上倒角及该处顶板混凝土一并浇筑，这样还可提高纵向顶板混凝土浇筑时的安全稳定系数。

4. 边箱腹板混凝土浇筑

边箱腹板混凝土浇筑时，外侧模板无杆件阻挡。为保证外形美观，组拼成 12.5 ~ 17.5m 长的大块模板，高度方向由 1.0m + 0.2m + 2.3m + 0.2m + 2.3m + 1.0m 的模板配置而成，以保证边箱外腹面接缝良好。模板利用缆索天线整体安装、整体拆卸。

5. 中箱顶板混凝土浇筑

中箱顶板混凝土浇筑采用挂模法施工，在混凝土拱背上设置 2[20b 上分配梁，通过 ϕ28mm 拉杆螺栓下挂 2[14b 下分配梁及大块模板，拆除模板时松去拉杆即可，滑移就位后再穿拉杆浇筑下一段混凝土，挂模法布置如图 6-8 所示。

中箱顶板混凝土采用“八工作面法”施工，每工作面配设一套底模、一套压模，压模利用缆索天线整体安装就位、整体拆卸，在压模适当位置同样开设 50cm × 50cm 混凝土进料口兼振捣口。为平衡各工作面工作量，各工作面工作长度不尽相同。

万州长江大桥主拱圈每隔一定间距设置了横隔板。为使底模顺利滑移，拱箱横隔板采用预制安装就位，现浇接缝混凝土，待底模滑移过后，再与顶板混凝土平行施工。

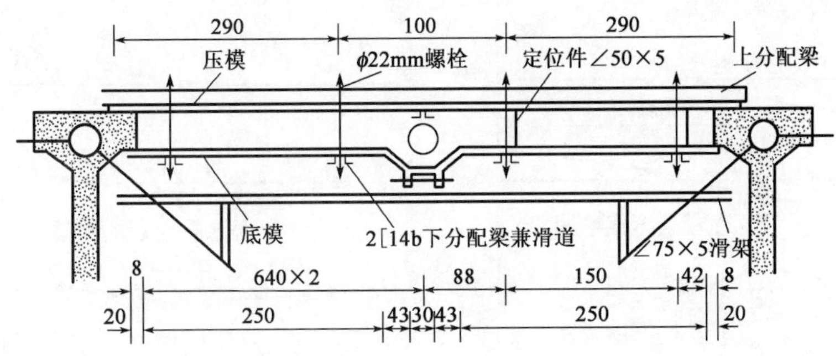

图 6-8　挂模法布置图（尺寸单位：cm）

6. 边箱顶板混凝土浇筑

边箱顶板混凝土浇筑与中箱顶板相同，在此不再赘述。

第五节　斜拉扣挂法连续浇筑拱圈混凝土

采用斜拉扣挂法浇筑劲性骨架混凝土，同样需要分环施工，但可借助斜拉扣索的张拉、松弛，实现从拱脚到拱顶混凝土的连续浇筑，因此，扣点选择、索力确定和扣索的张拉、松弛是关键。

一、扣点选择

扣点是扣索施加在拱肋上的作用点，其位置选择不仅要考虑劲性骨架安装时的扣索布置，还要考虑混凝土浇筑时能以较小的拉力控制截面应力。为方便施工，安装骨架阶段和浇筑混凝土阶段的扣点位置和数量最好一致，这就要求在设计骨架节段长度、接头位置时考虑扣点的受力需要。当受到吊装质量、节段数量限制时，混凝土浇筑阶段的扣点位置需做相应调整。

扣点选择可根据控制截面的影响线来确定。广西邕宁邕江大桥混凝土浇筑过程中设定了1号（拱脚）、3号、15号、23号、29号、31号、35号（拱顶）共7个控制截面，如图6-9所示。

根据理论分析结果，拱脚附近15m范围（1号、3号截面）的上缘拉应力在浇筑过程中起控制作用，其他几个截面在浇筑顶板混凝土以前，上缘钢管混凝土因已储备较大压应力，足以抵消施工过程中产生的拉应力，而下缘钢管混凝土则始终处于压应力状态，因此在浇筑顶板混凝土阶段，只需关注后浇混凝土对已浇混凝土产生的拉应力，在这个阶

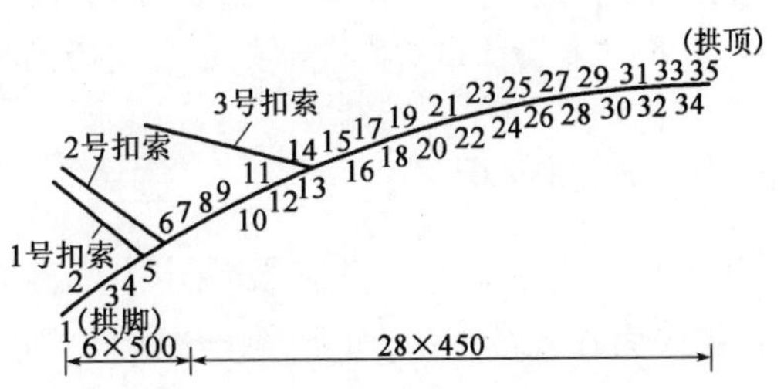

图 6-9　控制截面示意图（尺寸单位：cm）

段 15 号截面附近上缘新浇混凝土的拉应力起控制作用。需要通过张拉或放松扣索把截面应力控制在容许范围内。

从图 6-10 中各控制截面的影响线可以看出(因对称施工,故影响线为对称加载的半

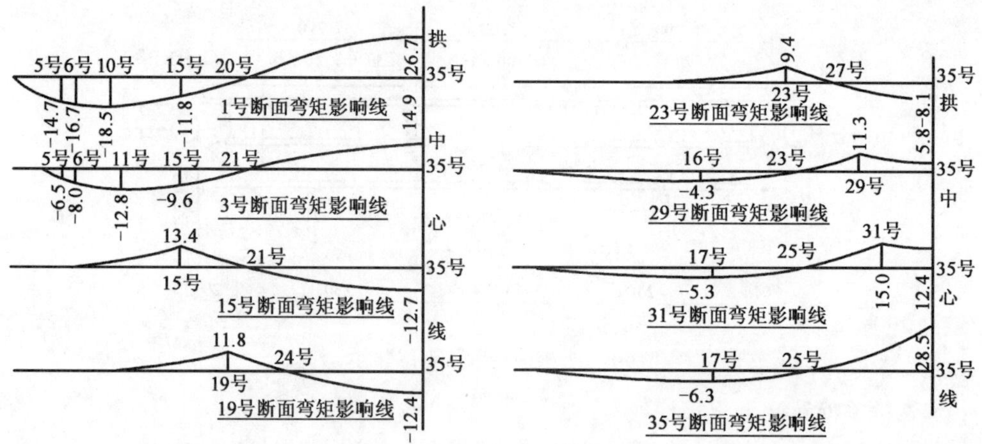

图 6-10 控制截面弯矩影响线

拱影响线),1 号、3 号截面负弯矩峰值在 10 号、11 号截面,为消除拱脚上缘拉应力,其理想扣点应在 10 号或 11 号截面,但在吊装劲性骨架时必须设置在 6 号截面。从 1 号截面影响线看,在 6 号截面处的值为 16.7,在 10 号截面的值为 18.5,两者差异不大,因此将吊装时将 6 号截面扣点移至 5 号截面,14 号截面的扣索移至 6 号截面。这两组扣索对拱脚段贡献较大,对其他截面影响较小。扣索布置如图 6-11 所示。

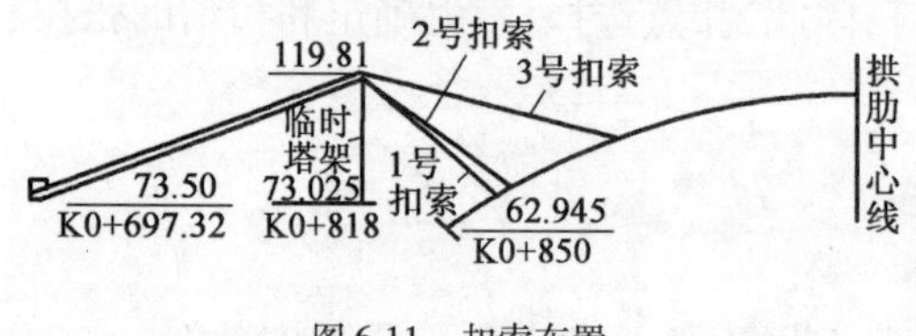

图 6-11 扣索布置

第三组扣索的扣点布置在 14 号截面,这组扣索有以下三点作用:一是用于吊装劲性骨架。二是用于调整 15 号、19 号截面的应力。在浇筑拱顶部位混凝土时,15 号、19 号截面上缘新浇混凝土受拉。为此,在浇筑下侧板混凝土时,3 号扣索张拉后暂不卸载,而在顶板混凝土浇筑到一定程度后再将其放松,这样就使 15 号和 19 号截面新浇部分混凝土产生预压应力,抵消混凝土浇筑过程中的拉应力。三是起到与 1、2 号扣索同样的作用,减小拱架截面上缘拉应力。

此外,从几个控制截面的影响线可以看出,弯矩影响线的零点位于 21 ~ 25 号截面之间(23 号截面除外)。该桥的 K 撑位于 21 ~ 23 号截面,施工时,为了保证拱稳定,在浇筑完底板混凝土后,便浇筑了 21 ~ 25 号截面的腹板,安装了 K 撑横梁。由于这部分的荷载作用在以上几个控制截面弯矩影响线的零点附近,故荷载虽大但截面上的应力变化却不大。

二、索力确定

可采用指定应力法确定,即指定拱圈截面的应力在某一范围内,在浇筑某一环混凝土时,如应力在此范围内,可不张拉扣索,否则应用扣索来调整应力。

对于分环浇筑的拱桥,在施工某一环时,往往只有一个或几个截面的应力超过指定范围,因此,只需根据这几个截面来计算扣索张力。在浇筑底板、腹板时,主要是拱脚截面上

缘拉应力过大,需用扣索调整。

设在浇筑某一环前,某控制截面上的储存应力为σ_0,第i号扣索单位索力在该截面上产生的应力为σ_{Fi},浇筑混凝土过程中在该截面产生的最大应力为σ_h,如截面上的应力在指定范围内,则应满足下式要求:

$$1.25\times[\sigma_a]\geqslant\sum_{i=1}^{n}F_i\sigma_{Fi}+\sigma_0+\sigma_h\geqslant K\times[\sigma_1] \tag{6-3}$$

式中:n——扣索总数;

$[\sigma_a]$——混凝土容许压应力;

$[\sigma_1]$——混凝土容许拉应力;

K——系数,考虑受拉是短暂过程,可取1.3~1.5;

F_i——第i号扣索索力。

在施工过程中,压应力一般不起控制作用,因此,只需用式(6-3)中右边的一项来确定索力,即:

$$\sum_{i=1}^{n}F_i\sigma_{Fi}\geqslant K\times[\sigma_1]-\sigma_0-\sigma_h \tag{6-4}$$

利用式(6-4),并考虑劲性骨架的局部承载能力,即可合理确定每根扣索的索力,由扣索力便可选择钢绞线根数。

三、扣索的张拉、松弛

从拱脚向拱顶浇筑混凝土时,拱脚附近的截面上缘受拉,需要通过张拉扣索来调整应力,浇筑至一定位置后,拱脚转为受压,此时需要逐渐放松扣索。混凝土浇筑完成扣索也松完,转为纯拱受荷体系,这个过程可以用图6-12更为形象地说明。

图6-12所示为浇筑某一环混凝土时拱脚截面上缘应力的变化过程。图6-12a)为浇筑混凝土过程中的应力,浇筑至18号截面附近时应力超出容许范围;图6-12b)为将索力分成三次张拉或放松时的应力;图6-12c)为前两者叠加后的结果,可见通过斜拉扣索的张拉、放松,使截面应力满足要求。

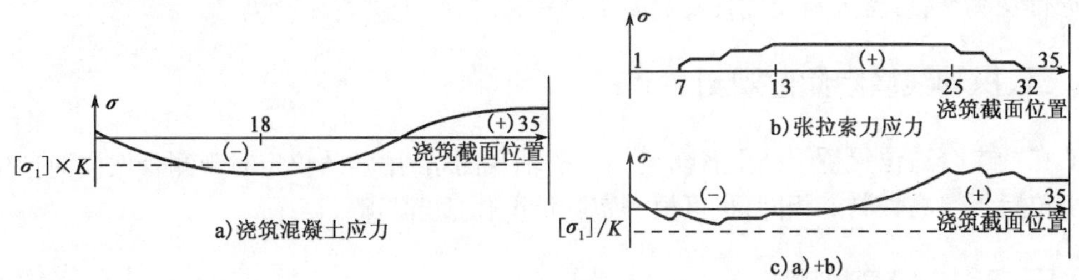

图6-12　截面应力变化曲线

第六节　拱圈混凝土运输

采用劲性骨架法施工,需要充分考虑混凝土的运输。当采用从拱脚向拱顶连续浇筑时,可采取泵送法连续输送混凝土。当采用多工作面法同步对称浇筑时,可采用吊罐法或分段输送法。

一、吊罐法

该法是在桥梁两岸各配设吊罐，通过缆索系统将混凝土从拌和站吊运至浇筑点，其优点是成本较低，运输过程易于保证，但浇筑时间较长。

二、分段输送法

在两岸各布设输送泵，分管各岸几个工作面的混凝土运输。浇筑前，事先布设好二级泵至各浇筑点的输送管道，通过液压阀门控制，跳跃浇筑各工作段混凝土。该法浇筑时间短、操作简便易行，但泵送过程的连续性不易保证。

第七节　拱圈混凝土浇筑过程中的变形观测与控制

拱圈混凝土浇筑是劲性骨架混凝土拱桥施工的重要环节，最不利状态出现在拱圈底板混凝土浇筑和顶板混凝土浇筑中，相应的稳定系数低。因此，必须建立完善的监测监控系统，定时对拱圈高程、轴向横向偏位及应力、应变进行观测，当实测值与理论值偏离较大时，应及时调整拱圈混凝土加载程序，确保施工安全。

一、拱圈高程观测

高程测点应布设在拱脚、$L/4$、$3L/8$、拱顶和其他需要观测的部位，为检测拱圈有无扭转变形，在截面的上、中、下游均应布设测点。由于劲性骨架混凝土拱桥混凝土浇筑时间长，各环、各段龄期差异大，为此，应设置若干永久观测点，如拱脚、$L/4$、拱顶截面等，便于长期变形观测。

拱圈高程测量应选用高精度的全站仪，除了在混凝土浇筑过程中对骨架或拱圈的变形进行观测外，对特大跨劲性骨架混凝土拱桥，还宜每天进行一次测量。

二、拱轴线横向偏位观测

在两岸合适位置桥轴线上各布设一个桥轴观测站，用经纬仪定时观测骨架横向偏位。测点位置可与高程测点相同，也可根据实际情况作适当调整。

三、应力、应变监测

在拱脚、$L/4$、拱顶及理论分析或模型试验中较易失稳的杆件上布设应力传感器，在混凝土浇筑过程及徐变、收缩阶段随时进行应力、应变监测，监测资料应及时分析处理并上报。

第一节 概 述

近年来，随着我国的桥梁设计、施工水平的逐步提高，涌现出越来越多的新型桥梁，结构形式趋于多样化，很多桥梁不仅具备使用功能，还具备了人文景观功能甚至多种功能，其中，钢箱拱桥虽然用钢量较大，但由于其兼具优秀的使用性能和优美的造型外观，在我国的建设与发展非常迅速，创造了多项记录。钢箱拱桥的快速发展得益于先进科学的施工方法和机械设备，目前在我国，钢箱拱桥一般采用支架法、缆索扣挂悬臂拼装法等方法进行施工。

钢箱拱桥结构形式多种多样，目前在国内比较具有代表性的桥梁有重庆巫山大宁河特大桥和上海卢浦大桥。大宁河特大桥主跨400m，为钢箱桁架上承式体系，主拱肋采用缆索扣挂悬臂拼装法施工；卢浦大桥主跨550m，采用空间提篮中承式拱梁组合体系，主拱肋采用支架法和缆索扣挂悬臂拼装法相结合施工。

第二节 箱形拱肋安装及合龙

钢箱拱桥箱形拱肋施工方法主要有有支架法和无支架法。有支架法采取搭设支架，在支架上进行拱肋拼装；而无支架法是采用缆索吊装系统，以扣索扣挂拱肋进行悬臂拼装的方法。本章结合重庆巫山大宁河特大桥和上海卢浦大桥两座国内钢箱拱桥为代表桥梁，重点介绍这两种施工方法。

一、支架法

支架法施工是一种传统施工方法，其施工技术相对来说不太复杂，需要的施工机械也比较简单，但是也存在施工工序多、工期长的缺点，而且其对地形地貌和桥梁跨径要求高也限制了它的适用性。对钢箱拱桥来说，支架法施工一般只适用于中小跨径、水位较浅、不通航或通航要求较低、桥梁下方无障碍的桥梁。

支架法施工钢箱拱桥，其主要施工工序有：搭设钢管支架、安装吊装设施、拼装箱形拱肋以及桥面系施工。

1. 搭设钢管支架

支架结构应满足拱肋高程的调整要求，支架构件的连接应尽量紧密，以减小支架变形，使沉降量符合预计值。此工序主要包括施工支架基础、施工支架承台、搭设钢管支架及安装支架间纵横向联系等主要步骤。

支架基础通常采用混凝土预制桩，利用打桩设备将混凝土预制桩打入土层或水底淤泥层，施工过程需严格按照相关技术要求实施，混凝土预制桩贯入数量和贯入深度需满足设计要求。

按照支架设计图放样出支架承台平面位置，陆上承台人工开挖承台基坑。支架承台的基底高程以混凝土预制桩桩顶较低的一根作控制，锯掉较高一根桩多余的部分，保证两根桩桩顶等高。安装完成承台钢筋笼及立柱钢管底座钢板后，浇筑承台混凝土。底座钢板的安装要严格控制其平面位置及水平。

拼装支架立柱通常按照设计要求采用无缝钢管或螺旋钢管，按等长节段进行加工制作，钢管接长用法兰盘或焊接连接，现场逐节接长，水中部分支架采用浮吊，陆上部分支架采用吊车安装，安装过程中需保证钢管支架的垂直度和高程与设计相符。拼装支架钢管立柱间可设贝雷梁或型钢纵横向支撑桁片，以增加支架的稳定性，设置方法为将支撑拼装成组件后，用浮吊或吊车吊装到位，精确定位后临时固定，再焊接。

2. 安装吊装设施

当地形条件满足要求，钢管支架高度较低或者箱形拱肋节段质量较轻时，可直接采用吊车吊装拱肋节段进行拼装，若不能满足吊装条件时，则必须安装专用吊装设施，以吊装箱形拱肋节段至钢管支架上进行拼装。

吊装设施一般由吊装横梁及横梁上的吊装设备组成。吊装横梁通常由贝雷梁或者各种型钢拼装而成，横梁上设卷扬机和各种辅助设备，用于运输和组拼拱肋节段。

当钢管支架和纵横向联系安装完成后，在钢管立柱顶安装通长的贝雷梁或型钢纵梁作为吊装横梁的支承梁，纵梁顶设置纵向行走轨道，同时在地面上组拼吊装横梁，在安装好吊装设备后，用吊车直接吊装安装就位，吊装横梁通过纵向移动，以达到运输和组拼拱肋杆件的目的。

3. 拼装箱形拱肋

(1)拱肋节段安装

吊装设施正式吊装箱形拱肋节段之前需预先进行试吊，试吊荷载为最大拱肋节段质量的1.2倍，试吊完成后方可正式进行箱形拱肋节段吊装和拼装工作。

正式吊装时，首先将箱形拱肋节段运输至桥位下方，然后移动吊装横梁就位，放下吊索及吊具，系住要吊的箱形拱肋节段吊耳，操作手启动起重卷扬机，将拱肋节段吊离地面10cm，静待观察半小时，检查确定钢管支架和吊装设施一切正常后，方可继续将拱肋节段起吊至支架上方。预先在已安装定位完成的拱肋节段接口处底、侧各焊接一块限位钢板，然后指挥起重操作手缓慢放下拱肋节段，在拱肋节段下放的过程中，施工人员可利用绳索捆绑拱肋节段两端，操作绳索调整拱肋节段位置，尽量精确地把拱肋节段放于支架上，拱肋节段的尾部放置于前一段拱肋节段接口上的限位板里，前部也要放置于支架横梁楔形垫块上的限位板上，拱肋节段安放完成后，立即对拱肋节段进行纵向、横向位置及高程的精确测量，确保拱肋节段位于拱轴线上，如其位置误差超过要求，则利用吊装设施和绳索进行调整，直到安装精度达到要求，焊接人员将此拱肋节段与前一段拱肋节段接口进行局部焊接临时固定，并加临时支撑约束另一端，保证拱肋稳定。临时固定完成后，方可拆除吊重钢丝绳与拱肋节段吊耳的连接，自此，一段拱肋节段安装完成。接着，可起升吊索，移动吊装横梁至下一段拱肋节段处继续进行吊装和安装。

(2)拱肋节段连接缝焊接

拱肋节段每安装2~3段后，必须精确调整线形和高程，然后按照焊接工艺要求进行第一个接头焊缝的焊接，边安装拱肋边焊接前面的接缝直至所有箱形拱肋节段全部安装和焊接完。

桥上焊接施工准备：根据桥上焊接工程总量和施工进度要求，配置相应的焊接电源和空压机等设备供焊接用；施工前安装、调试好配电设备、焊接设备、通风排尘设备、CO_2 焊所需防风棚架、除锈机具、气刨工具、火焰切割工具、防水防潮设备、焊接材料烘干箱等施工必备器材器具。

一般要求：施焊时应按相关工艺文件规定焊接产品试板，产品试板的规格、轧向、坡口尺寸应与所代表接头的规格、轧向、坡口尺寸相同，并采用与之相同工艺方法及参数同时施焊。产品试板应做好标记，在经验收合格后方可取下移送试验部门取样试验；节段间环缝为横桥向对接焊缝，是主要的传力焊缝，要求100%熔透和100%无损检测；焊接施工的环境温度宜在5℃以上，相对湿度不大于80%，风力不大于5级。若在露天或雨天施焊时，应采取有效的防风、防雨、防潮措施；定位焊可采用手工焊或 CO_2 气体保护焊，定位焊应符合桥上连接焊接工艺相关规定。当定位焊出现裂纹或其他严重缺陷时，应先查明原因再清除缺陷并补充定位焊；焊前全面检查接口的错边、间隙及坡口尺寸；焊接前用砂轮清除表面的铁锈，清除范围为焊缝两侧各50mm，除锈后24h内必须焊接，以防接头再次生锈或被污染。否则应在重新除锈后再施焊；对于有预热要求的焊缝，采用电阻加热或火焰加热，预热温度宜达到要求上限，预热范围为焊缝每侧100mm以上；在钢箱内采用 CO_2 气体保护焊时，焊工要佩戴防护面罩，必须配备通风防护安全设施，以免焊接时产生的CO，影响焊工安全。

焊接方法：

①定位焊采用手工焊或 CO_2 气体保护焊。

②平位对接焊缝采用 CO_2 气体保护焊打底，埋弧自动焊填充、盖面。

③其他位置的焊缝优先采用 CO_2 气体保护焊。

焊接顺序：应严格按桥上焊接工艺规程进行施焊，尽量采取对称施焊顺序，以减小焊接变形和焊接残余应力。

焊缝检验：焊缝及产品试板的各项力学性能指标必须满足设计及相关标准的要求；焊缝的外观质量和内部质量应满足《铁路钢桥制造规范》(TB 10212—2009)的要求，不得有裂纹、未熔合、焊瘤、夹渣、未填满弧坑等缺陷；不合格的焊缝修补次数不宜超过两次。经返修的焊缝应随即打磨匀顺，并按原质量要求复检。

(3)拱肋合龙

当两岸箱形拱肋节段(除合龙段)均安装焊接完成后，则开始进行拱肋合龙施工工作。在合龙前三天即开始测定每天最低温度，掌握温度规律，合龙需在每天最低温度时进行。合龙时首先进行温度观测，测量合龙口实际长度，切割合龙段余量，在拱顶合龙口两端搭设施工平台，利用吊装设施安装合龙段就位并进行临时连接，最后对合龙接缝进行焊接连接。合龙接缝一般采用内面带衬垫单面施焊双面成型工艺，以确保工艺满足要求。

施焊合龙段接缝需在无应力状态下进行,以确保箱形拱肋节段内力和线形满足设计要求。

如合龙段采用焊接连接与法兰盘连接相结合的方法进行合龙,那么合龙前需在两岸拱肋合龙口附近割出可供施工人员进出的人孔,合龙段安装就位后,操作人员从人孔进入,安装螺栓,拧紧法兰盘连接螺栓,使法兰盘间无缝隙,最后进行合龙接缝施焊工作。

二、悬臂拼装法

缆索吊装悬臂拼装法广泛用于通航要求较高的桥梁,且具有适用跨径大、水平和垂直运输机动性强等支架法无法比拟的优点,在我国经过几十年实践,这种施工方法得到了很大的发展,积累了丰富的施工经验。这种施工方法应用在拱桥施工中,促进了我国各种类型拱桥施工技术的发展。用缆索吊装悬臂拼装法修建大跨度或者水中钢箱拱桥,方便灵活,亦缩短了施工工期。

缆索吊装悬臂拼装法施工钢箱拱桥的主要工序为:缆索吊装系统施工、扣锚系统施工、拼装箱形拱肋、桥面系施工等。

缆索吊装悬臂拼装法主要施工流程为:施工缆索吊装系统和扣锚系统,利用此系统将拱肋节段吊装就位,然后用扣索斜拉、锚固定位的方法进行拱肋安装,拱肋节段一般为单肋安装,两岸对称悬拼。

1. 缆索吊装系统

缆索吊装系统吊塔安置于扣塔顶部,吊塔与扣塔之间铰接,以最大限度减少对扣锚系统的干扰。缆索吊机主索系统一般设计为两组,可以方便地组合或拆分。安装拱肋节段时,通过索鞍横移,两组主索上 4 台跑车共同抬吊,分别安装上、中、下游侧拱肋单肋。拱肋合龙后,可将主索系统改为两组独立的吊装系统,分别安装拱上立柱、钢梁等。

为方便安装拱肋平联、横联和其他辅助工作,缩短整个上部构造吊装作业时间,缩短吊装高风险期,除设置两组主索外,在缆塔中间横联上另设置两组辅助工作天线(上、下游各一组)。

缆索吊装系统主要由塔架支撑系统、锚固系统、绳索系统、天车和支索器系统、机械部分和索鞍横移滑移系统等组成。

塔架支撑系统一般由万能杆件组拼成门式桁架结构。

锚固系统为锚固承重索(主索),可采用锚碇或锚碇加岩锚锚索,以减小锚碇结构体积。

绳索系统主要由承重索、起重索、牵引索、缆风系统(一般采用通风缆或承压塔索)组成。

2. 扣锚系统

扣锚系统由扣塔、扣索、锚索及其锚固系统组成。在拱肋节段上设置扣点,在交界墩和扣塔上设置扣索锚座。为平衡由于扣索张拉产生的水平力,在靠交界墩引桥侧对应拱肋扣索布置后锚索,利用引桥桥墩钢筋混凝土承台或设置岩锚锚固。前扣索与后锚索张拉端均设置在过渡墩或扣塔上。

3. 拼装钢箱拱肋

首先吊装一岸的第 1 节段上游侧拱肋桁片就位,挂 1 号扣索,锚固扣索。然后吊装对岸第 1 节段上游侧拱肋桁片,挂 1 号扣索,锚固扣索。向下游方向横移主索索鞍至中间拱肋正上方,锚固索鞍。先后吊装两岸中间第 1 节段拱肋桁片就位,挂扣索,锚固扣索,围焊节间环焊缝。同时用辅助工作天线安装上游侧拱肋间平联、横联。将主索索鞍横移至下游侧拱肋正上方，锚固索鞍。先后吊装两岸下游侧第1节段拱肋桁片，挂扣索，锚固扣索，同时用辅助工作天线安装下游侧拱肋间平联、横联。按照上述顺序吊装第2～5节段，节间法兰盘临时螺栓连接，调整扣索索力，调整拱肋高程和轴线。封固拱脚临时铰。按照以上顺序吊装上游侧、中间和下游侧片拱桁第6～9节段，节间法兰盘临时螺栓连接，分别挂扣索，张拉扣索，调整拱肋高程和轴线，安装拱肋间横联、平联，工地焊缝焊接。

4. 合龙段

观测拱肋线形、高程、合龙段长度与温度的关系，按设计规定的合龙温度，精确测量合龙段长度，切割余量，在达到规定温度时，安装合龙段，实施强迫合龙，临时连接，在无应力状态下焊接合龙段连接环焊缝。

第三节　工 程 实 例
——重庆巫山大宁河大桥

目前我国钢箱拱桥的代表桥梁重庆巫山大宁河特大桥采用缆索吊装施工方法，如图7-1和图7-2所示。

图7-1　巫山大宁河大桥缆索吊装正面图

图7-2　巫山大宁河大桥缆索吊装斜视图

大宁河特大桥全长682m，主桥为净跨400m的钢箱桁架上承式拱桥，主拱净矢高80m，矢跨比1/5。宜昌岸引桥为5×30mT形梁，万州岸引桥为3×30mT形梁。桥面净宽24.5m。主桥主拱肋为钢箱桁架结构，钢桁架高度为等高，桁高10m（上、下弦中心线间），横向分为3片拱肋，肋间中距10m。拱肋上下弦杆为等截面钢箱，高1.5m，宽1.0m，内设纵向加劲肋。钢桁拱肋节段按吊装质量控制，从拱脚至拱顶划分为9个节段，全桥共54个节段，最大节段吊装质量为162t。拱肋腹杆、横联、平联等杆件为焊接工字钢。拱上立柱墩为钢排架结构，横向3根立柱为等截面钢箱，内设纵向加劲肋及横隔板。

大宁河特大桥缆索吊装系统施工跨径布置为200m+432m+200m，两岸塔顶高程相同，额定起吊净吊重为165t。

一、钢箱梁的吊装施工

1. 缆索吊装系统施工

缆索吊装系统吊装索塔安置于扣塔顶部，吊装索塔与扣塔之间铰接，以最大限度减少对扣锚系统的干扰。缆索吊机主索系统设计为两组（2-12ϕ52mm），可以方便地组合或拆分。安装拱肋节段时，通过索鞍横移，两组主索上4台跑车共同抬吊，分别安装上、中、下游侧拱肋单肋。拱肋合龙后，将主索系统改为两组独立的吊装系统，分别安装拱上立柱、钢梁等。缆索体系布置如图7-3所示。

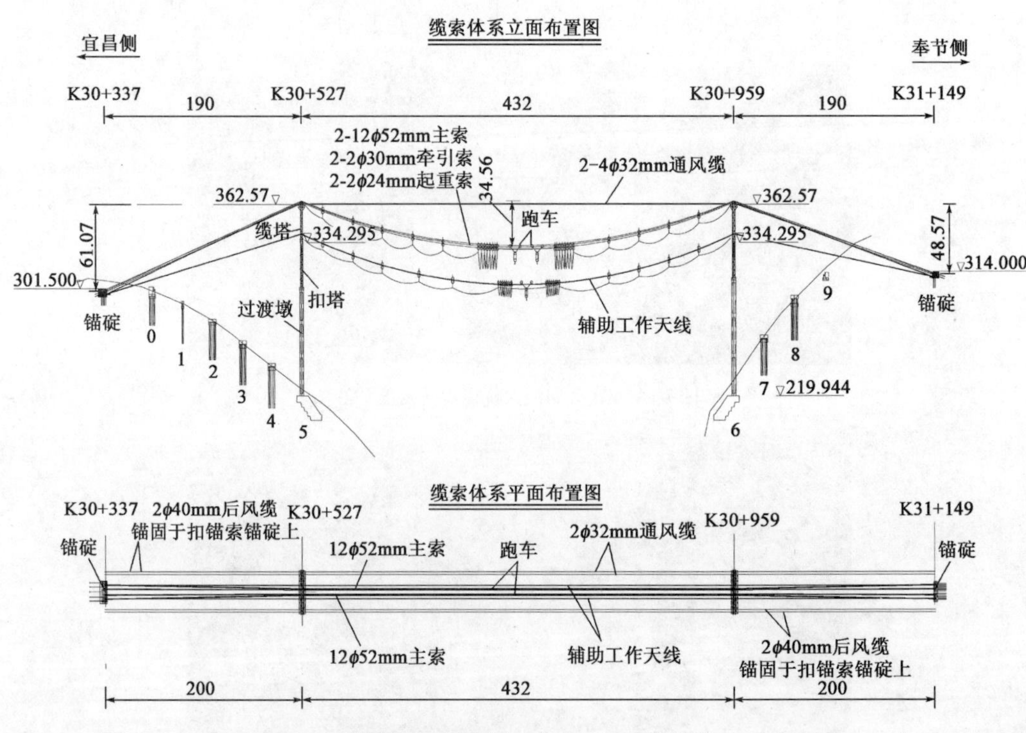

图7-3 缆索体系布置图（尺寸单位：cm，高程单位：m）

为方便安装拱肋平联、横联和其他辅助工作，缩短整个上部构造吊装作业时间，缩短吊装高风险期，除设置165t缆吊外，在缆塔中间横联上另设置辅助工作天线（上、下游各一组），每组设计吊重7.5t。

(1)缆索系统设计

①塔架构造

缆索吊机系统主要由塔架支撑系统、锚固系统、绳索系统、天车和支索器系统、机械部分和索鞍横移滑移系统等组成。

缆索吊机塔架主要由西乙型万能杆件组拼而成的桁架结构,塔架横向为3组4m×2.56m万能杆件三立柱塔柱,塔柱中心距为10m,由万能杆件横联将上、下游塔柱联成整体,形成门形框架,并分别铰接于扣索塔架顶部。宜昌、奉节两侧塔架高度均为26m,塔顶横向宽32m。滚动索鞍设置在塔顶上,为放置承重索、起重索、牵引索等。塔架立柱采用4N1,纵桥向均为双排立柱,双排4N1之间采用2N19缀板连接,主面斜杆为2N3,塔顶横杆为4N1及2N1,其他连接系杆件横杆均为2N4,斜杆均为2N5。

在万能杆件吊塔塔顶滑道梁上采用工字钢铺设两层分配梁,在工字梁上相应的位置安装索鞍,并将索鞍与工字梁固定。索鞍采用2×12排轮滚动结构形式的索鞍。

②锚固系统

主缆锚碇系统为锚固承重索(主索),两侧锚碇均增加岩锚锚索,减小锚碇结构体积,并根据地质情况分别采用不同的受力方式设计。

③缆索系统

承重索支承于两岸塔架的索鞍上,根据吊运构件的质量、垂度、计算跨径等因素进行设计,工作最大垂度控制在计算跨径的1/12,选用12ϕ52mm纤维芯钢丝绳,共设两组,在进行拱肋节段吊装施工时,由两组主索上的4台跑车(每组上两台)共同抬吊,拱肋合龙后,两组主索则独立工作。

起重索用于控制吊运构件的升降(即垂直运输),其一端缠绕于宜昌岸的卷扬机滚筒上,另一端跨过塔架,缠绕于对岸的起重卷扬机卷筒上,由两台卷扬机承载一台跑车,这样的布置方式可提高缆吊系统的工作效率,选用ϕ24mm纤维芯钢丝绳,采用定5动4走8方式穿绕。一台跑车对应两台10t起重卷扬机。

牵引索用于牵引跑车沿桥跨方向在承重索上移动(即水平运输),采用ϕ28mm纤维芯钢丝绳,采用走4方式穿绕。牵引速度满足3.5m/min,选用15t变速双滚筒式牵引卷扬机。

缆风系统是为平衡主索吊重时产生的水平力而设置的。吊塔纵向稳定因地形限制,河心一侧无法设置前缆风,因而采用通风缆(或称压塔索)作为稳定措施。为不影响索鞍横向移动,缆风索设置在缆塔两侧,后缆风先通过一个预埋件锚固在扣索锚碇上,在塔顶上的滑道梁两侧通过滑轮转向后再次回到扣索锚碇上的另一个缆风预埋件上锚固。整套吊装系统在吊塔上、下游各对称布置2根ϕ32mm钢丝绳作通风缆,2根ϕ32mm钢丝绳作后风缆。

主拱肋横向一般由多片拱肋组成,为适应横向多片拱肋吊装的需要,缆索吊机在缆塔塔顶采用横向移动形式,即在塔顶横向设置滑道,主索空载时横向移动索鞍至相应位置。塔顶鞍座滑道梁由两根新制箱梁组成,设置限位装置,滑道面焊接不锈钢板并涂抹润滑油,保证滑道面摩擦因数小于0.15。索鞍每次最大横移水平距离为10m,最大横向水平角为3.72°。为保证缆索吊机主索系统在横移时可随时定位,横移滑道梁腹板上每50cm距离设置一个定位孔。定位孔及轴销起双重作用,即可定位反力座承受千斤顶传来的弯矩和剪力,也可定位鞍座防止其移动。为了提高横移工作效率,减轻劳动强度,简化操作,横移拟采用连续千斤顶牵引为主,必要时辅以千斤顶顶推。

全桥共布设两组主索,每组上设置两套吊具,共计4套。拱肋吊装系统吊具包括缆索跑车、起吊滑车组、吊点分配梁、吊点、夹具等结构。为保证两组缆索在吊重时受力均衡,设置上、下扁担梁对吊重进行分配。拱肋钢箱顶面设置吊点,与下扁担梁间用 ϕ80mm 轴销连接,上、下扁担梁间的钢板拉板用 ϕ100mm 轴销连接,形成铰接。扁担梁采用全焊接钢箱结构。

(2)缆索系统安装

①吊塔塔体结构安装

将吊塔各拼装构件用塔吊起吊组拼,扣塔施工完成后,安装缆塔上下铰座。吊塔立于扣塔之上,与扣塔铰接,在拼装过程中先临时固结,在缆风系统布置完成后解除固结,恢复铰接。吊塔万能杆件拼装过程中应设置临时缆风稳定。索鞍用塔吊吊上塔顶,进行现场组拼。

②锚碇系统施工

按照设计图纸放样出锚碇基坑开挖边线,然后开挖基坑,基坑开挖到位后施工预应力锚索,然后浇筑锚碇混凝土,一次浇筑完成。在施工锚碇钢筋混凝土结构时,应采取可靠的防护措施对锚索进行防护。奉节侧锚碇构造示意如图7-4所示。

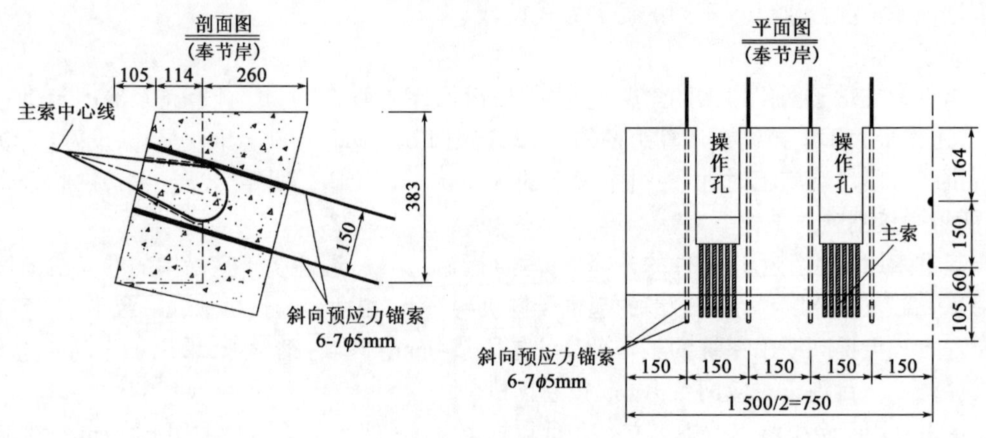

图7-4 奉节侧锚碇构造示意图(尺寸单位:cm)

③跑车系统安装

用 ϕ25mm 钢丝绳作为主索的临时拖拉索,采用牵引法安装主索,安装主索时须对主索的安装垂度进行严格控制。主索牵引到位后,一端锚固,另一端作为调索端,调索至满足设计要求时。主索空索安装完成后用塔吊安装起重跑车及支索器,在利用临时拖拉索安装起重索和牵引索。

2. 扣锚系统施工

(1)概述

扣锚系统由扣塔、扣索、锚索及其锚固系统组成。在拱肋节段上设置扣点,在交界墩和扣塔上设置扣索锚座。为平衡由于扣索张拉产生的水平力,在靠交界墩引桥侧对应拱肋扣索布置后锚索,利用引桥桥墩钢筋混凝土承台或设置岩锚锚固。前扣索与后锚索张拉端均设置在过渡墩或扣塔上。宜昌岸扣索布置如图7-5所示。

(2)扣挂系统构造

①扣塔

交界墩及设置于交界墩帽梁上的三柱式门型钢结构塔架作为扣塔。

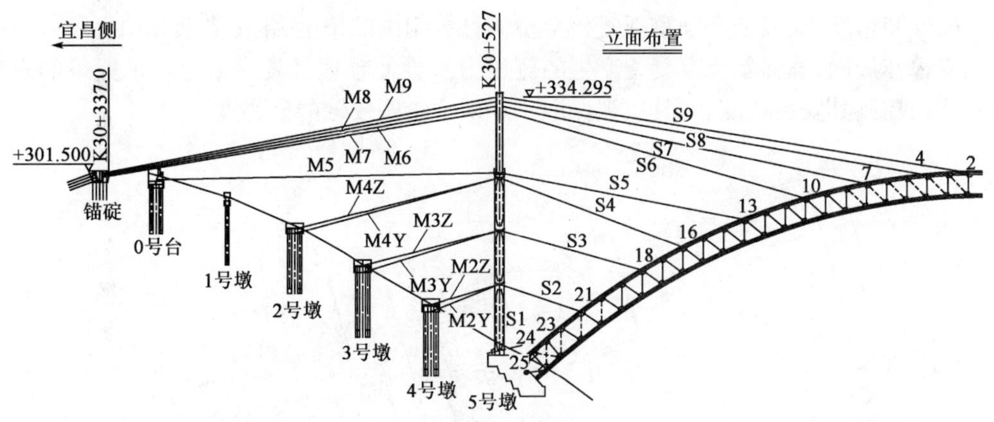

图 7-5　宜昌岸扣索布置示意图(高程单位:m)

立柱采用 2HW400×400 热轧宽翼缘 H 型钢(材质 Q345B),连接系为 N 型万能杆件,用结点板与 H 型钢拴接连接形成空间结构。

扣塔宽翼缘 H 型立柱、结点板及其他构件在工厂制作并进行预拼,验收合格后运至工地,塔吊现场组拼成形。扣塔上设置锚梁和锚箱,用于张拉扣挂拱肋。

②前扣索和后锚索布置

扣索分前扣索和后锚索,在扣塔顶部设置多层对称张拉梁,钢箱拱肋扣点和后地锚端均为锚固端,张拉端均设置在塔顶,在塔顶张拉梁上对称张拉前后扣(锚)索,调整拱肋轴线及高程。

扣索后锚索可锚固在引桥墩承台、台身或岩锚上。

③扣索和扣点

扣索由 ϕ15.24mm 低松弛高强度钢绞线束组成,锚固端采用群锚夹片工作锚和 P 型挤压锚。根据拱肋悬拼施工阶段工况受力,确定扣索钢绞线的配置。扣索张拉端设置在扣塔上,在拱肋和后锚索地锚处设置锚固端。张拉端由锚梁、锚座、工作锚具及张拉机具组成。

(3)扣锚系统施工

扣塔所有新制构件均委托有相应资质和技术能力的专业厂家制作加工。工厂内加工的构件必须进行试拼,试拼验收合格后,统一编号标志运至工地现场。扣塔所有构件均采用设置在交界墩处的塔吊进行现场组拼安装,扣塔每安装一节段,须测量塔柱轴线垂直度,扣塔拼装垂直度控制在 1/2 000。安装扣塔时严格控制安装精度、保证拴接和焊接质量,安装完成后组织专门的验收小组验收。

锚索必须锚固于新鲜、稳定的岩层里,并通过试验验证锚索的安全性能和锚固深度;严格控制回缩量,确保锚索锚固索力不小于设计值;张拉时先张拉主受力锚索,后张拉辅助锚索。承台上后锚索锚座布置如图 7-6 所示。

3. 拼装箱形拱肋

(1)拱肋节段安装

①拱脚预埋段安装

每片拱肋对应一个钢支架且预埋在拱座上,拱脚预埋段靠定位钢支架支承和定位;拱座混凝土施工时,在混凝土表面上对应的钢支架结点处埋设预埋钢板,用于定位钢支架;

拱脚预埋段用三维坐标定位方法精确定位,利用15t缆索吊机进行安装。为控制拱脚预埋段的安装精度,安装前必须重新复核全桥测量控制网的精度;定位支架和预埋段必须采用钢支撑作加固,确保新浇混凝土产生的侧压力不会使预埋件发生偏移。预埋段的安装必须严格控制其安装精度,尤其重视保证3片拱肋铰座铰轴的同心度。

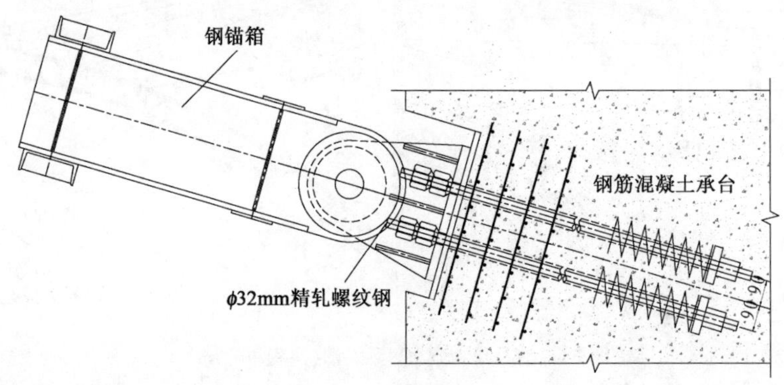

图7-6 承台上后锚索锚座布置示意图

②拱肋节段安装

安装顺序:

首先吊装宜昌岸的第1节段上游侧拱肋桁片就位,挂1号扣索,测量确认拱肋高程和轴线至满足设计要求,锚固扣索。然后吊装奉节岸第1节段上游侧拱肋桁片,挂1号扣索,测量确认拱肋高程和轴线至满足设计要求,锚固扣索。向下游方向横移主索索鞍至中间拱肋正上方,锚固索鞍。先后吊装两岸中间第1节段拱肋桁片就位,挂扣索,测量确认拱肋高程和轴线至满足设计要求,锚固扣索,围焊节间环焊缝。同时用辅助工作天线安装上游侧拱肋间平联、横联。将主索索鞍横移至下游侧拱肋正上方,锚固索鞍。先后吊装两岸下游侧第1节段拱肋桁片,挂扣索,测量确认拱肋高程和轴线至满足设计要求,锚固扣索,同时用辅助工作天线安装下游侧拱肋间平联、横联。按照上述顺序吊装第2~5节段,节间法兰盘临时螺栓连接,调整扣索索力,调整拱肋高程和轴线,封固拱脚临时铰。按照以上顺序吊装上游侧及中间和下游侧片拱桁第6~9节段,节间法兰盘临时螺栓连接,分别挂扣索,张拉扣索,调整拱肋高程和轴线,安装拱肋间横联、平联,工地焊缝焊接。观测拱肋线形、高程、合龙段长度与温度的关系,按设计规定的合龙温度,精确测量合龙段长度,切割余量,在符合规定温度时,安装合龙段,实施强迫合龙,临时连接,在无应力状态下焊接合龙段连接环焊缝。

拱脚扣段(1号扣段)的安装:

每岸1号扣段拱肋分为3个吊段,先用缆吊将宜昌岸上游侧拱肋桁片吊运至拱座旁,将拱肋节段拱脚端上铰轴置于铰座上,通过链条滑车逐步调整第一节段拱脚端铰轴位置,使其与预埋的拱脚铰座接触密贴。向跨中一端用侧浪风调整拱肋轴线,同时安装扣索,根据设计高程张拉扣索调整安装高程,待力全部交于扣点,拱肋高程、轴线调整满足设计及规范要求后,卸吊钩,然后按同样的方法安装奉节岸拱脚扣段上游侧拱肋桁片。

移动主索索鞍至中间拱肋上方,按同样的方法,安装两岸中间拱肋桁片。待高程及拱肋轴线满足设计及规范要求后,用辅助工作天线安装上游侧拱肋间横联、平联。

移动主索索鞍至下游侧拱肋上方,按同样的方法,安装两岸下游侧拱肋桁片。待高程及拱肋轴线满足设计及规范要求后，用辅助工作天线安装下游侧拱肋间横联、平联。

一般扣段(2～9号扣段)的安装：

一般扣段参照吊装程序与拱脚扣段(1号扣段)的施工方法进行施工。东西两岸分别自拱座第1节段对称开始，向跨中拼装至第5节段，待整体调整好拱轴线及各控制点高程后，封固拱脚临时铰，再安装上游侧及中间拱桁第6～9节段，合龙后，再安装下游侧拱桁节段直至合龙。

拱肋桁片吊装就位后，吊段下端接头与已安装好的相连段上端接头法兰盘临时用螺栓连接，放松下端吊钩，挂扣索和横向调节风缆，张拉扣索。在高程和拱肋轴线调整至满足设计要求后，卸上端吊钩，围焊节间环焊缝。

当每一节段中相邻拱肋桁片安装就位，高程和拱肋轴线调整至满足设计及规范要求后，在主缆吊安装另一片拱肋桁片时，可同时用辅助天线安装拱肋间横联和平联。

按吊装程序，每一组扣索(3片拱肋)挂好后，均须对该扣索之前的扣索进行调索作业。调索作业应根据设计方和监控方现场共同发布的调整索力和拱肋高程、调索顺序，对每一扣索采用对应钢绞线束数的千斤顶、油泵张拉设备，同步作业，对称、分级张拉，同时用频谱分析仪对索力进行测试，以确保调索顺利开展，确保各吊段节间连接焊缝及横联、平联连接焊缝、连接螺栓结构安全。对每一扣段，均要进行一次拱肋轴线、拱肋高程的调整，避免拱肋的线形、高程误差累积到最后而造成调整困难，确保其安装精度的有效控制。

(2)拱肋节段连接缝焊接

连接缝焊接工艺请参考箱形拱肋支架法施工一节相关内容，本节焊接工艺与支架法施工一节焊接工艺相同。

(3)拱肋合龙

拱肋的合龙采用强迫合龙，临时连接，在无应力状态下焊接合龙段节间环焊缝的方式，合龙前，根据对拱肋内力及线形的监控结果，通过扣索、浪风索对拱肋进行全面线形、内力调整直至满足设计要求。同时进行温度观测，测量合龙长度，切割合龙段余量，安装合龙段就位，临时连接，强迫合龙，在无应力状态下施焊合龙段连接环焊缝，以确保结构内力和线形满足设计要求。巫山大宁河大桥合龙如图7-7所示。

图7-7　巫山大宁河大桥合龙图

二、钢箱拱桥面系施工

钢箱拱桥面系参照拱桥的其他章节。巫山大宁河大桥拱上立柱吊装如图 7-8 所示，巫山大宁河大桥梁板吊装如图 7-9 所示。

图 7-8　巫山大宁河大桥拱上立柱吊装图

图 7-9　巫山大宁河大桥梁板吊装图

第八章 悬臂浇筑拱桥

第一节 概　　述

具有悠久历史的拱桥，近代人们不断赋予它新的活力。为了建造拱桥，人们早已不满足于搭架施工，创造出了缆索吊装法、转体法、劲性骨架法等。在山区，大跨径钢筋混凝土拱桥能体现适宜、合理、经济的特点，能较好地适应山区地形，充分利用山区岩石地基承载力高、能对拱结构提供有效的支承的优点。当处于一个十分适合建造拱桥的“V”形地段、但现有的这些施工方法都不太适用时，创造了挂篮悬臂浇筑拱桥方法。

挂篮悬臂浇筑法施工从20世纪60年代由前联邦德国首先使用以来，发展至今，已成为修建大中跨径桥梁的一种有效施工手段。我国从20世纪80年代开始使用这种技术，也已取得了巨大的成就，但该方法主要用于连续刚构桥、斜拉桥等。全世界采用挂篮悬臂浇筑拱桥虽然较少，经不断地探索，仍已建成了十多座拱桥(图8-1)。

图8-1　克罗地亚KrKa桥

随着我国交通事业的不断发展，桥梁结构不断向大跨度、高强度混凝土方向发展。当钢筋混凝土拱桥施工现场周边没有预制场地或预制件运输困难时，悬臂浇筑施工拱圈较为经济，且具有施工方便、结构整体性好、后期维护少、维修简便的独特优势。特别在一些山区，多数道路需穿越高山、深谷，大跨度钢筋混凝土拱桥在技术、经济上与其他桥型相比具有较明显的优势，进行山区钢筋混凝土拱桥施工新工艺研究具有现实意义。我国在这方面的研究较少,进入21世纪后才开始将该方法用于工程实例。2007年,将挂篮悬臂浇筑法用于主跨150m钢筋混凝土拱桥施工,成功地建成了西昌—攀枝花高速公路上的白沙沟大桥,填补了我国的一项空白。

第二节 主要工序

(1)在两岸分别设置扣锚系统,包括扣塔、锚碇,扣索等。

(2)在两岸拱脚处搭设支架,浇筑第1段拱圈。

(3)安装第1对扣索,分别在第1段拱圈上拼装挂篮。

(4)安装钢筋、模板,悬浇拱圈。

(5)安装第2对扣索,移动挂篮就位。

(6)安装钢筋、模板,悬浇拱圈,如此循环完成全部悬浇块件。

(7)安装劲性骨架,完成拱圈结构合龙;采用吊架浇筑合龙段混凝土。

第三节 关键设备——挂篮的设计与制作

悬浇拱桥顺利施工的关键在于挂篮设备的选用。拱桥悬浇挂篮和常规的挂篮相比,有很大的不同,它必须设计一些特殊的装置,保证挂篮自身的稳定性,以适应大坡度、变弧线的要求。

在挂篮形式的选择方面,可以从以下几方面进行比较:

一、前支点挂篮和后支点挂篮的比较

采用前支点挂篮是使挂篮轻型化、改善挂篮受力的最好措施。所谓前支点,实际上是用拉索支撑挂篮的前端,斜拉桥可以充分利用现有拉索,因此,前支点挂篮在斜拉桥上非常适用。其他桥型如采用前支点挂篮,需专门添制各种长度不同的扣索,不具经济合理性。

二、挂篮材料的选用比较

采用万能杆件等常备式设备可以拼装挂篮,但这些设备是定型产品,如用于挂篮上,结构的灵和性非常差,部件之间的连接也难以处理,将使挂篮的质量大大超过规定。因此最好采用型钢进行挂篮加工,同时对关键受力部位采用强度较高的钢材,使结构更可靠、合理,并有效控制挂篮质量。

三、支撑形式的比较

挂篮可以按常规方法设在已浇梁段顶面,由于拱桥的梁段具有倾斜、成弧形的特点,如果本桥挂篮承重桁架仍放在梁背上,由于倾角较大,挂篮的前臂杆势必需要加长,后锚的角度每段都在不断变化,使挂篮结构变得较复杂。

挂篮采用侧桁架形式,其主体受力桁架放于箱梁两侧,设置挂钩支撑于箱梁的顶板边缘,使挂篮的重心降低,在行走、浇筑时都能很好地适应各段箱梁的角度变化。

四、承重结构的几何形式比较

目前挂篮承重结构的几何形式较为成熟、受力性能较好的有菱形挂篮和三角形挂篮。由于拱桥悬浇长度较大,为了减少悬浇过程中的变形并最大限度减小挂篮的质量,侧桁式挂篮承重结构采用三角形式较好。

但是,和通常的三角斜拉挂篮不同,侧桁式挂篮的支点是在桁架外,体系面外受力较大,使用时应采取措施克服。

由于本挂篮承受荷载较大,并长时间反复使用,故要求新加工件应选择有能力及有钢结构资质的厂家加工。加工时应仔细复核图纸,做出细部加工图,必要时应放大样。应严格按照图纸要求,控制加工精度,控制焊接质量,总体应满足《钢结构设计规范》(GB 50017—2003)和《钢结构工程施工质量验收规范》(GB 50205—2001)的要求。

挂篮拼装时,可以利用吊车或者简易缆索吊机进行。拼装的一般顺序是:轨道→支点→主桁架→后锚点→行走系统→横梁→平连→底纵梁→底模板→内外侧模板。

拼装时悬空作业多,必须采取相应的安全措施。在拼装过程中,每一步骤各部件相互连接可靠后才能进行下一步安装,还应采取临时稳固措施,避免一些部件倒下伤人。主桁架为悬臂拼装,在拼装时一定要首先将后锚点可靠锚固后,才能进行下一步骤拼装,以避免结构倾覆。

挂篮拼装完成后,必须按图纸认真检查,特别要着重检查各个结点、销子、螺栓、锚杆的连接情况,保证稳妥可靠。

拼装完成后,应按挂篮的设计荷载进行试压,并观测各控制点挠度。

挂篮所使用的预留孔,必须按设计准确埋设,并保持孔道垂直,避免锚杆出现斜置受弯现象。在挂篮整个使用过程中,每移动一次都要进行全面检查,确保万无一失。

第四节　拱圈悬臂浇筑及合龙工艺

一、钢筋运输及材料堆放

钢筋可在加工场内制作成型,通过便道运至拱座旁,采用缆索吊机运输至安装位置。焊机和氧割设备等必须放置在拱背上的临时平台上,不得放在挂篮或工作吊篮上。

二、钢筋安装顺序

钢筋的安装顺序:底板钢筋→腹板钢筋→内模和侧模→顶板钢筋。

在钢筋安装前,用全站仪在底板上放好拱圈中线,再由钢筋工在底板上画好钢筋线。在画钢筋线时,钢筋工应注意拱圈底面弧长和顶面弧长的差距,并保证箍筋安装后为径向方向。

纵向钢筋连接和箍筋连接应符合规范。凡因施工需要而断开的钢筋当再次连接时,焊接应符合施工技术规范的要求,施工中若钢筋空间位置发生冲突,适当调整布置,但必须保证钢筋保护层厚度。

三、拱圈的钢筋定位

拱圈的钢筋定位可以以底模为基准,在拱圈的底板、腹板、顶板上都必须设置混凝土保护垫块,必要时可设置定位角钢,以确保几何尺寸的正确。

四、预埋件的设置

(1)拱上立柱的预埋钢筋:拱上立柱的预埋钢筋较多,应准确埋设。该处的拱背压模应专门制作。

(2)挂篮抗剪盒的预埋:为克服挂篮的下滑力,在拱圈上必须预埋抗剪盒,以便挂篮的抗剪块插入。

(3)走行轨道的预埋锚筋:为固定走行轨道,必须在拱背上间隔一定距离预埋锚筋。注意保证预埋锚筋的埋入设计深度,在设压模的位置,锚筋端头不设弯头,在压模上直接留孔,锚筋直接插入,外露钢筋头保证10cm以上。

(4)拱圈顶板上预埋扣索导管:注意位置和倾角必须准确。

五、模板安装

第一次安装模板时,采用缆索吊点直接将模板吊至挂篮上,并固定底模和侧模。以后侧模和底模就随着挂篮整体前移。

每次模板在安装就位前,必须对表面和接缝等部位进行清理,对表面残留的混凝土渣等必须铲除干净。

为防止混凝土流淌,必须在拱背安装压模。

六、混凝土浇筑

各梁段混凝土浇筑方法为采用一次性连续浇筑成型,浇筑梁段时应左右对称等高浇筑,以防止浇筑过程中发生侧向偏移。

混凝土可采用拌和站集中拌和,罐车运输,泵送混凝土,拱背上设脚手架支撑输送管。浇筑底板时,需在顶板模板上预留孔,用导管接至底板。

浇筑顺序:底板→中腹板→两侧边腹板→顶板。在拱箱底板及顶板均设置压模,防止混凝土流淌。底板采用插入式振捣器,腹板采用附着式振捣器与插入振捣器,顶板采用插入式振捣器与平板振捣器,振捣时应避免振捣棒接触模板和索管道。

浇筑过程中设专职人员监测扣塔偏位、扣索索力、模板挂篮变化,并据此采取实时调索系统以及适当调整底模高度和扣索索力的方法,确保施工精度,保证梁段的几何线形和梁段的内力。

在浇筑过程中,应注意做好以下几方面的检查工作:

(1)检查扣索、扣塔、扣锚是否正常。

(2)检查挂篮锚固情况是否正常。

(3)观测检查模板与挂篮变形情况,发现问题及时处理。

(4)检查混凝土浇筑对称进度,两个挂篮浇筑混凝土时进度应基本相同,同一挂篮内左右混凝土量偏差不得超过允许值。

七、混凝土养护

夏季覆盖麻袋淋水保湿养护,冬季洒水后覆盖麻袋、塑料薄膜养护,气温低于5℃时,以帆布覆盖后蒸气养护(或设置碘钨灯加热养护),养护时间不少于7d。

八、挂篮行走

当相应悬浇段混凝土达到强度、扣索索力调整完成后,挂篮可向前行走。

首先将轨道安装于拱背并用预埋件固定,可在轨道上涂抹黄油或硅脂,以减小摩擦力。解除挂篮与拱圈之间的约束,设一支架固定于拱圈前端,安装好牵引千斤顶和牵引杆,整体移动挂篮至下一节段施工地点,然后安装好固定装置进行下一节段施工。

九、合龙工艺

(1)悬臂浇筑最后一个节段后,需对拱圈、扣索、锚索、扣塔的线形、索力、偏位等进行全面观测,配合监控确定是否对索力进行调整或用拱顶千斤顶顶推法调整拱圈内力。

(2)拱圈合龙前达到了悬臂浇筑的最大悬臂状态,对温度的敏感性也达到最大,应至少进行24h的温度影响观测,绘制反映升温和降温过程的"温度—悬臂端点挠度"关系曲线,为拱圈合龙提供温度修正的依据。

(3)拱圈合龙段因拱圈曲率的原因不便直接利用挂篮,可专门设计吊架。施工时需注意吊架与挂篮的关系,避免相互间的干扰。

(4)与其他桥型合龙段施工相同,合龙段混凝土浇筑应在当天最低温度时段内进行。施工时可先焊接好合龙段一端劲性骨架,待合龙温度满足要求时,及时焊接另一端劲性骨架,实现拱圈结构合龙。

(5)拱圈合龙段混凝土强度应达到100%设计强度且龄期大于96h后,才能逐渐松扣。松扣程序为自拱顶向拱脚,两岸对称、分级放松。一个轮次完成后,经监测各项数据无异常,再进行下一级的放松,直至完全松扣。

图8-2为一悬浇拱桥合龙时的情形。

图8-2 美国迈克奥卡拉汉—帕特蒂尔曼纪念大桥合龙

第五节　工 程 实 例
——西攀高速公路白沙沟大桥

一、概况

西攀高速公路 C12 合同段白沙沟 1 号大桥位于盐边县新九乡猛梁坝村，K139 + 350.868 处，分左、右幅桥梁设计，孔跨布置为 4 × 14.2m（引桥）+ 150m（钢筋混凝土箱形拱桥）+ 3 × 14.2m（引桥），其主拱圈采用挂篮节段悬臂浇筑施工工艺成拱（图 8-3）。

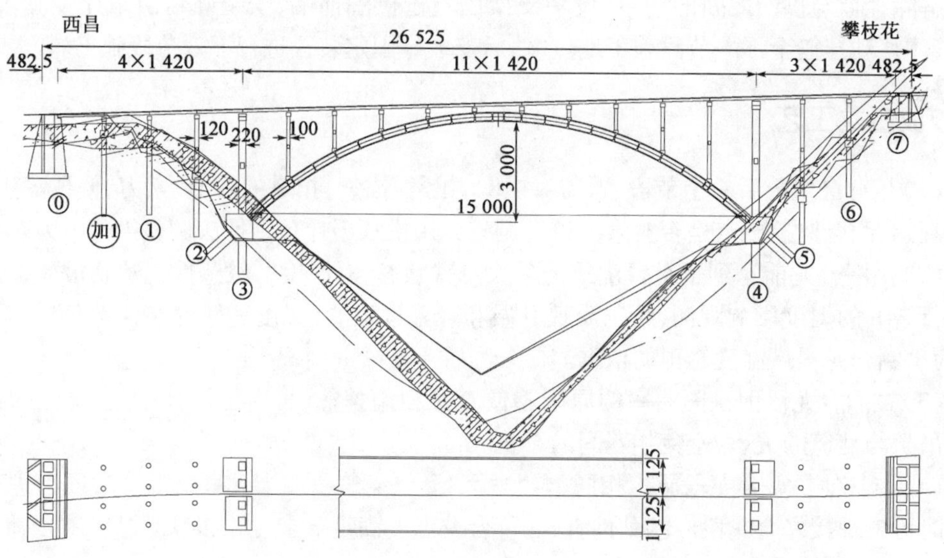

图 8-3　白沙沟 1 号桥桥型布置图（尺寸单位：cm）

大桥跨越白沙沟右侧一横向冲沟，该冲沟剥蚀下切强烈，长年有水；冲沟沟底高程 1 318.81 ~ 1 322.80m，两岸岸坡高程 1 439 ~ 1 480m，相对高差为 120 ~ 160m，沟谷深切呈 V 字形，岸坡陡峻，坡度 40° ~ 50°，冲沟两岸植被发育，地貌上属构造剥蚀中山区。

冲沟岸坡主要由泥质粉砂岩与泥岩不等厚互层组成，表层多有第四系残坡积层、崩坡积层堆积，其中西昌岸岸坡第四系块石土厚 2.3 ~ 14.0m，松散；攀枝花岸岸坡基岩多有出露，第四系松散块石土厚 0 ~ 4.0m。从工程地质测绘、钻探及西昌岸已完各桩开挖资料表明，西昌岸为挤压断裂破碎带，基岩内张裂隙发育，部分充填泥化夹层。冲沟长年流水，但水量不大，主要靠降水补给。雨季流量较大，一般可达 50 ~ 100m^3/s，对冲沟有一定的冲刷能力，但对各墩台处岸坡稳定性影响不大。

该桥主拱圈为等高度悬链线钢筋混凝土箱形拱，净跨径 $L_0 = 150$m，净矢高 $H_0 = 30$m，净矢跨比 $H_0/L_0 = 1/5$，拱轴系数 $m = 1.988$，拱圈为单箱双室截面，箱高 2.7m，箱宽 6m。拱脚段顶底板厚度由 60cm（拱脚侧）渐变至 25cm（拱顶侧），腹板厚度由拱脚的 50cm 渐变至 30cm（外腹板）及 20cm（内腹板），排架处对应横隔板除 1（10）号立柱采用 25cm 厚双横隔板外，其余立柱对应横隔板厚 35cm，立柱间的横隔板厚为 25cm。拱脚段采用搭架现浇,其余每半跨分 10 个节段(扣除拱脚段只有 10 个)挂篮悬臂浇筑施工,跨中合龙段长 2m,如图 8-4 所示。

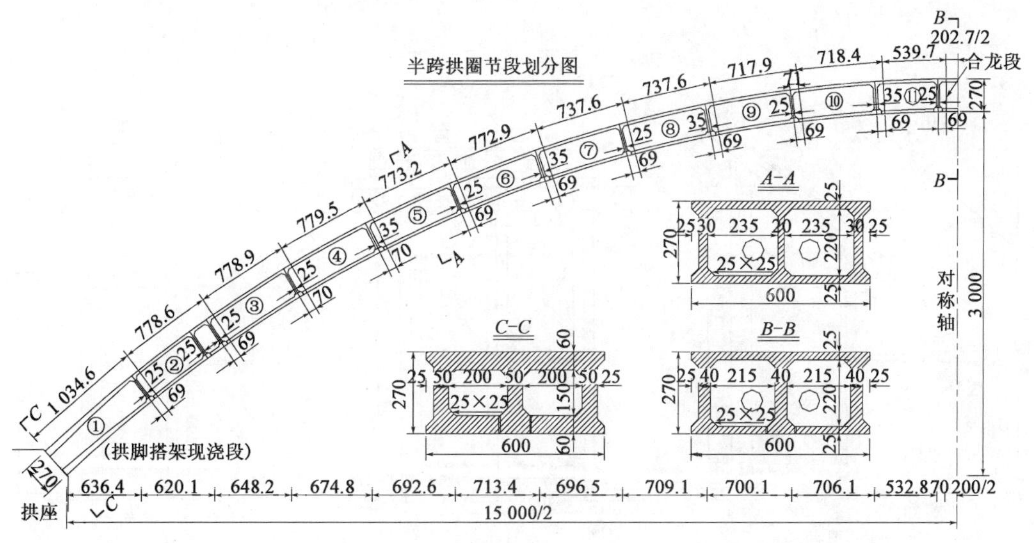

图 8-4　主拱圈构造图(尺寸单位:cm)

二、主要工艺

钢筋混凝土箱形拱桥拱圈挂篮悬浇是在搭架现浇拱圈拱脚段后,将拱脚段扣挂于交界墩盖梁(桥台)上,通过锚固于锚碇与交界墩盖梁间的锚索来平衡因扣索产生的交界墩盖梁上的不平衡水平力,再安装(移动)拱圈悬浇节段的挂篮,将其支承于已浇筑的拱圈节段上并调试,绑扎拱圈节段钢筋并安装拱圈模板,浇筑节段混凝土、养护、待强,挂扣索、锚索(扣、锚索)于交界墩盖梁(后浇节段挂扣、锚索于扣塔)上并张拉,挂篮前移就位并进行下一节段施工,如此循环直至拱圈合龙。待合龙段混凝土达到要求的强度后,拆除拱圈悬浇挂篮,由拱顶向拱脚逐级放松扣、锚索,直至扣、锚索完全放松并拆除,从而完成拱圈施工。

实施中将锚碇与桥台相结合,减少了工程量和节约了投资,并根据地质情况优选分别采用了重力式锚碇加岩孔锚、轻型锚碇加岩锚等锚碇结构形式。锚索 1 锚固于 1 号墩(西昌岸)及 6 号墩(攀枝花岸)交换梁上,锚索 2 锚固于 0 号桥台(西昌岸)及 7 号桥台(攀枝花岸)上。

缆索吊装系统锚碇与扣锚结合考虑,在桥台锚碇前墙及背墙间埋设 $\phi800\times10$mm 的钢管以连接桥台前墙及背墙并作为主绳的锚固通道,主绳穿过预埋钢管后锚固于背墙后端的横梁上。

三、现浇段施工

位于拱脚的第一段采用现浇支架浇筑,该段浇筑后用于拼装挂篮,这是挂篮悬臂浇筑的起步段,也是在空间位置上决定整个拱桥线形最关键的块件。白沙沟桥现浇段长度为 10.35m,经过比较,选择钢管加工成立柱的方案。钢管立柱上设工字钢分配纵梁,分配纵梁上设置底模,底模与分配纵梁间采用废旧短槽钢进行高度调节。

浇筑完成后安装第一对扣索，拆除支架。

支架的具体布置以及第一段浇筑完成情况如图 8-5 和图 8-6 所示。

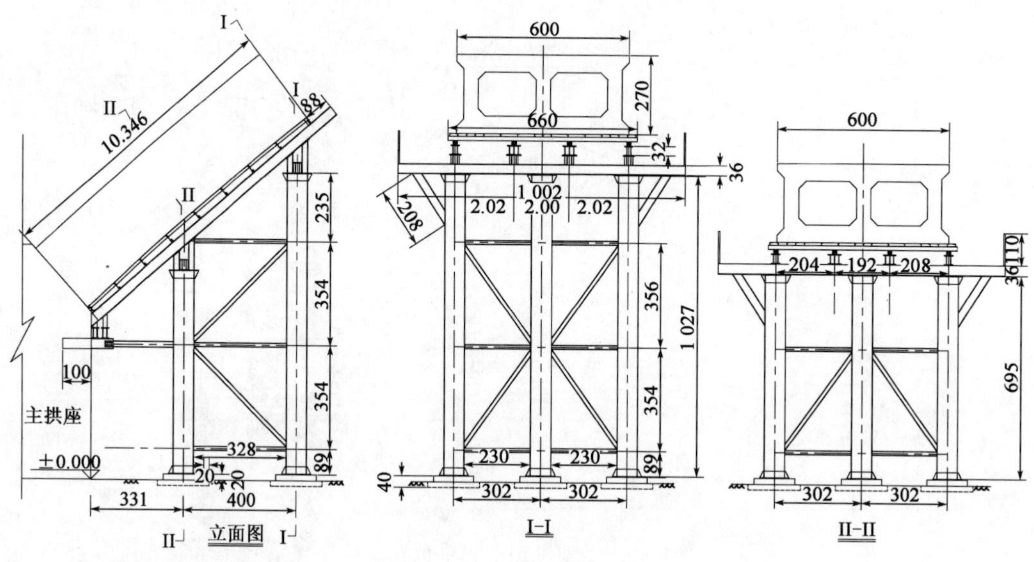

图 8-5 现浇段支架布置图（尺寸单位：cm，高程单位：m）

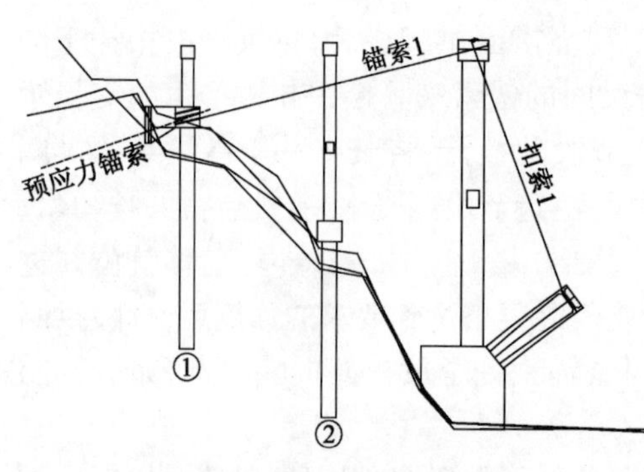

图 8-6 第一段浇筑完成图

四、挂篮悬浇

1. 挂篮基本构造

据查，国外拱桥悬臂浇筑长度均在 1.5 ~ 4.5m 之间，本桥拱箱悬臂浇筑长度已达到 7.8m，给挂篮的设计带来了难度。本桥拱箱宽 6m，高2.7m，最大悬浇质量 122t（计算竖向荷载总计 210t）的技术指标，结合拱桥悬浇的特点，专门研制了侧桁式挂篮（图 8-7）。

挂篮的主要性能参数如表 8-1 所示。

挂篮性能参数表 表 8-1

浇筑节段最大质量	122t
浇筑节段最大长度	8m
挂篮自重	34t
模板系统自重	28t
挂篮行走方式	滑动
挂篮前端最大变形	2cm
锚固方式	自锚式

2. 结构功能

侧桁式挂篮由桁架承重系统、行走系统、支反力系统、止推系统、工作平台及防护系统六部分构成。承重系统由底篮、三角形侧桁架、挂钩和挂钩横联构成；底篮由两片三角形侧桁架、前横梁、后横梁、中横梁和斜撑构成。行走系统主要由走船、行走轨道、千斤顶、精轧螺纹钢、反力轮及导向轮等构成。支反力系统主要由挂钩球铰及后横梁上的楔形反力钢板支座等构成。止推系统主要由抗剪臂、轨道止推牛腿、挂钩撑杆等构成。

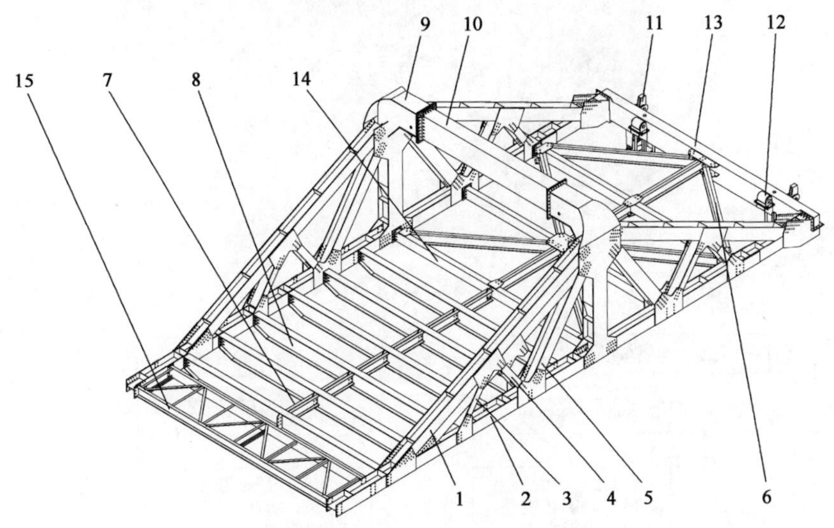

图 8-7　挂篮整体结构示意图

1-上弦杆；2-下弦杆；3-前小拉杆；4-前撑杆；5-后大拉杆；6-斜撑；7-小纵梁；8-前横梁；9-挂钩；10-挂钩横向联系；11-抗剪臂；12-行走反力轮-13-后横梁；14-中横梁；15-前平台横梁

底篮将两片侧桁架连接，起支撑底模板的作用；承受混凝土荷载的两片侧桁架，通过挂钩支撑在已浇混凝土拱肋上；后支座、抗剪臂和反力轮设在挂篮尾部的后横梁上，起着支点和防止挂篮滑动的作用；止推轨道铺设在已浇混凝土拱箱上，在挂篮移动时使用并防止挂篮下滑。

三角形侧桁架用型钢构成，各杆之间连接的方法采用拴接。挂钩固结于侧桁架的顶端，上下弦杆、斜杆所受力都传至挂钩。挂钩由钢板焊接为箱形，挂钩与弦杆之间的连接采用拴接。

后支座是由固定在后横梁上的楔形钢板组成，作为浇筑混凝土时挂篮的反力支点。用楔形钢板可以使支座与混凝土接触紧密。

抗剪臂是用钢板焊接成条形板，附着在后横梁上。浇筑混凝土时，抗剪臂上升，插入已浇拱箱的预留孔，起防止挂篮滑移的作用。挂篮行走时，抗剪臂下降。设调节螺栓对抗剪臂进行上、下调节。

反力轮由钢管、钢板和轴承组成的，附着在后横梁上。挂篮行走时，反力轮上升，支撑在已浇拱肋的底板上，配合挂篮移动。浇筑混凝土时，反力轮下降，不再受力。

止推轨道由钢板加工成的倒 π 形构件和滑板、撑杆组成，它固定在已浇拱肋上，通过滑板支撑着挂钩。撑杆一端支撑在轨道上，一端支撑在挂钩上，起防止挂钩下滑的作用（图 8-8）。

3. 悬臂浇筑

全桥共加工两对挂篮，从拱脚到拱顶方向对称浇筑。浇筑混凝土的流程如图 8-9 所示。

待相应悬浇段的混凝土达到强度、安装扣索并张拉后，挂篮向前行走。

图 8-8　挂篮完成第三段拱圈浇筑

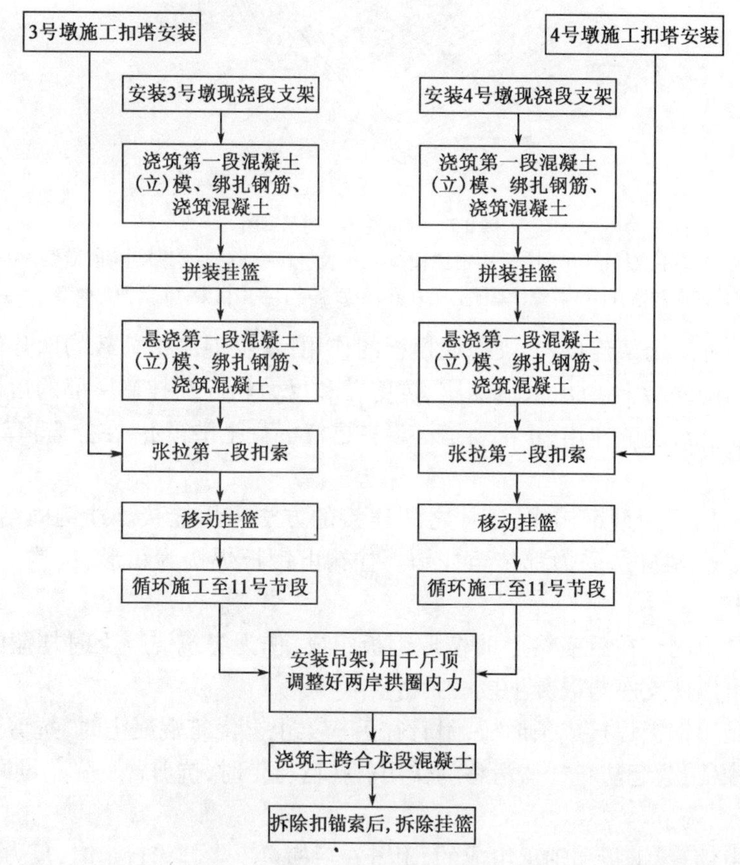

图 8-9　浇筑混凝土流程图

行走前首先在已浇梁段前端安装两台千斤顶，通过 ϕ32mm 精轧螺纹钢筋与挂篮相连。安装轨道，把用钢板加工的槽型轨道仰扣在拱背上，然后与预埋锚板相连接。轨道如果与拱背不能很好贴合，应采用薄钢板进行支垫或者用砂浆进行填塞。将后横梁处反力轮下的千斤顶上顶，使反力轮就位并受力后，安装好牵引千斤顶，驱使挂篮前移至下一节段施工地点。

挂篮走行到位后，在挂钩后下方用抗剪钢板作牛腿将挂钩抵紧，然后安装好后横梁处的抗剪柱。

底模为大块钢板，铺设在支架上，用专用螺栓调节支架的高度，使底模形成弧形。内、外侧模安装后，用立杆对拉固定。顶板用钢管脚手架搭设支架，支撑顶模板。

4. 合龙段施工

白沙沟1号桥主拱圈合龙段长2m，混凝土工程量为11.15m^3，合龙段重29t，采用劲性骨架合龙、吊架浇筑混凝土。

11号节段浇筑完成后，拱圈处于最大悬臂状态，需对拱圈、扣索、锚索、扣塔进行全面的线形、索力、偏位观测，以便确定是否需调整索力和用顶推法调整拱圈内力。连续24h观测温度对拱圈挠度的影响，绘制出“温度—悬臂端点挠度”关系曲线，为拱圈合龙提供依据。

劲性骨架水平杆采用双[25b槽钢组合成箱形杆件，并用单[25b槽钢形成剪刀撑。11号节段浇筑完成后，在节段端头安装合龙段劲性骨架，方法是：劲性骨架一端与箱梁预埋锚板焊接，另一端作为调节端，暂不焊接。将吊架、底模安装后，可进行劲性骨架合龙。

选择当天温度较低时刻，将钢楔块打入劲性骨架调节端的空隙中，然后将其焊接牢固。安装钢筋、内模，同样选择当天温度较低时刻，浇筑合龙段混凝土，完成合龙段施工（图8-10）。

图8-10　合龙段施工

当拱圈混凝土强度达到100%、龄期大于96h后，逐渐松扣、锚索，将扣索拉力转换为拱圈内力。松索程序为从拱顶向拱脚、两岸对称、分级放松。一级放松完检测各项数据后，再进行下一级的放松，直至完全松扣。

五、扣、锚索体系

1. 扣、锚索体系组成

本桥扣、锚索锚固系统包括扣索系统、锚固系统两大部分，通过扣塔锚箱将两大部分结合成整体。扣、锚索系统均包括张拉端、固定端、钢绞线三部分。1～4号节段锚固于交界墩盖梁上，5～11号节段锚固于扣塔顶锚箱上，扣索及锚索均采用标准抗拉强度R_y^b=1 860MPa、$E_y=1.95(^{+0.1}_{-0})\times10^5$MPa、松弛率满足Ⅱ级松弛率要求的$\phi^S$15.24mm高强度低松弛钢绞线。

根据本桥扣锚绳规格情况，盖梁扣锚系统钢绞线数量最多为11根，采用250t千斤顶进行扣锚索张拉，扣塔扣锚系统钢绞线数量最多为14根，采用400t千斤顶进行扣锚索张拉。由于扣、锚绳分开且须同步张拉，每节段由两组扣锚索扣挂，因此每岸各规格千斤顶的数量最少为4台，考虑两岸错开施工共同使用，则需250t、400t千斤顶各4台。

由于本桥钢绞线扣索在工作期间应力变化范围属低应力范围，其固定端及张拉端的锚固可靠度是本项目成败的关键因素之一。其固定端拟采用受力可靠的P型锚具锚固，为避免在拱箱内锁头，采用带螺纹锚圈的固定端专用锚具，钢绞线穿过锚具并锁好头后，连同锚头一起穿过主拱圈的预留索套管，然后在拱圈内戴上锚圈并通过锚圈挤压于索套管预埋锚固钢板上。

张拉端因要考虑调索及扣索拆除的需要,其锚具需具备张拉、顶压、锁紧放松、调索及微调等诸多功能,为保证项目施工安全,本项目拟采用已成功运用于巫山长江大桥的 YM 低应力夹片工具锚,并在该基础上作进一步优化以满足本项目的微调需要。

2. 扣塔构造

由于本桥对扣塔塔顶位移要求严格,故采用空心钢管扣塔方案。

6 肢钢管扣塔选择了横桥向布置 3 排、顺桥向布置 2 排的 6 肢钢管方案。主肢钢管采用 $\phi720 \times 10$ 螺旋焊管,根据本桥扣塔高度情况及吊装能力,将扣塔主肢钢管竖向分为 3 段,钢管接长采取法兰盘用螺栓拴接的连接。顺桥向主肢钢管中到中间距 2.2m,通过 $\phi325 \times 7$ 的钢管和相贯焊接将两根钢管连接成整体起吊,以保证焊接质量及现场安装定位。横桥向主肢钢管中到中间距 3m,外肢钢管中到中间距 6m,通过在钢管上焊接结点板并通过[16a 型钢用螺栓连接成整体(图 8-11)。

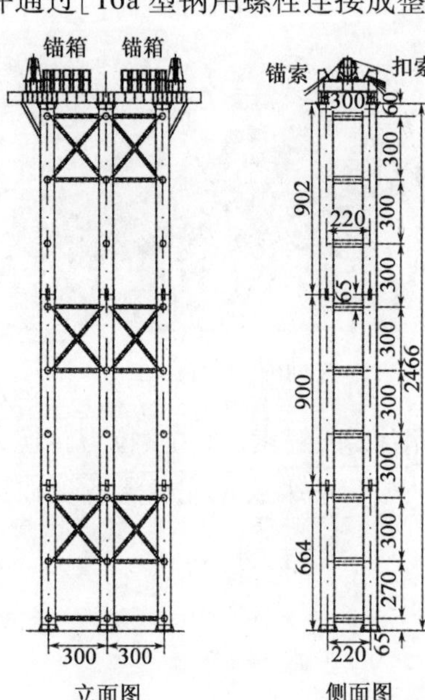

图 8-11　扣塔构造图(尺寸单位:cm)

扣塔塔脚支承于盖梁顶的横移滑道上,采取在盖梁上预埋钢筋并用螺帽锁定的方式固定,一幅桥梁施工完成后截断与盖梁连接的预埋钢筋后横移扣塔至另一幅桥,就位后再与盖梁焊接连接从而将塔脚固定于盖梁上。

3. 锚箱构造

半幅桥有 7 个节段扣挂于扣塔顶锚箱上(其余节段扣挂于盖梁上),锚箱采用 Q345 钢板焊接连接而形成钢箱,钢箱高度 60cm,牛腿高度 40cm,扣索锚点与锚索锚点间的间距为 2m。钢锚箱加工宽度 40cm,布置间距 50cm,分单个安装并焊接固定于塔顶的型钢横梁上,锚箱间的连接除下方焊接于型钢横梁上外,其上方采用通长的连接钢板焊接连接,从而将锚箱连接成整体。

六、辅助吊装系统

由于当时工地现场无塔吊,因此拱上的钢筋等材料的运输采用辅助缆索天线系统进行吊装,根据吊装内容拟确定单组天线吊装能力为10t。

吊装时索鞍直接刚结于扣塔的两端,为减小吊装作业对扣塔的影响,考虑将合龙前的吊装系统仅作为工作天线使用,吊装质量控制为10t。同时,因吊装锚碇共用扣锚,控制悬浇过程中的吊装质量有利于节约锚碇工程量。

缆索布置于扣塔顶端,主跨径为156.2m,半幅桥共布置主索吊装系统两套,上下游各一套。

七、主拱圈施工过程中的测量监测项目

施工一个拱圈节段为一个阶段,为了改善施工过程中的挂篮和混凝土拱圈的受力,每阶段分成三个工况:挂篮前移并定位立模;拱圈节段混凝土浇筑一半,调整扣、锚索索力;拱圈节段混凝土浇筑完毕,再次调整扣、锚索索力。在各个工况中,主要测试内容如下。

1. 拱圈挠度观测

每一节段悬臂端截面拱顶设立三个高程观测点,同时也作为坐标观测点。前现浇节段悬臂端截面同时设立三个临时高程观测点可作为当前节段控制截面梁底高程,并给出对应的测点高程关系。用精密水准仪测量测点高程,用全站仪测量主拱坐标。

2. 扣塔顶水平变位测量

交界墩扣塔顶上、下游各设1~2个测点,测点选在塔顶便于观测的可靠位置处,用全站仪测量。

3. 截面钢筋应力或混凝土应变观测

拱圈纵向应力监测断面选为悬臂根部、1/4跨径、1/2跨径处等关键截面,拱圈截面上重点测试上下缘处的值,交界墩应力监测断面取距墩底2m处的标准截面。应变计采用国产的优质振弦式应变计,振弦式应变计采用相应的专用仪器测试。

4. 温度场观测

混凝土温度的测量选用NTC型直径4mm的热敏电阻,采用读数精度达5位100点全自动温度数据采集系统。在拱圈的标准截面内选择两个标准断面各布置15个测点预埋温度元件,以测量其内部的温度场分布。测试时间为拱圈施工期间选择有代表性的天气进行24h连续观测。

八、主要设备

拱圈悬浇主要机具、设备如表8-2表示。

拱圈悬浇主要机具、设备表 表8-2

序　号	名　称	规格型号	单　位	数　量	备　注
1	悬浇用挂篮	专门设计制造	套	2	单套重约60t
2	扣塔	钢管组焊结构	个	2	单塔重约40t
3	钢锚箱	钢板组焊件	个	20	单个重约2t
4	专用锚具	8孔、14孔	套	112+192	含张拉、固定端
5	钢绞线	$\phi^{S}15.24$mm	吨	120	

续上表

序号	名称	规格型号	单位	数量	备注
6	张拉千斤顶	2 500kN	台	12	含配套油泵等
7	混凝土拌和站	$50m^3/h$	座	1	
8	混凝土罐车	$6m^3$	辆	3	
9	工作天线系统		套	2	起吊重量10t

九、计算书

1. 设计依据

《西攀高速公路西昌至攀枝花白沙沟1号大桥施工设计图》;

《公路桥涵施工技术规范》(JTJ 041—2000);

《公路桥涵设计通用规范》(JTG D60—2004);

《公路桥涵钢结构及木结构设计规范》(JTJ 025—1986);

《公路桥梁抗风设计指南》(1996年10月第1版);

《建筑结构荷载规范》(GB 50009—2001)。

2. 基本设计参数

(1)主要设计要求

①施工、行走时的抗倾覆安全系为2;

②自锚固系统的安全系数为2;

③斜拉水平限位系统安全系数为2;

④上水平限位安全系数为2。

(2)荷载系数

①考虑箱梁混凝土浇筑时胀模等因素的超载系数取1.05;

②浇筑混凝土时的动力系数取1.2;

③挂篮空载行走时冲击系数取(挂篮自重+模板重)×1.3;

④浇筑混凝土和挂篮行走时抗倾覆稳定系数取1.5;

⑤钢材的容许应力如表8-3所示。

钢材的容许应力(单位:MPa)　表8-3

应力种类	Q235(A3)	Q345(16Mn)
轴向应力[σ]	140	200
弯曲应力[σ]	145	210
剪应力[σ]	85	120

(3)作用于挂篮的荷载

①箱形拱混凝土荷载:浇筑箱梁的最大重量为109t,考虑浇筑混凝土时的动力因素和挂篮施工安全方面的重要性,控制设计最大荷载为 $W=1.2\times109\times1.05=137.34$t。

a. 纵向具体荷载分布如图8-12所示。

b. 横隔板荷载如下。

2.1×1.05=2.205t,荷载加载于离梁段70cm的位置,按线荷载分布于相邻两根横梁上。

动力作用:在混凝土和模板总重上乘以1.2的系数。

$$(173.65\times7.78+22)\times1.2=1\ 647.60\text{kN}$$

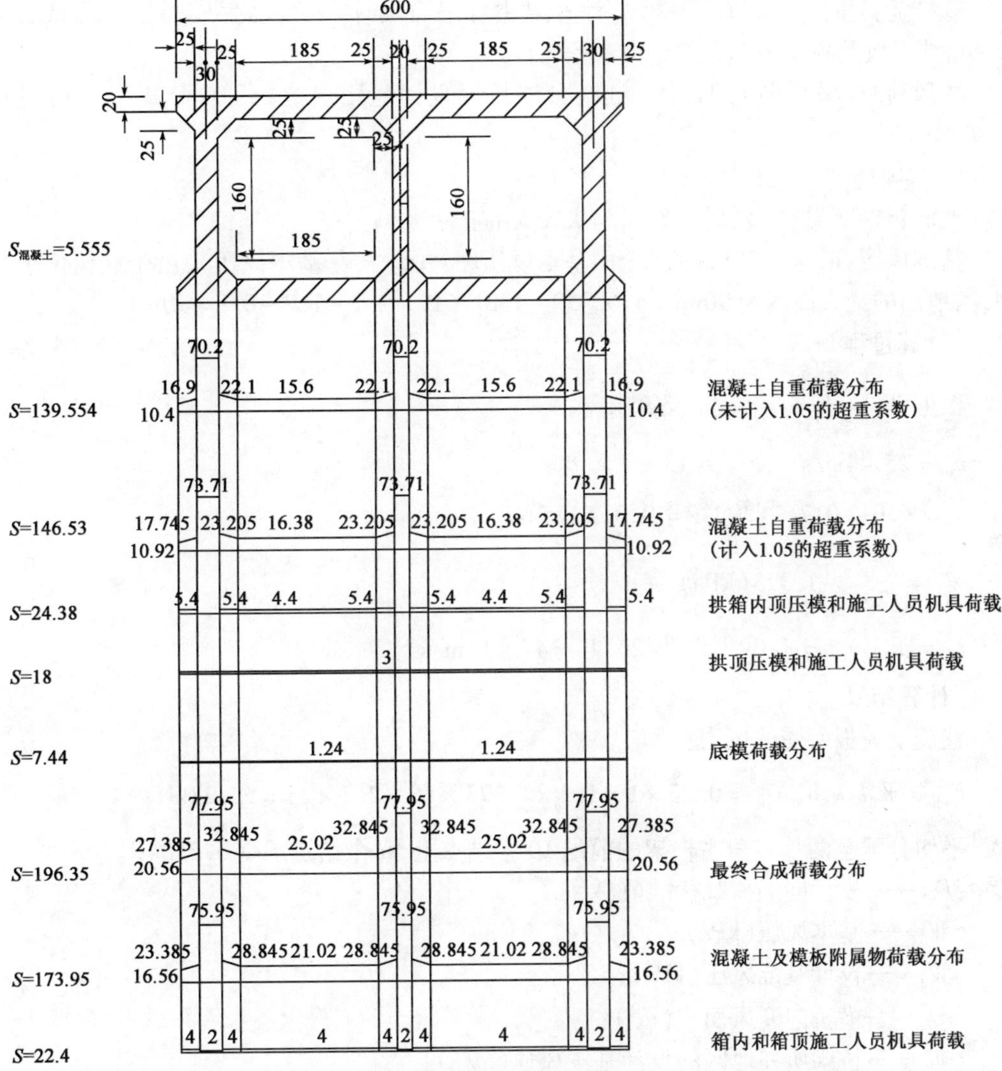

图8-12 纵向荷载分布图(尺寸单位:cm)

②施工机具及人群荷载

a. 分布于箱梁顶部和箱梁内部的荷载均按2kPa计,在前面的混凝土荷载分布图中已考虑。

b. 吊篮自重及其上荷载。

吊篮自重力为25kN。

吊篮上的施工机具及人群荷载按1.5kPa计,共计为91.35kN。

以上荷载合计计入4个吊点,每个吊点承受集中荷载29.1kN。

c. 挂篮前横梁需设置工作平台,施工荷载及人群荷载按2.5kPa计,则施加在前横梁上的均布荷载为：1.875kN/m + 0.23kN/m = 2.105kN/m（另一半分配至相邻的箱形横梁上，也为1.875kN/m + 0.23kN/m = 2.105kN/m）。

d. 挂篮主桁架下弦及下弦与底模平台之间0.7m范围内，为工作平台（0.315 + 0.2）× 2 × 16.8 = 17.305m^2，施工荷载及人群荷载按2.5kN计，折算成作用于挂篮的两根下弦上的线荷载，其值为1.288kN/m（每根）+ 0.551kN/m = 1.839kN/m（平台及防护措施自重）。

③挂篮自重力：358kN（手算），计算时由程序自动计入，自动生成的材料质量表为35.8t。结点板及附件按1.2的系数由程序计入。

④风荷载（横桥向）的计算应按《公路桥涵设计通用规范》（JTG D60—2004）进行计算。

［基本信息］

地面粗糙度类别：D（属于地面起伏较大的丘陵地）；

基本风压：W_0 = 0.4kPa（查《全国基本风压图》中攀枝花基本风压），由于挂篮位于空中，离地面的最大高度为90m（1 416.330 − 1321.612 − 2.7 − 1.2 − 0.8 = 90m）。

［计算过程］

根据 $W_0 = \dfrac{\gamma v_{10}^2}{2g} = 0.4$，反算求得：

$$v_{10} = 25.44\text{m/s}$$

$$\gamma = 0.012\,017\text{e}^{-0.000\,1\times 90} = 0.012\,125\,6$$

$$W_\text{d} = \frac{\gamma v_\text{d}^2}{2g} = 1.373(\text{kPa})$$

$$v_\text{d} = k_2 k_5 v_{10} = 1.09\times 1.7\times 25.44 = 47.14(\text{m/s})$$

［计算结果］

挂篮上模板所受的风力：

$$F_\text{wh} = k_0 k_1 k_3 W_\text{d} A_\text{wh} = 0.75\times 1\times 1.2\times 1.373\times(8\times 2.7\times 2) = 53.38\text{kN}$$

平均分配至两片三角主桁架的前端10个结点上，每个结点承受5.338kN。

式中：F_wh——横桥向风荷载标准值（kN）；

W_0——基本风压（kPa）；

W_d——设计基准风压（kPa）；

A_wh——横桥向迎风面积（m^2）；

v_{10}——桥梁所在地区的设计基本风速（m/s）；

v_d——高度 Z 处的设计基本风速（m/s）；

Z——距地面的高度（m）；

γ——空气重力密度（kN/m^3）；

k_0——设计风速重现期换算系数，施工架设期取值0.75；

k_3——地形、地理条件系数，本拱桥悬浇挂篮属于对风荷载比较敏感的重要结构，位于白沙沟支沟口，因此基本风压按《公路桥涵设计通用规范》（JTG D60—2004）的规定，地形地理条件系数 k_3 取值为1.2；

k_5——风载阻力系数，取1.7；

g——重力加速度，$g = 9.81\text{m/s}^2$；

k_1——挂篮及模板的风载阻力系数,取值为 1;

k_2——考虑地面粗糙度类别和梯度风的风速高度变化修正系数,取 1.09。

⑤挂篮的冲击荷载。

a. 挂篮自身。

(a)挂篮自重:430kN(结点板考虑 1.2 的自重系数);

(b)考虑冲击系数 1.3,即在 1.2 基础上,再乘以 1.3 的系数;

(c)侧模和底模的质量为 10.32t,占挂篮 35.8t 的 28.8%。需在此基础上乘以 1.3 的系数。

b. 吊篮。

自重 4t 时,每根吊杆承受 10kN,考虑 1.3 的冲击系数后,每根吊杆需承受 13kN。

(4)荷载组合

荷载组合Ⅰ:混凝土质量 + 动力附加荷载 + 挂篮自重 + 人群和施工机具重;

荷载组合Ⅱ:混凝土质量 + 挂篮自重 + 风载;

荷载组合Ⅲ:混凝土质量 + 挂篮自重 + 人群和施工机具重;

荷载组合Ⅳ:挂篮自重 + 冲击附加荷载 + 风载;

荷载组合Ⅴ:偏载工况。

荷载组合Ⅰ ~ Ⅱ用于挂篮主承重系统强度和稳定性计算;荷载组合Ⅲ用于刚度计算,荷载组合Ⅳ用于挂篮行走验算,荷载组合Ⅴ用于浇筑验算。

(5)工况比较

由于挂篮存在 11 个工作阶段,各阶段在考虑模板和拱圈的摩擦力后,垂直于斜面的正压力和切向分力如表 8-4 所示。

垂直于斜面的正压力和切向分力表 表 8-4

编号	现浇长度(m)	G(kN)	T(kN)	N(kN)	T_0(kN)	采用切向值	考虑底模的影响 N(kN)	考虑底模的影响 $T_{实际}$(kN)	合成力 Q_R(kN)
1	9.067	1 735	1 096	1 345	632	632	1 397	675	1 551
2	7.777	1 491	873	1 209	568	568	1 256	602	1 393
3	7.777	1491	810	1 252	589	589	1 301	620	1 441
4	7.771	1 490	740	1 293	608	608	1 343	637	1 487
5	7.772	1 490	665	1 334	627	627	1 385	653	1 531
6	7.424	1 424	545	1 316	619	545	1 367	566	1 480
7	7.403	1 421	462	1 343	631	462	1 395	480	1 476
8	7.205	1 383	358	1 336	628	358	1 388	372	1 437
9	7.205	1 383	267	1 357	638	267	1 410	278	1 437
10	7.187	1 380	173	1 369	643	173	1 422	180	1 433
11	5.399	1 042	58	1 040	489	58	1 080	60	1 082
12	2.048	409	0	409	192	0	424	0	424

注:1. G 为拱圈重力,$N = G \times \cos\alpha$,$T = G \times \sin\alpha$,$T_0 = \mu N$,μ 取 0.47,当 $T \leqslant T_0$ 时,取 T;当 $T > T_0$ 时,取 T_0。其中,第一阶段为现浇支架阶段,不作挂篮的计算工况。

2. 底模的影响是指将底模的重量也计入下滑力。

由表8-4可知,在考虑混凝土与模板摩擦力的情况下,第10个阶段竖直力最大,第5个阶段存在最大向下分力,在第5个阶段,混凝土荷载对挂篮的正压力和切向压力的合成力最大。因此将第5个阶段作为控制工况,以此确定挂篮的构造尺寸,其他10个阶段分别作为验算工况。

3. 计算模型

(1)计算考虑的因素

①梁单元的剪切变形和扭转。

②箱形横梁与主弦杆连接处的刚域(10.2cm);挂钩处和结点板之间的刚域(14.4cm)影响。

(2)边界情况

①浇筑过程中。

挂钩支座处:三向平移一般约束;

后横梁支座处:三向平移一般约束。

②走行过程中。

挂钩支座处:三向平移一般约束;

后横梁支座处:两向平移一般约束。

此外,在实际浇筑和走行过程中,挂篮桁架竖杆处还有导向轮支撑作用,本次计算未计入导向轮的水平约束作用。

4. 计算结果

(1)浇筑状态

①强度和杆件的稳定性。

杆件的各个内力值如表8-5所示。

杆件内力值 表8-5

杆件名称	轴力(kN)	最大弯矩(kN·m)	线性叠加应力(MPa)	考虑稳定系数的计算应力(MPa)	容许应力(MPa)	备注
主桁上弦杆1号	786	43	90	90	210	M_y
主桁下弦杆2号	-1 223	-39	-112	122	210	M_z
主桁短拉杆3号	303	1	122	122	210	M_y
主桁短撑杆4号	-213	2	-55	57	210	M_y
主桁前斜杆5号	549	-260	141	141	210	M_y
主桁后斜杆6号	60	160	78	78	210	M_y
主桁竖杆7号	172	-490	149	149	210	M_y
底平台前横梁8号	0	-43	-82	136	210	M_z
底平台标准横梁9号	-68	262	198	198	210	M_z
底平台后横梁10号	338	-162	64	64	210	M_z
底平台交叉斜撑11号	218	33	55	55	210	M_z
底平台支座斜撑12号	-1 000	28	105	118	210	M_z

续上表

杆 件 名 称	轴力(kN)	最大弯矩(kN·m)	线性叠加应力(MPa)	考虑稳定系数的计算应力(MPa)	容许应力(MPa)	备 注
次纵梁 13 号	-525	60	89	157	210	M_z
挂钩 14 号	385	913	81	81	210	M_y
挂钩横系梁 15 号	0	569	118	118	210	M_z

注:1. 轴力符号正号为拉,负号为压;弯矩取杆件主弯矩的数值。

2. 底平台靠近前斜拉杆的横梁应力较大,但小于临时结构的 1.3 倍,即小于容许应力提高系数(183MPa),而且荷载工况为加上混凝土浇筑时的冲击荷载(Ⅰ组合),因此未作处理。

3. 前横梁 8 号的单根[36c 槽钢的整体稳定系数偏安全,由下式求得:

$$\varphi_b = 570bt/l_1h = 0.71 > 0.6\text{,应采用 }\varphi_b^1\text{ 的值}$$

$$\varphi_b^1 = 1.1 - 0.4646/\varphi_b + 0.1269/(\varphi_b)^{2/3} = 0.605$$

其中,b 取 10cm,t 取 1.6cm,侧向支撑点距离 $l_1 = 360$cm,$h = 36$cm。

4. 主桁下弦 2 号杆件的稳定应力值为以下两式的较大者:

平面内的稳定:

$$\frac{N}{\phi A} + \frac{M_x}{\gamma_x W_x(1 - \alpha N/N_{cr})} \leqslant f$$

式中:γ_x——截面塑性发展系数;

α——常系数;$N = 1195$kN。

$$M_x = 39\text{kN}\cdot\text{m(靠近竖杆处)}$$

平面外的稳定:

$$\frac{N}{\phi_y A} + \frac{M_x}{\phi_b W_x} \leqslant f$$

式中:N——所计算构件段范围内的轴心压力;

ϕ_y——弯矩作用平面外的轴心受压构件稳定系数;

M_x——所计算范围内的最大弯矩;

ϕ_b——均匀弯曲的受弯构件稳定系数;

W_x——在弯矩作用平面内对较大受压纤维的毛截面模量;

f——钢材的抗弯强度设计值。

5. 主桁上弦杆 1 号等为拉弯构件,表中未考虑塑性发展系数(箱形断面为 1.05),结果偏安全。

②主要控制点的竖向位移。

a. 位移汇总。

控制点的位移如表 8-6 所示。

控制点位移(单位:cm) 表 8-6

结点号	A	B	C	备 注
工况Ⅰ	4.6	2.9	0.4	A-最前端标准横梁中点; B-三角主桁前角点; C-挂钩与主桁连接处
工况Ⅱ	3.3	2.1	0.3	
工况Ⅲ	4.0	2.5	0.39	
工况Ⅳ	0.6	0.4	0.1	

b. 考虑几何非线性影响,经计算内力变化值最大不超过 1%。

③挂篮的竖向反力汇总。

挂篮竖向反力如表 8-7 所示。

挂篮的竖向反力汇总表

表 8-7

结　点	荷载组合	F_x(kN)	F_y(kN)	F_z(kN)	备　注
104	I	1 280	-312	-106	第 5 阶段
106	I	1 170	348	-89	
149	I	-814	225	1 200	第 10 阶段
150	I	-779	-228	1 196	

注:1.104、106 为后支点,149、150 为挂钩处的支点。

2. x 方向为挂篮纵向方向,y 方向为挂篮横向方向,z 方向为垂直于挂篮底平台的方向。

④结构动力性能和整体稳定系数。

结构动力性能和整体稳定系数如表 8-8 所示。

结构动力性能和整体稳定系数

表 8-8

阶　数	稳定系数	模态类型
1	30	挂篮前上弦面外失稳
2	31	挂篮前上弦面外失稳
3	64	挂篮主桁底平台侧倾失稳
4	69	次纵梁压屈失稳
5	73	挂篮主桁下弦杆压屈失稳
6	78	挂篮主桁后上弦杆面外失稳

(2)挂篮行走验算

①主要杆件应力状况(第 2 阶段)。

应力在 -34 ~ 88MPa 之间,均在允许范围内,应力较大的杆件位于桁架的后斜拉杆。

②杆件变形状况(第 2 阶段)。

前端横梁变形仍为最大,为 1.6cm。

(3)意外工况验算

①挂篮浇筑混凝土时偏载。

荷载为去掉挂篮一侧的所有混凝土荷载。

应力状况为最大为有荷载一侧的竖杆 110MPa;变形为端横梁 2cm。但此种状况对扣索不利,必须避免。

②挂篮挂钩无中间横向联系。

主桁竖杆和前斜拉杆应力将达到 210MPa。

前端横梁中点变形最大为 5cm。

③挂篮后横梁抗剪柱失效。

主桁竖杆和前斜拉杆应力将达到 210MPa。

变形最大为前端横梁中心 6.3cm。

④挂篮在上述三种状况下是安全的。

5. 挂篮主要结构的局部验算

(1)挂钩

①挂钩本身的强度复核。

按第三强度理论进行验算。

a. 挂钩本身受双向弯矩作用的组合应力为81.5MPa。

b. 挂钩因为 M_x 而受到扭矩引起的最大剪力为：

$$M_x/I_x = 95\,630/(3.290\,976\times 10^{-2}) = 3(\text{MPa})$$

（其中，抗扭惯矩由程序计算）

$$\sigma = \sqrt{\sigma'^2 + 3\tau^2} = 81.6(\text{MPa}) < 120\text{MPa}$$

式中：σ'——腹板计算高度边缘同一点上同时产生的正应力；

τ——腹板计算高度同一点上同时产生的剪应力；

σ——折算应力。

故安全。

②挂钩在 M_z 方向上，梁的局部稳定性计算。

a. 挂钩顶板上翼缘的稳定性，按箱形中间受压翼缘截面的要求：

$$B_0/t \leqslant 40\sqrt{235/f_y} \qquad （其中，f_y = 345\text{MPa}）$$

$B_0/t = 40/1.6 = 25 < 33$，故上翼缘顶板满足要求。

式中：B_0——箱形截面受压翼缘板在两腹板间的无支承宽度；

t——腹板的厚度；

f_y——钢材的屈服强度。

b. 腹板的加劲肋计算。

挂钩为变截面，大端为128.2cm高，小端为30cm，大端 $h_0 = 125$cm（h_0 为腹板高度），小端 $h_0 = 26.8$cm。

小端为： $26.8/1.6 = 16.75$

以大端作为控制截面，

$$H_0/t_w = 125/1.6 = 78$$

$$H_0/t_w \leqslant 170\sqrt{\frac{235}{f_y}} = 154（弯曲的构造要求）$$

因此，满足弯曲的构造要求不用设纵向加劲肋。

c. 挂钩横向加劲肋。

由于挂钩还存在剪力，因此还应满足：

$$H_0/t_w = 78 \leqslant 80\sqrt{\frac{235}{f_y}} = 66$$

式中：H_0——箱形截面受压构件的腹板计算高度；

t_w——腹板厚度；

f_y——钢材屈服强度。

因此，必须至少设一条横向加劲肋，以减小 h_0，实际上，挂钩为两条横肋，故为安全。

d. 各杆件在挂钩处结点板的焊缝计算结果汇总。

(a)主桁架前斜拉杆(材质 Q345)。

焊缝最大计算应力 =150.4MPa≤ff_w =200.0MPa

(b)主桁前上弦(材质 Q235)。

焊缝最大计算应力 =102.3MPa≤ff_w =160.0MPa

(c)主桁竖杆(材质 Q345)。

焊缝最大计算应力 =151.9MPa≤ff_w =200.0MPa

(d)挂钩与结点板连接处(考虑焊缝长度 1.2×3m,焊脚尺寸 1.4cm)。

焊缝计算应力 =113.2MPa≤ff_w =200.0MPa

(e)挂钩处其他主要焊缝的布置情况。

为使变形均衡,竖杆两侧的焊缝长度应基本相等,具体焊缝布置如下:

- 前拉杆在槽钢后设置槽焊缝。每条侧焊缝长度为 22.5cm。
- 长圆孔槽焊按以下技术要求进行实施:

当孔径 $d>t+8\text{mm}<d\leq 2.5f_t$ 时,取值为 5.2cm。

当距焊件边距:$e=1.5-2.5t=2.7-4.5$ 时,按 4.5cm 取值。

当厚度 $t>16\text{mm}$,且 $h_f\geq 16\text{mm}$ 时,为便于计算,统一取 16mm。

(2)止推机构

①挂钩处临时止推机构。

挂钩处最大下滑力每侧 26.6t(第 2 阶段挂篮行走时,按两侧受力不均匀计算,取 1.5 的不均匀系数,为 399kN),行走时,止推机构采用螺栓插入导轨销孔内,螺栓的计算结果如下:

[基本信息]

基本荷载为:399×2 =798(kN);

布置 2 列 4 行 M27 的 C 级螺栓,行间距 10cm,列间距 40cm,双剪受力。

[计算结果]

依据《钢结构设计规范》(GB 50017—2003)进行计算。

单个螺栓受剪承载力 N_{vb} =148.864kN

单个螺栓受压承载力 N_{cb} =148.23kN

第 1 行第 1 列螺栓所受剪力最大,N_v =99.75kN

$N_v<=\min(N_{vb},N_{cb})$,满足要求。

②浇筑混凝土的止推机构。

[基本信息]

采用 2 块 2cm 厚的钢板,插入预留长槽中。埋入深度为 0.3m,露出高度为 0.3m,作用位置 0.3m。端部宽度设为 20cm,渐变至根部。

荷载为 814kN×2×1.5 =2 442(kN)

[计算结果]

依据《钢结构设计规范》(GB 50017—2003)进行计算。

最大挠度为 0.016 997 5mm(挠跨比为 1/23 532)

由 $V_{max}\cdot S_x/(I_xT_w)$ 计算得最大剪应力为 50.875MPa,满足要求。

由 $M_x/(\gamma_xW_x)$ 计算得强度应力为 80.754MPa,满足要求。

由 $M_x/(\phi_bW_x)$ 得计算的稳定应力为 141.319MPa,满足要求。

腹板高厚比为18,无局部压应力,可不配置加劲肋。

③后横梁处抗剪柱。

[基本信息]

荷载选用第5阶段的I组合。

1 280 ×1.5(挂篮两侧抗剪柱受力不均匀系数) ×2(安全系数) =384(t)

[计算结果]

选用的钢锭 $d = 274\text{mm}$。

抗剪柱设为20cm长。

偏心距设为0.10cm,则 $M = 3\ 840 \times 0.10 = 384(\text{kN} \cdot \text{m})$;

$M/W = M \div (3.14 \times R^3/4) = 188(\text{Pa})$;

剪应力为:$384\ 000 \div (3.141\ 5 \times 0.137\ 5 \times 0.137\ 5) = 6.4(\text{MPa})$;

求得:$d = 274\text{mm}$,选用275mm的钢锭,材质为Q345B。

(3)模板

①侧模板计算。

设计基本要求:

钢模板的面板变形为1.5mm。

结构表面外露的模板,挠度为模板构件跨度的1/400(背楞等构件)。

a. 侧压力的计算。

计算气温按15℃考虑,拌和站$25\text{m}^3/\text{h}$,箱梁的最小截面面积为5.555m^2,但在浇筑腹板时(高2.7m),浇筑速度最大可能为2m/h(即在第一个支架浇筑阶段,水平夹角为39°,$2.7 \times \cos 39° = 2\text{m}$)。

$$P = 0.22\gamma t_0 \beta_1 \beta_2 v^{0.5}$$

$$= 0.22 \times 24 \times 6.667 \times 1.2 \times 1.15 \times 2^{0.5}\text{(浇筑温度为15℃)}$$

$$= 68.7(\text{kPa})$$

式中:γ——混凝土的密度;

t_0——新浇混凝土的初凝时间;

β_1——外加剂修正系数;

β_2——混凝土坍落度影响修正系数;

v——混凝土浇筑速度。

倾倒混凝土或振捣时,对垂直面板产生的力为4kN/m^2。

$q = 68.7 + 4 = 72.7\text{kPa}$(计算面板用)

$q = 68.7\text{kPa}$(计算背楞用)

b. 面板的确定。

按40cm ×40cm的最大双向板进行计算,四周按嵌固计算。

$M = \beta q l^2 = 0.051\ 3 \times 0.4^2 \times 72.7 = 597(\text{N} \cdot \text{m})$

$W = \frac{1}{6}bh^2 = 4.17 \times 10^{-6}(\text{m}^3)$($b$为单位宽度,取1m,按施工计算手册)

$\delta = M/W = 143\text{MPa} < 1.3 \times 140$(1.3为临时工程的容许应力提高系数)

$$B_0 = \frac{Eh^3}{12(1 - \nu^2)} = 242.67$$

(其中 ν 为泊松比系数,取值 0.3,E 取 2.1×10^{11})

$$F_{max}=\frac{kql^4}{B_0}=0.00127\times597\times0.4^4/242.67=0.0005(\mathrm{m})$$

式中:F_{max}——板单元的最大强度;

B_0——单位板宽度的刚度;

k——板四边嵌固状态的计算系数;

q——板的面荷载;

l——板的计算跨径。

故间距取 40cm。

c. 横方的确定(长度为 $1.25\times2=2.5$m)。

按 8 的槽钢分布为 40cm。

[基本信息]

$q=0.4\times2.5\times68.7/2.5=27.48$(kN/m)

共六跨。

梁材性:Q235。

全梁有均布荷载:27.48kN/m。

考虑自重,自重放大系数为 1.2。

[计算结果]

跨中最大应力:24.197 8MPa;最大剪应力:16.3MPa;最大挠度:0.08mm $<L/400=$ 0.7mm。

d. 竖楞 63×6(计算间距 40cm)的确定。

[基本信息]

$q=68.7\times0.4\times0.4/0.4=27.48$(kN/m);跨度为 0.4m;截面为:角 63×6。

[计算结果]

跨中最大应力:51MPa;最大剪应力:21MPa;最大挠度:0.3mm $<L/400=0.7$mm。

此处强度富余较多,本可以用 50 角钢,但考虑施工中碰撞较多,且外侧模拟用滑梁移动,为加强刚度,采用大一号的角钢。

e. 竖向大肋的计算(间距取 1.2m)。

[基本信息]

混凝土对侧模的有效压力头高度为:$F/\gamma=68.7/24=2.8$,故混凝土侧压力近似按矩形分布。

共四跨,拟采用 12.6a。

梁材性:Q235。

[计算结果]

跨中最大应力:44.4MPa;最大剪应力:22.8MPa;最大挠度:0.08mm $<L/400=$ 0.7mm。

f. 拉杆。

拉杆的大小(间距为 1.2m)

$68.7\times1.2\times0.8=66$(kN),采用 $\phi32$mm 的拉杆,容许拉力为 98.9kN。

②底模验算结果。

[基本信息]

模板端头支撑[16a 的槽钢,在浇筑混凝土时,中间设置 4 个钢垫块,最大间距为 2m。

[计算结果]

弯曲正应力 $\sigma_{max}=173.5\text{MPa}<$ 抗弯设计值 $f=215\text{MPa}$

支座最大剪应力 $\tau_{max}=22.33\text{MPa}<$ 抗剪设计值 f_v:125MPa

跨中挠度相对值 $v=L/544<$ 挠度控制值 $[v]=L/400$

(4)侧模吊装的稳定性验算

由于悬浇长度达 8m,如采用滑梁,存在滑梁自身的稳定问题。同时,因为翼缘悬臂 25cm,也不便设置滑梁。如在侧模下端设置轨道,则存在过挂钩的困难。因此拟将外模、底模及外模拉杆连在一起,形成整体吊装。

吊装就位时,下端为铰接,横梁与立柱桁架原为铰接,结构为排架,但吊装时,存在吊装的冲击荷载和风荷载,排架将容易失稳(因为在吊装就位时,离钢筋有 25cm 以上的距离),因此必须将原结构形成一次超静定的门式结构,才能维持自身的稳定,同时也便于调试模板。

[基本信息]

风荷载在计算挂篮时取 53kN,共有 7 组门架承受,平均每组应承受 7.57kN,分配至立柱上的均布荷载为 $q=2.52\text{kN/m}$,再乘 1.5 的不均匀系数,即 3.8kN,如图 8-13 所示。冲击荷载为 6.32kN/组:按相应段重量的 1.3 倍计,即 8.2kN,加在门架的两个顶点上,一个上的力为 4.1kN。

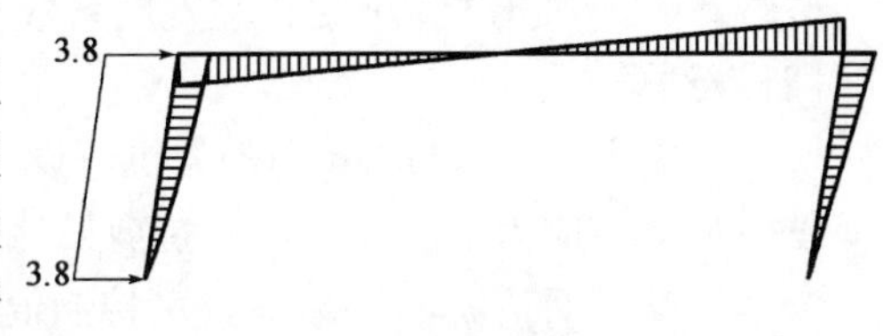

图 8-13

[计算结果]

由程序自动求得角点处应力为达 158MPa(不加强),角点处的弯矩为 12kN·m。

水平位移为 1.1cm。

结点处的设计为:

采用 Q235C 级普通螺栓,连接承受内力为 $M=12.3\text{kN}\cdot\text{m}$。

$V_{水平}=6\text{kN}, S_{轴力}=4\text{kN}$

设计为 2 颗 16 的螺栓(距离为 $5\times1.5=7.5\text{cm}$),共计两列,则最远处的最大拉力为:

$N_{max}=M\times y/(2\times y^2)=12.3/(2\times7.5)=0.82(\text{kN})$

$T=sqr(6M/f)=2(\text{mm})$,满足要求(其中,T 为结点板连接厚度)。

[设计结果]

①跨中设一接头,以便拆模和安装,跨中弯矩为 4kN。采用上下设盖板的槽钢等强螺栓连接。

②以上计算的立柱以 0.8m 的间距进行设置,后进行调整,取 1.2m 间距,因此,螺栓按 4 颗两列进行设计。

(5)工作吊篮

①荷载取值。

按《桥涵施工技术规范实施手册》附录 D 荷载计算。

按第二条取 1.5kPa 的均布荷载,计算最大面积为:60.9m^2。

$(7.5+1.2)\times 7\times 1.5=91.35(\text{kN})$

吊杆按91.35kN计,采用28圆钢。

实际操作人员应在20个人以下,每人按80kg计,仅为1 600kg,按2t计。

$16\text{kN}\div[(7.5+1.2)\times 7]=0.263(\text{kPa})$

采用和28圆钢抗拉力匹配的钢丝绳。

②2[16横梁计算。

[基本信息]

$L=5\text{m}$,Q235,x轴塑性发展系数γ_x:1.05,$[v]=L/400$

[计算结果]

弯曲正应力$\sigma_{\max}=66.69\text{MPa}<$抗弯设计值$f=215\text{MPa}$

支座最大剪应力$\tau_{\max}=6.87\text{MPa}<$抗剪设计值$f_v=25\text{MPa}$

跨中挠度相对值$v=L/452.9<$挠度控制值$[v]=L/400$

③[14b纵梁验算。

[基本信息]

$L=7.5\text{m}$,材质Q235,x轴塑性发展系数γ_x:1.05,$[v]=L/400$

[计算结果]

弯曲正应力$\sigma_{\max}=110.64\text{MPa}<$抗弯设计值$f=215\text{MPa}$

支座最大剪应力$\tau_{\max}=7\text{MPa}<$抗剪设计值$f_v=125\text{MPa}$

跨中挠度相对值$v=L/159>$挠度控制值$[v]=L/400$

纵梁的挠度偏大,此时的工况为10人同时站在边纵梁上,为了不增加工作吊篮的重量,对该工况图纸进行了限制,限制条件为:不超过4个人站在同一纵梁上。

6.结论及使用注意事项

(1)通过以上验算,证明挂篮的强度、刚度和稳定性均满足要求。施工过程中必须按照施工方案进行,随时保持挂篮良好的工作性能和状态,使实际与计算吻合。

(2)挂篮在使用过程中,可能还会遇到以下几种情况:

①由于较大风力的随机静力和动力作用,使钢梁产生抖振。

②在施工过程中,吊装模板等物时,碰撞钢梁,造成钢梁的被动动力响应。

③挂篮在移动过程中,由于走板行走或千斤顶的卸荷过程,造成冲击振动。

(3)由于对挂篮未作详细的抗风性能计算,因此挂篮必须采取以下构造、施工措施进行加强:

①当预报风力在6级以上时,停止移动挂篮作业和悬浇作业。

②挂篮在移动或卸荷过程中,轨道与拱背的缝隙尽量用砂浆或钢板填塞饱满,使两者有良好的接触;四氟滑板上抹硅脂,使挂篮尽量走行平稳,避免较大的冲击荷载。

③施工时严格控制临时荷载,悬浇人员应少而精,尽量减少人群荷载的作用。

④在施工时,将导向轮压紧拱圈腹板,让挂篮主桁与箱梁外模相连,进行主动制振。

⑤输送泵利用钢管栈桥脚手架进行输送,栈桥脚手架利用挂篮导轨预埋锚筋进行连接,钢管立柱与拱背混凝土之间垫废旧橡胶皮(可以用废旧轮胎)。

第九章 刚架拱桥

第一节 概述

刚架拱桥是一种桥跨结构和墩台结构整体相连的桥梁,支柱与主梁共同受力,受力特点为支柱与主梁刚性连接,主梁端部产生负弯矩,减小了跨中截面正弯矩,故支座不仅提供竖向力还承受弯矩。

刚架拱桥适宜于中小跨度桥梁,常用于需要较大桥下净空和建筑高度受到限制的情况,如高速公路上跨桥和有通航净空要求的跨河桥,如图 9-1 所示。

刚架拱桥的上部结构主要由刚架拱片、横系梁和桥面系组成,可采用有支架、少支架、无支架、转体四种施工方式。

图 9-1 有道航要求的跨河刚架拱桥

第二节 有支架施工

有支架施工就是先搭设支架,然后在支架上现浇拱片混凝土。其施工步骤为:支架搭设→安装模板→浇筑拱片混凝土→撤除模板→卸架。

有支架施工,其施工工艺简单,不需要吊装设备,但需要大量支架、模板,且受桥下交通或通航影响较大。在不受桥下交通或通航影响时,可采取在桥下搭设满堂式支架施工,如图 9-2 所示;在受桥下交通影响时,可采取在支架中设置门洞,解决交通问题;在受桥下通航影响时,可采用钢管墩柱支承贝雷平梁,然后在贝雷梁上搭设简易拱架。

图 9-2　满堂式支架施工图

第三节　少支架施工

为节省支架或当不便于设置支架时,宜采用少支架施工。少支架施工顺序为:在墩顶设置支架→立模现浇立柱→部分主拱腿、次梁、次拱腿→剩余主拱腿、次梁→吊装主梁。桥面系在形成裸肋(含横系梁)后施工,常用的少支架施工方法有以下几种。

一、墩顶悬吊贝雷梁现浇拱片边构件,浮吊安装主梁

主要施工步骤如下:

(1)先在墩帽顶安设贝雷悬臂支架,并对称浇筑墩顶竖杆、次拱腿、主拱腿、次梁(阴影部分),待混凝土强度达到设计强度的80%后,卸落支架、模板,并安装贝雷梁的钢索。

(2)再与邻孔对称地安装两边次梁及主拱腿模板(无阴影部分),收紧竖杆顶上的弦杆对拉螺杆。

(3)用浮吊安装主梁。

二、钢管桩加贝雷片简易支架现浇拱片边构件,其上架设桥式吊机安装中段块件

主要施工步骤如下:

(1)距墩中心两边适当位置用振动沉桩机下沉钢管桩一排,每排4根,桩顶用贝雷梁或工字钢作帽梁,并在顺桥向设6组(每组2排)贝雷梁。

(2)在贝雷梁上安装模架,对称浇筑拱片边构件混凝土,待混凝土强度达到设计要求后,收紧竖杆顶上的弦杆对拉螺杆,卸落模架,但钢管桩仍应紧密支撑住拱片。

(3)用架设在上部的桥式吊机吊装中段块件,因有支架吊装,吊装两侧拱片数可不受限制。

三、万能杆件悬臂托架上现浇拱片边构件,其上架设桥式吊机安装中段块件

主要施工步骤如下:

(1)用万能杆件在墩顶架设悬臂托架,立模架浇筑墩顶竖杆、次拱腿、次梁与主拱腿部分混凝土,待混凝土强度达到设计要求后,收紧竖杆顶上的弦杆对拉螺杆。

(2)在托架上再立前端模架,对称浇筑前端主拱腿与次梁混凝土。

(3)用万能杆件拼装托架下的斜方框顶撑,用架设在上部的桥式吊机吊装中间实腹段。

四、塔索悬吊平台现浇拱片边构件,其上架设桥式吊机安装中段块件

主要施工步骤如下:

(1)在墩顶设悬臂贝雷梁托架及模架,浇筑竖杆、次拱腿及次梁混凝土。

(2)在竖杆顶安装贝雷梁或万能杆件塔柱及扣挂钢索,用以扣吊贝雷梁托架和拱片前端。

(3)接长墩顶两边贝雷悬臂托架,立支架和模架浇筑前端主拱腿混凝土和次梁混凝土。

(4)用架设在上部的桥式吊机吊装中间实腹段。

以上 4 种方案都是边段现浇,中段吊装。支架形式可根据桥位河床实际情况而定,支架计算按常规支架计算方法进行。采用少支架施工的刚架拱桥如图 9-3所示。

图 9-3　采用少支架施工的刚架拱桥

第四节　无支架施工

采用无支架施工可节省大量支架、不影响桥下交通和通航,但预制、吊装技术要求高,高空作业多,需要吊装设备或架设缆索吊装。

采用无支架施工时(采用吊车、浮吊或缆索吊装),首先将主拱腿一端插入拱座预留槽内,另一端悬挂,合龙实腹段,形成裸拱,电焊接头钢板;然后安装横系梁,组成拱形框架,再将次拱腿插入拱座预留槽内,安放次梁,焊接腹孔所有接头钢筋并安装横系梁,立模浇筑混凝土,完成裸肋安装;最后将裸肋顶部凿毛,安装微弯板及悬臂板,浇筑桥面混凝土,封填拱脚,完成施工。

浮吊或吊车加扣索安装拱片边块件,其上设桥式吊机,安装中段块件施工主要步骤如下:

(1)现浇墩顶竖杆、端部次梁。

(2)待混凝土强度达到要求后,收紧竖杆顶上的弦杆对拉螺杆,并扣好两边斜拉钢索。

(3)分次对称吊装拱片其他分块构件,并浇筑湿接头。

(4)待混凝土强度达到要求后,在各拱片次梁外边各设临时预应力钢索一束,两端同时进行体外张拉,张拉力由计算确定。

(5)上部架设桥式吊机,吊装中段主梁。

在浮吊或吊车因桥较高等情况下,可采用缆索吊装,也可采用转体施工。

第五节　转体施工

刚架拱桥转体施工主要针对跨越交通繁忙的公路、铁路、河流、山谷以及重要建筑物，一般适于跨径较小的刚架拱桥。采取在拱桥两侧分别先支架现浇或少支架拼装成半拱，然后转体合龙成刚架拱。

刚架拱桥一般采用自平衡重转体施工工艺，桥梁自平衡重转体是利用结构自身重量的相互平衡，一是利用桥梁中墩上的两个半拱平衡，二是利用桥梁整体式桥台平衡，从而最大限度地简化刚架拱桥的施工工艺。正在转体和即将转体的刚架拱桥施工图如图 9-4 和图 9-5 所示。

图 9-4　正在转体的刚架拱桥施工图

图 9-5　即将转体就位的刚架拱桥

刚架拱桥转体施工的主要步骤如下：

(1)基础及上、下转盘施工。

(2)在桥跨两侧选择合适的角度进行拱架放样，搭设拱架现浇或拼装刚架拱。

(3)选择合适的时间进行转体就位并合龙。

(4)浇筑合龙混凝土和封铰混凝土。

第一节 概　述

转体施工法一般适用于各类单孔拱桥的施工，其基本原理是：将拱圈或整个上部结构分为两个半跨，分别在河流两岸利用地形、简单支架现浇或预制装配半拱，然后利用动力装置将其两半跨拱体转动至桥轴线位置（或设计高程）合龙成拱。拱桥转体施工法据其转动方位的不同分为平面转体、竖向转体和平竖结合转体三种。采用转体法施工拱桥的特点是：结构合理，受力明确，节省施工用材，减少安装架设工序，较复杂的、技术性强的水上高空作业为岸边陆上作业，施工速度快。不但施工安全、质量可靠、而且不影响通航、可减少施工费用和机具设备，造价低。转体施工是具有良好技术经济效益的拱桥施工方法之一。

一、平面转体

平面转体施工就是按照拱桥设计高程先在两岸预制半拱，当结构混凝土达到设计强度后，借助设置于桥台底部的转动设备和动力装置在水平面内将其转动至桥位中线合龙成拱。由于是平面转动，因此，半拱的预制高程要准确。通常需要在岸边适当位置先做简单支架。

平面转体分为有平衡重转体和无平衡重转体两种。

有平衡重转体是以桥台背墙作为平衡重和拱体转体拉杆（或拉索）及上转盘（拱座）组成平衡转动体系，其重心位置通过转盘中心。

平衡重大小由转动半拱的重力大小决定。当平衡重过大时不经济，所以，采用本法施工的拱桥跨径不宜过大。

无平衡重转体是以两岸山体岩石锚洞作为锚碇来平衡半跨拱体悬臂状态所产生的水平拉力，借助拱脚处立柱下端转盘和上端转轴使拱体作平面转动。由于取消了平衡重，可大大减轻转动体系和圬工数量。本法适用于地质条件好的 V 形河床上的大跨径转体施工。

二、竖向转体

竖向转体施工就是在桥台处先竖向或在桥台前俯卧预制半拱，然后在桥位平面内绕拱脚将其转动合龙成拱。

根据河道情况、桥位地形和自然环境等方面的条件和要求,竖向转体施工有以下两种方式。

(1)先在竖直向上预制半拱,然后向下转动成拱。其特点是施工占地少,预制可采用滑模施工,工期短,造价低。需注意的是在预制过程中应尽量保持半拱轴线垂直,以减少新浇混凝土重力对尚未凝结混凝土产生的弯矩,并在浇筑一定高度后加设水平拉杆,以避免因拱形曲率影响而产生较大的弯矩和变形。

(2)在桥台前俯卧预制半拱,然后向上转动成拱。

三、平竖结合转体

由于受到河岸地形条件的限制,拱桥采用转体施工时,可能遇到既不能在设计高程处预制半拱,也不可能在桥位竖平面内预制半拱的情况(如在平原区的中承式拱桥)。此时,拱体只能在适当位置预制后通过平转、竖转才能就位。

第二节　平转(有平衡重平转、无平衡重平转)工艺

一、有平衡重平面转体施工工艺

有平衡重转体施工的特点是转体重力大,需要专门配置平衡重施工的关键是转体。有平衡重转动体系的转体桥是指转动体系的重心基本落在下盘转动磨心球铰上的转体桥。它一般适用于桥梁两岸地形狭窄,岸坡陡峻、悬崖陡壁、深山峡谷的山区单孔大跨度拱桥,这种需要专门增加的平衡重可以设计成桥梁永久荷载的一部分,适当加大桥台厚度,也可以设计成利用台背的临时吊架配置重物。它们都是为了用来调整转动体系的重心,使其在转体阶段重心基本落在下转盘磨心球铰上,从而能够方便地实现转体。

转体施工主要的工作内容包括四部分:转动体系制作;转体到位合龙成拱;拱上无支架施工加载,完成拱上结构桥面施工;带混凝土底板的钢管混凝土劲性骨架的加工制作。

1. 转动体系的制作

转动体系构造主要包括磨心、磨盖、上盘、背墙、半跨上部构造拱片或钢筋混凝土开口薄壁箱和把它们联成整体的拉杆。即可以在磨心表面平稳旋转的由拱片、上盘、背墙和拉杆组成的转动体系。它主要由以下五道工序组成。

(1)磨心、磨盖制作

磨心混凝土成型主要依靠一个标准的母线样板在磨心混凝土终凝前反复刮制而成。母线样板一端在磨心的圆心定位轴上,定位轴安装要求垂直,母线样板另一端支撑在磨心侧模板顶面,磨心侧模板的半径和顶面高度误差要求小于1mm。磨心混凝土的表面必须是在混凝土终凝前用样板刮制成型的,禁止混凝土终凝后用砂浆抹制成型。制作完成的磨心表面应该通过测量检查验收合格方可进行磨盖浇筑。验收的内容主要是要求磨心表面同心圆等高。同心圆半径间距15cm,测点间距约20cm,每个同心圆上测点高差不大于1mm。浇筑磨心混凝土时,在混凝土终凝前用母线样板反复精心刮制成型,尽可能减少后续工序磨心、磨盖表面混凝土的磨合打磨工作量。

当磨心混凝土强度达到 C20 以上时，即可在磨心表面涂抹隔离剂并铺上 1 ~2 层塑料薄膜时，以磨心表面作底模浇筑磨盖混凝土。此时应在磨心周边先加铺垫一圈宽度 10cm 的油毛毡，目的在于提起磨盖，撕去隔离剂塑料薄膜和油毛毡，重新盖上磨盖后，磨盖和磨心的周边不接触，磨心周边不受力，从而保证磨心周边不致因局部承压而破碎。

(2)转动体系的磨合

磨盖混凝土强度达到 C20 以上时，即可进行磨盖和磨心的磨合，开始磨合时，不应在磨心表面涂抹润滑剂，宜干磨和加水磨合。在磨盖顶面设推杆，并以人工推动磨盖旋转磨合，也可用小拖拉机牵引或以钢丝绳缠绕卷扬机牵引磨盖旋转，开始时可能需 30 ~40 人，随着磨心、磨盖接触面磨合光滑，阻力会逐渐减小。磨合过程中应经常提起磨盖观察其接触面，对个别不平整部位应另外用砂轮专门打磨。当磨盖与磨心顶面承压接触面大于 70% 时，即可停止磨合，提起磨盖，清洗晾干磨心和磨盖的接触面后，在磨心表面涂抹润滑剂。润滑剂可以用黄油与四氟粉拌和均匀，质量比 7∶3，涂抹厚度 0.5 ~1.0cm，也可用黄油，二硫化钼等其他润滑材料。实际承压接触面积大小的判断可通过在磨心顶面铺一层滑石粉，盖上磨心再通过从滑石粉上的印痕大小即可知道实际接触面积大小。

当磨心顶面涂抹润滑剂盖上磨盖以后，用 3m 长的推杆，人工推动磨盖并可平稳旋转，则磨心磨盖制作的工序即可认为验收合格，方可进行下一工序的施工。

浇筑上转盘和背墙。这两部分构件重量比较大，模板支架的基础必须坚固、可靠。对预制阶段落在桥台基础下盘以外的上盘和背墙的模板支架基础要另浇 C20 片石混凝土临时基础，临时基础混凝土要与桥台基础混凝土同时浇筑，而且基底应与桥台基础的基底相同。设置上盘和背墙支架的基础混凝土应同时浇筑，而且基底应与桥台基础的基底相同。设置上盘和背墙支架的基础时，要考虑到脱架时放千斤顶的位置，以便用千斤顶辅助脱架。上盘保险墩下预留的 4cm 间隙以及模板支架上端都应设置硬木楔或钢楔以便脱架。保险墩的底面应有预埋的钢板，板厚 1.5cm，以防保险墩受力太大混凝土被压碎。背墙混凝土的施工缝应埋设质地坚硬的片石作石笋或埋短钢筋，缝面应朝背墙后面倾斜，以利于承受拉杆巨大的水平力。

浇筑主桥上部构造拱片或钢筋混凝土开口薄壁箱。拱片在土牛拱胎上的浇筑同样要求支架基础坚固、稳妥，如有不良地基应认真处理。要妥善处理好土牛拱胎表层的排水，防止雨水冲刷，侵湿泡软模板支架基础。支架可用钢管、方木或浆砌石墩。为了便于上部构造张拉脱架，墩顶与拱肋下缘间距应以千斤顶的安放能满足卸架行程为原则。土牛拱胎岩土顶面高程低于拱肋底弧面高程的数值应使转体时能顺利转体。因为以磨心为圆心，同半径不同拱肋底弧高程是不同的，边拱比中肋低，特别是起拱线附近相差更大，如果土牛拱胎顶面距拱肋底面间隙太小，就会出现转体受阻，需临时开挖土牛面的岩石或土体，影响转体。

如果转出的桥体上部构造是钢筋混凝土开口薄壁箱，则开口薄壁箱可以预制组装，也可以立模现浇。采用预制组装时，底板混凝土是现浇的，由于预制侧板厚度太薄，因而长度不能太大。要采取临时加固措施保证预制侧板在脱模、翻身、运输、组装过程中不致损坏。要仔细设计组装结点的细部构造以及侧壁和底板的联结构造。确保组装后的结构整体型可靠。预制组装节点现场钢筋焊接量大，组装结点处现场钢筋焊接量大，组装结点施工质量要求严，但节约模板。当采用现浇时，一定要用 2.5cm 的小振动棒和插钎先进行竖向浇筑薄壁板的工艺试验，确保浇筑质量。内面预留锚固钢筋环，并进行表面凿毛，以利于二期侧壁加厚混凝土与前期混凝土的结合。锚固钢筋环一般为8@20cm。两条拱肋之间横隔板的上、下水平板混凝土要求与主拱圈顶、底板混凝土同时浇筑,不得按施工缝预留出钢筋后浇。

张拉脱架,形成转动体系。转动体系的上转盘、背墙、拱圈浇筑完成后,它们的质量都还是分别在各自的模板支架上,只有通过张拉拉杆扣索后逐步把上盘、背墙和拱片脱离支架,把上盘、背墙和拱片的质量都由模板支架上转移到磨心上以后,方可认为形成了一个完整的转动体系。脱架应先脱半跨上部构造拱圈的支架,再脱上盘和背墙的支架。

张拉前应对张拉设备标定,并再次确认拉杆(钢绞线)和锚具的质量合格。当即使用钢绞线作拉杆而又用夹片锚时,由于拉杆的安全系数大于2.5,锚固应力太小,不是锚具的最佳锚固应力,为确保固定端锚固绝对可靠,要求固定端用两个夹片锚,其中第一个受力,第二个备用。安装的第二个锚具应在第一个已经受第一级张拉力后,且锚圈应紧贴第一个锚圈,夹片应另外用一个锚圈穿过钢绞线轻轻打紧,使夹片均匀受力。张拉时应该逐根分三级由中间向两边对称进行。拉力用应力和伸长量进行双控。为了便于测定拉杆的伸长量,一般应以设计拉力的10% ~15%作为初始拉力对拉杆进行预紧。为保证各根拉杆钢绞线受力均匀,最后一级张拉结束后应在固定端再全面进行一次补偿张拉。当拉杆的总拉力达到设计拉力后,拱片支架所受的力会逐渐减轻,为卸架设置的木楔会有所松动,此时可由拱脚向拱顶逐段主动拆除支架上的木楔,让拱片逐渐脱空,为了便于拱片平稳脱架、避免振动,应在拱顶端部每片拱片底下的混凝土支墩上设千斤顶辅助拱片脱架。此时拱片端部的支架已经受力很小,只要用千斤顶轻轻顶起拱片,拆除拱片最后的模板支架,徐徐放下千斤顶即实现了拱片的完全脱架。

当拱片支架完全脱空后,可以测出拱顶的实际下挠值。实际下扰值与理论计算下扰值总是有差别的,这是因为桥体上部构造混凝土浇筑的尺寸总会有误差,因而桥体上部构造的实际重量与计算的理论重量总有差别,一般往往是超重。为了保证脱架后主拱圈受力情况基本符合设计值,要求脱架后再测一次拉杆实际受力的大小(往往大于设计拉力),然后再在拱顶用千斤顶将拱片顶起至脱架后实测的拉力,最后再徐徐松去千斤顶上部构造的正式脱架,此时拱片实际的下扰值会略大于设计值。

为了判断拉杆拉力是否正确,还可以用简易方法实测拉杆钢绞线或钢筋的振动频率或周期,按下式计算拉杆拉力:

$$P = 4L \tag{10-1}$$

式中:L——振动频率;

P——拉杆拉力。

在拆除拱片支架后即可拆除上转盘和背墙的支架,包括保险墩底下的木楔。先拆除磨心轴线前端的支架,再拆除磨心轴线后端的支架,此时由于磨心前部已经悬空,这就需要在磨心轴线后端部底下安设4 ~5台500kN千斤顶辅助脱去上盘和背墙的支架。由于整个转动体系的重心是设计在磨心轴线位置,因此当前端悬空后,后端底部的千斤顶只需稍加施力即可顶起背墙,全部拆除上盘和背墙的支架。至此整个转动体系已经全部脱离支架,转动体系的全部重量支承在磨心上。转动体系已经形成。

张拉脱架的全部过程都要有专人观测转动体系由于张拉拉杆而产生的变化。转动体系形成过程中,即张拉脱架的全过程,必须特别关注转动体系受力较大的部位,它们是全部主拱圈、拉杆锚板、背墙台口、背墙背面的底部(上盘顶面与背墙相交处)、上盘顶面磨心处、上盘底面磨心后部。

拱片脱架后，主拱圈一般都处于全断面受压，不应有任何细微裂纹。转动体系形成后静置一昼夜仔细检查各部位有无异常，一切正常即可准备转体。

(3)转体到位后合龙成拱

驱动转动体系转体是用普通150~300kN螺杆千斤顶平卧在上、下盘之间，不要用油压千斤顶，利用上盘的保险支墩和下盘环道两侧预留孔洞中插入的短钢轨挡住槽钢横梁形成数对反力体系，启动千斤顶形成驱动力矩，上盘即可缓缓平稳转动。当千斤顶行程用完后，移动下盘孔洞中的短钢轨和槽钢横梁，重新安放千斤顶，即可继续驱动转体，如此往返重复，直到转体合龙。

转体前应在拱顶处每片拱肋上固定水准尺，作为转体过程中检测转动体系平稳的标志。

如果转动体系实际的重心位置与磨心偏离甚小，则四周的保险支墩与下盘的间隙会比较均匀，转体时阻力小，速度快，比较平稳。这种情况下一般转体100°，需8~10h。

如果转动体系实际的重心位置与磨心偏离较大，上盘发生倾斜，保险支墩与下盘环道顶面的间隙大小不等，此时应尽量采用配平衡重的方法将重心调整到位后再转体，如确有困难则应根据上盘倾斜的情况，用千斤顶抬平上盘后再转体，转的时候应随时观测固定在拱顶的水准尺，要求横向上、下游两侧拱顶高差不大于1cm，而且拱顶端部高程在转体全过程与设计高程的高差不大于2cm，以保证安全平稳地实现转体合龙。

用来抬平上盘垂直支撑的千斤顶一般应选用1 000kN的千斤顶，其数量应根据重心偏离程度而定，支撑点应选在上盘的四周边缘，为了使上盘在垂直支撑的千斤顶处可以产生相对平移滑动，应在千斤顶与上转盘底面之间设置两块30cm×40cm×2.0cm的厚钢板，钢板之间再垫两块30cm×40cm×0.6cm的四氟乙烯滑板，滑板之间抹上黄油。如此，当上盘转动时两块四氟乙烯滑板间即可平稳滑移。但由于滑板尺寸太小，转体过程中要反复移动滑板和千斤顶，转体工作十分费工费时，因而一定要耐心谨慎，确保安全。

转体合龙后，应把中心位置与高程调整到设计要求。拱片合龙成拱的拱顶高程应比预制土牛上的高程低1.5~3.0cm。高程的调节可以在起拱线台口上、下盘之间用千斤顶实现。

合龙成拱的主要工序和过程如下：

①仔细调准中心位置和拱顶高程。

②立即用钢楔顶紧每个保险墩下的间隙，临时固定上转盘。

③用帮条焊接拱顶接头钢筋。

④浇筑上、下盘之间的封盘混凝土。此工序操作条件困难，应仔细认真做好，靠磨心四周可用人工填塞片石混凝土，最后部分的封盘混凝土坍落度14~16cm，周边尺寸和高度可超出上盘20~25cm，要切实保证封盘密实，如有不密实应以压浆补实。

⑤用C15片石混凝土回填上盘背后基坑超挖的部分，回填高度应达到上转盘的顶面线，以保证拱的推力能够可靠的传给基岩。

⑥选择气温在15~20℃时浇筑拱肋顶部接头混凝土。

上述工序施工先后顺序不可颠倒，而且应抓紧时间，尽早成拱。拆除拉杆钢绞线应在拱片之间的横向联系足以保证拱上加载横向稳定后方可拆除。

(4)拱上无支架施工加载，完成拱上结构桥面施工当上部构造为刚架拱或桁架拱时，拱片合龙成拱后，即可进行拱上无支架桥面系施工。桥面系施工包括安装微弯板和浇筑组合缝与桥面施工。

通过对施工加载的验算，在确保无支架施工安全的前提下，微弯板由两岸向跨中对称逐块向跨中对称逐块安装，先安装中间一行，再安装上、下游各一行，逐块向跨中推进直至合龙。不必在顺桥向跳动加载，这可以方便桥面系施工。

安装微弯板和浇筑桥面混凝土时，除必须遵守常规的施工工艺要求外，还要注意施工过程中荷载不要作用在微弯板跨中板顶，以免压坏微弯板。

当上部构造为箱肋拱时，转体合龙的拱圈是钢筋混凝土开口薄壁箱，它的后续工作如下：先将侧壁和底板加厚至设计厚度，再按设计厚度浇筑顶板混凝土，并同时浇筑肋间横系梁，最终形成两条设计断面的闭口箱肋拱圈。最后浇筑拱上立柱、横梁、行车道板。所有上述工序应该严格遵守左、右半拱对称加载的原则。侧壁和底板同时加厚至设计厚度，再按设计厚度浇筑顶板混凝土，并同时浇筑肋间横系梁，最终形成两条设计断面的闭口箱肋拱圈。最后浇筑拱上立柱、横梁、行车道板。

(5)带混凝土底板的钢管混凝土劲性骨架的加工制作

当桥梁跨度较大时，转出的桥体以带混凝土底板的钢管混凝土劲性骨架为好，它可有效地减小转动体系的重量。

2. 转体拼装台的搭设

转体拼装台应根据设计桥型和两岸地形情况，设置适当的支架拼装台，用于转体拱肋的拼装。支架搭设应注意以下几点：

(1)充分利用地形，合理布置场地，使拱体转动角度小，支架用料少，易于设置转动装置。

(2)严格控制拱体部分高程、尺寸，特别要控制好转盘施工精度。

二、无平衡重平面转体施工工艺

1. 无平衡重平面转体基本概述

采用有平衡重转体施工修建拱桥，转动体系中的平衡重一般选用桥台背墙。但随着桥梁跨径的增大，需要的平衡重力急剧增加，不但桥台不需如此巨大圬工，而且转体重力太大也增加了转体困难。

无平衡重转体施工是把有平衡重转体施工中的拱圈扣索拉力由两岸岩体中锚碇平衡，从而节省了庞大的平衡重。锚碇拉力是有尾索预加应力传给引桥桥面板(平撑、斜撑)，以压力的形式储备，桥面板的压力随着拱箱转体角度的变化而变化，当转体到位达到最小。

根据桥位两岸的地形，无平衡重转体可以把半跨拱圈分为上、下游两个部件，同步对称转体；或分别在上、下游不对称的位置上预制，转体时先转到对称位置，再对称同步转体，以使扣索产生的横向力互相平衡；或直接做成半跨拱体(桥全宽)，一次转体合龙。

无平衡重转体施工工艺，具有三大体系，即锚固体系、转动体系及位控体系。

(1)锚固体系

锚固体系由锚碇、尾索、平撑、锚梁及立柱组成。锚碇设于引道及边坡岩层中，锚梁支承于立柱上，两个方向的平撑及尾索形成三角形稳定机构，使上转轴为一确定的固定点。拱箱转至任意角度，则锚固体系平衡拱箱扣索力，从而可省去平衡转动体系的庞大平衡圬工。

(2)转动体系

转动体系由上转轴、下转盘、拱箱及扣索组成。

上转轴由埋于锚梁中的轴套、转轴和环套组成。扣索一端与环套相连,另一端与拱箱顶端连接。转轴轴套与环套均可转动。

下转盘为一马蹄形钢环,马蹄形两端各有一走板,两个走板在固定的滑道上滑动。两走板上方各做一铰座,拱箱拱脚两侧各做一铰,支承于铰座上,马蹄转盘卡于下转轴外,下转盘与滑道、下转轴与环道之间均设有摩阻因数很小的滑道材料。

(3)位控体系

上转轴与下转轴间设有一偏心值 e,扣索张拉到设计吨位后,拱箱离架,扣索力 T 产生一个向外的分力 F,即形成一个向外自转的力矩($M=Te$)。因此,必须在拱箱顶端用一缆风索将拱顶拉住。用一台卷扬机放缆风索,拱箱即可自动向外转体就位。缆风索完全控制了拱箱转体速度与位置,这就是位控体系。

2. 无平衡重平面转体施工设计

(1)锚固体系设计

①锚碇设计

锚碇处岩体的抗剪强度、抗滑稳定性计算值应分别大于使用值,并有足够的安全储备。锚碇是无平衡重转体施工的关键部位,必须绝对稳妥可靠。

有条件时可做拔桩试验。当锚碇抗拔能力要求不太高时,可通过超张拉尾索来检验锚碇的安全度。这样做虽然会增加一些尾索、平撑的材料用量,但可保证安全。

②平撑、尾索的设计

在双箱对称同步转体时,一般可只设轴向平撑或用引桥的桥面板代替。施工中可能因拱箱自重误差和转体速度差而使锚梁产生横向水平力,还应增设斜向平撑和尾索或上、下游斜向尾索,以平衡其横向水平力。

拱箱在转体过程中,随着转动角度的改变,扣索力的方向也随之变化,而轴向平撑、斜向平撑及尾索的内力也随之变化,使整个力系在任一转角均处于平衡状态。

尾索一端浇于锚碇中,穿过空心箱及锚块(或锚梁),在锚块外侧张拉施加预应力,此时钢筋受拉,混凝土平撑受压,当张拉拱箱扣索时,斜向尾索拉力加大,混凝土平撑压力减少,而轴向混凝土平撑压力加大,尾索内力减少,当拱箱向外转出时,两个方向的平撑及尾索自动调节内力。

设计中,确定平撑及尾索的预加应力大小及锚块位移的大小极为重要,设计的原则是应满足上转轴铰点的内力平衡与平撑的变形协调条件。平撑要有足够的压力储备,才能防止在转移过程中锚块产生的较大的位移。

③立柱的设计

桥台拱座上的立柱在转体阶段是用来支承锚块(锚梁)的。对于跨径 100 ~ 200m 的拱桥而言,桥台上立柱高度可达 30 ~ 50m,下端要承受拱箱的水平推力。构件细长比大时,上下端受力大,经过计算比较,立柱按桅杆体系进行设计更合理。

如在拱座上无立柱,或立柱位置不符合施工要求时,通常需在转体所要求的位置上临时设置立柱,柱顶上支承锚块和平撑。临时立柱在转体完成后拆除。

④锚梁及锚块的设计

锚梁是一个短梁,锚块是一个结点实体,用以联系立柱、轴平撑及斜平撑,并作为扣索与尾索的锚固点。锚梁及锚块可以用钢筋混凝土制作,也可用钢结构作为工具,多次重复使用。

(2)转动体系的设计

①拱箱

转体施工过程中,拱箱设计的关键在于结构体系的选择,为了使拱箱受力状态良好和易于操作控制,只在拱箱顶端设一扣点,调整扣点高程,使拱箱在整体转体过程中完全处于受压状态,不出现拉力。

②上转轴

埋于锚梁中的轴套采用铸钢,内圆粗糙度为 Ra50μm,环套外端与扣索连接,在连接端加焊厚 20mm 钢板和三角板加强。设计时其弯曲应力与焊缝剪应力均应满足荷载要求。转轴采用空心钢管,其外圆粗糙度为 Ra50μm,设计时其弯曲应力与局部应力应满足荷载要求。

③下转盘

转盘采用 3 ~ 4 层半环形钢带弯制成马蹄形,内弧与下转轴接触处粗糙度用 Ra50μm,钢带间灌注混凝土,除考虑拱箱水平推力所产生的拉力外,还应考虑拱座处的剪应力与铰座的局部应力。转盘下设走板,走板前后均设倒角,走板开了许多小孔,嵌设聚四氟乙烯蘑菇头,称千岛走板,起减小摩阻力的作用。

④下转轴

位于锚固体系的钢筋混凝土立柱下端,呈圆截面。与转盘接触处,外套一个钢环,高 0.2m,外圆粗糙度用 Ra50μm,并涂黄油四氟粉。设计时应考虑能承受拱箱水平推力所产生的剪应力、弯曲应力和局部应力。

⑤下环道

在基础顶面、下转轴四周设置宽 50cm 机械加工的圆环形钢制下环道,为了减小安装变形,最好在与下转轴上套的钢环焊在一起加工制作。

⑥扣索

通常选用Ⅳ级 ϕ32mm 精轧螺纹钢筋,使用应力为设计强度的 30% ~45% 。

(3)位控体系的设计

位控体系的设计原则是由预先设置的上转轴与下转轴的偏心值 e 所产生的自转力矩应大于上、下转轴及转盘转动的摩阻力矩。

当扣索张拉至设计吨位拱箱离架时,自转力矩 M 较小,而当拱箱转至顺河方向与桥轴线垂直时,M 值最大,摩阻力矩 M 在刚启动时为静摩擦,此时 M 值最大,而一经启动,即为动摩擦,M 值减小。特别是以四氟板作滑道材料,静、动摩擦阻力相差较大,因此设计时应使最小的自转力矩大于最大的摩阻力矩,即:$M_{min} > M_{max}$。应用所求得的自转分力,再考虑风缆不同角度的因素而定。若设单偏心值,当拱箱转至 160°以后,则应设反向缆风索帮助转动,或者在下转盘前后用千斤顶顶推,辅助转体转动。

通过以上计算,可以确定上、下转轴顶设的偏心值,并选定控制拱箱转体速度的缆风索直径和卷扬机的规格。

实践证明,利用偏心值使拱箱自动转体,调整缆风索收放速度控制拱箱转体的速度和位置,构思巧妙而又切实可行,易于操作控制。

3. 无平衡重平面转体施工

拱桥无平衡重转体施工的主要内容和工艺有以下几项。

(1)转动体系施工

①设置下转轴、转盘及环道。

②设置拱座及预制拱箱(或拱肋),预制前需搭设必要的支架、模板。

③设置立柱。

④安装锚梁、上转轴、轴套、环套。

⑤安装扣索。

这一部分的施工应主要保证转轴、转盘、轴套、环套的制作安装精度及环道的水平高差的精度,并要做好安装完毕的防护工作。

(2)锚碇系统施工

①制作桥轴线上的开口地锚。

②设置斜向洞锚。

③安装轴向、斜向平撑。

④尾索张拉。

⑤扣索张拉。

在这一部分的施工中,锚碇部分应绝对可靠,以确保安全。尾索张拉是在锚块端进行,扣索张拉在拱顶段拱箱内进行。张拉时,要按设计张拉力分级、对称、均衡加力,要密切注意锚碇和拱箱的变形、位移和裂缝,发现异常现象时应仔细分析研究,处理后再进行下一工序,直至拱箱张拉拱架。

(3)转体施工

正式转体前应再次对桥体各部分进行系统全面检查,通过后,方可转体。拱箱的转体靠上下转轴事先预留的偏心值所形成的转动力矩来实现,启动时放松外缆风索,转到距桥轴线约60°开始收紧内缆风索,索力逐渐增大,但应控制在20kN以下,当转不动时,则应在桥台上用千斤顶上顶马蹄形下转盘。为了使缆风索受力角度合理,可设置两个转向滑轮。缆风索的走速,启动时宜选用0.5~0.6m/min;一般行走时宜选用0.8~1.0m/min。

(4)合龙卸扣施工

拱顶合龙后的高差,通过张紧扣索提升拱顶、放松扣索降低拱顶将其调整到设计位置。封拱在低温时进行。先用8对钢楔楔紧拱顶,焊接主筋、预埋铁件,然后先浇封拱顶接头混凝土。当混凝土达到70%设计强度后,即可卸扣索。卸索应对称、均衡、分级进行。

第三节 竖转工艺

一、竖转施工的基本方法

将桥梁从跨中分为两半。在桥轴线上利用地形搭设简单支架,在其上组拼或现浇拱肋;也可工厂制造拱肋,用浮船浮运至桥轴线上。在拱脚安装转动铰,利用扣索的牵引将结构竖向旋转至设计高程,跨中合龙完成结构的安装。

二、竖转施工的适用范围

对于季节性河流或河流水深较浅搭设支架不困难的河流，常采用搭设简单支架组拼和现浇拱肋，对于通航河流，也可采用工厂制造，浮船浮运至桥位，拱肋由下向上竖转至设计高程。

三、竖转体系的构成及技术要求

1. 拱肋

在竖转过程中，拱肋内力随竖转角度不断变化，因而要求拱肋具有足够的强度、刚度及稳定性。同时拱肋的安装质量直接关系到竖转规模及技术难度，这就要求拱肋具有轻型化的特点。

2. 竖转铰

要求转动灵活，转动铰的接触面满足局部承压要求。可根据具体情况选用钢板销子铰、钢管混凝土铰、插入式球铰。

3. 扣索

根据竖转质量及牵引设备，选用钢丝绳及钢绞线。扣索数量的配置应充分考虑结构冲击、自然环境以及扣索在转向处的弯折影响。

4. 索塔

因地制宜选用贝雷架、六四军用梁、万能杆件等定型材料拼装索塔，也可采用钢管混凝土等高强材料。由于索塔高度直接关系到拱肋在竖转过程中的受力状况及扣索的大小，应综合考虑索塔施工难度及材料用量对索塔高度进行优化。应充分考虑在横向风力、偏载等其他因素作用下索塔的强度、刚度及稳定性。

第四节 工 程 实 例
——广州丫髻沙大桥

一、工程概述

广州丫髻沙大桥是广州市环城高速公路西南环上跨越珠江的一座 76m + 360m + 76m 三跨连续自锚中承式钢管混凝土系杆拱桥，桥宽 32.4m，拱肋计算跨度 344m，计算矢高 76.45m，矢跨比 1/4.5，拱轴系数 $m=2$，$k=1.317$，两条拱肋中心距为 35.95m，每片拱肋由 6 根 750 钢管混凝土通过横向平联板、腹杆连接成为钢管混凝土桁架。

主拱肋采用中承式双肋悬链线无铰拱，计算跨度 344m，计算高度 76.45m，矢跨比为 1/4.5。每片拱肋由 6×750mm 钢管混凝土组成，由横向平连板、腹杆连接成为钢管混凝土桁架，内、中、外三根钢管通过平联板形成能共同受力的类似肋板的结构，上、下钢管间通过$\phi450\times12$ 及 $\phi351\times10$ 的腹杆组成稳定的空间结构。沿拱轴方向采用变高度（拱脚钢管中心距 HB8.039m；拱顶钢管中心距 $H_T=4.000$m），等宽度（$B=3.450$m）截面。两条拱肋中心距为35.95m,共设置6组米字横撑和2组K字横撑。主拱肋的钢管和平联板内灌注C60高强补偿收缩混凝土(腹杆和横撑钢管内不灌注混凝土)。

边拱肋采用上承式双肋悬链线半拱,计算跨径71.0m。广氮岸边拱矢高为27.296m。沙贝岸边拱矢高为27.988m,矢跨比约为1/5.2。每片拱肋由4×ϕ600mm钢管混凝土组成劲性骨架,外包钢筋混凝土,从而构成了一个空间桁架结构。为了便于传递水平力,将主拱拱肋与边拱拱肋的轴线置于同一直线上,且拱肋宽度相等。

拱上立柱均采用双柱式结构,其中边拱立柱由ϕ1 000 ~ ϕ1 300mm钢管混凝土构件组成;主边拱立柱上横梁和吊杆横梁采用工字型钢与混凝土联合梁,吊杆下横梁均长38.0m,通过横梁腹板高度的变化形成桥面横坡。

主拱上吊杆采用镀锌高强低松驰617钢丝束,R = 1 670MPa,OVM-LZM型冷铸锚,分别锚于主拱拱肋的上弦管顶和钢横梁的下翼,并以横梁的下翼作为高程调整段。吊杆在拱肋的下翼及钢横梁的上端设有简易减振体,两端前三根吊杆为短吊杆,采用加装有位移释放装置的专用锚具,吊杆的下端还设有防漏水热缩管密封装置,吊杆考虑了换索。

为了平衡主拱所产生的水平推力,系杆采用10束OVM15-37无黏结高强低松驰预应力钢绞线,R = 1 860MPa,锚具为OVM15-37锚具,每侧布置5束(其中预留换索孔各一个)。系杆在进入边拱拱肋时用钢管保护,外露部分通过外包PE保护层防护,系杆张拉按加载顺序分级对称进行。

桥面纵梁采用高度为460mm的Π型钢筋混凝土板梁,桥面铺装层为C50HAREX钢纤维混凝土。

桥址处地质构造属于广三红色断陷盆地的东延部分,其北侧约2.0km处为东西向延伸的广三断面,在DK43 + 265处有一条走向近南北、断面倾西的压扭性断层,属于广三断层的次级裂构造。南北两岸、丫髻沙岛及江底均被第四系全新海陆交互堆积土层覆盖,土层厚为4 ~ 15m,下伏基岩为中生界白恶系下统白鹤洞组粉砂岩与泥灰岩互层,岩层硬度不均,如图10-1所示,拱肋拼装如图10-2所示。

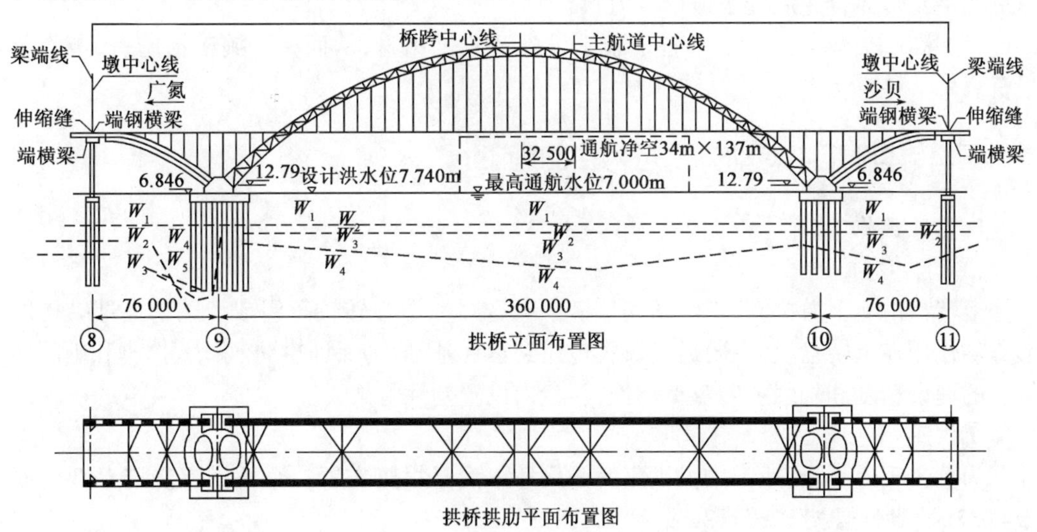

图10-1 丫髻沙大桥主桥平、立面布置图(尺寸单位:mm)

图 10-2　广州丫髻沙大桥拱肋拼装图

二、转体施工工艺选择

考虑设计桥型及桥位所处的自然地理条件对施工方案的影响，经多方案比选，最终选定竖转加平转的施工方案。选择转体施工方案具有以下优点：

(1)桥位所处珠江口航运繁忙，采用转体施工方案将本桥施工对航运和航运对施工的相互影响减小至最小程度。

(2)利用边孔作为中跨半拱的平衡重，能形成转体施工的自平衡体系，主拱钢管桁架强度高，能满足施工过程中的受力要求；同时，采用转体施工，变大量高空作业为地上作业，避免了长、大、重安装单元的运输和起吊。减少施工环节，提高工作效率及施工安全性，从而提高了其整个施工方案的可靠性。

(3)采用转体施工工艺合龙成拱时间短，明显减少施工风险，从而提高桥梁施工的整体安全度，这对地处台风影响较大的广州市具有现实意义。

(4)可以通过调整扣索位置，调整转体合龙后的内力，确保边孔曲梁和中孔拱桁在转体过程中及转体合龙后处于最佳应力状态。

(5)采用转体施工工艺，节省了施工设施及施工用材，从而减少施工措施费，节省了投资。

三、转体施工中转动体系各构件的施工

1. 上转盘施工

(1)上转盘概述

上转盘由上下游拱座，拱座间连接横系板、撑脚、中心转轴等组成。整个上部结构的质量均作用在上转盘上，主要通过撑脚传递到承台基础，为保证拱肋、索塔、撑脚和中间转轴等的埋设精度和加强上转盘整体性，转盘内设置劲性骨架。

①拱座

为减少环道半径，适当增大拱座两侧尺寸以满足撑脚布置。全桥拱座浇筑 C40 混凝土4 632m^3，劲性骨架 126.112t，钢筋 221.87t。

②连接系板

横系板高 6m，由顶、底板、腹杆构成，顶底板为 1m 厚的钢筋混凝土板，腹杆为 $\phi500\times$

14 空钢管，中心转轴处为 6×8m 厚 1m 的钢筋混凝土封闭箱，并在箱的两侧开孔。横梁浇筑 C40 混凝土 1 095m^3，劲性骨架 138.025t，钢筋 69.32t。

③中心转轴

中心转轴由上下钢板、钢板间四氟蘑菇头及中心定位轴等构成。上钢板厚 50mm，底面钻孔埋设蘑菇头，蘑菇头外露 10mm，上钢板顶面焊接 ϕ1 800×20 钢管，便于与上转盘连接横梁劲性骨架形成整体。上钢板上还要有角钢加劲，并加定位轴套管（ϕ325×7.5×160）。下钢板厚 30mm，顶面刨平（粗糙度 6.3μm），中心定位轴直径 300mm，长 800mm，伸入上下钢板的长度分别为 200mm 和 600mm。下钢板和中心定位轴已在下转盘施工时预埋。

④撑脚

每个拱座设 7 个撑脚，分两种形式，位于两端的为加强型，由 3 根 ϕ800×14 钢管混凝土柱组成，位于中间的为普通型，由 2 根 ϕ800×14 钢管混凝土柱组成。

撑脚上端埋于上转盘内，下端支撑在下转盘环道上，与环道接触部分设置千岛走板，走板厚 50mm，内嵌四氟蘑菇头，蘑菇头外露 5mm。

⑤横向预应力束

因拱座中心偏离撑脚中心，横梁承受负弯矩，在顶板内布置横向预应力束，每拱座布置 21ϕ15.24mm 钢绞线。

（2）上转盘施工方案

上转盘的施工工序主要包括支架搭设，劲性骨架制作、模板制作、钢筋制作、模板安装、劲性骨架及钢筋安装、撑脚安装、拱座混凝土浇筑、横系混凝土浇筑、混凝土养生、预应力束张拉等。

①支架搭设

由于拱座（上转盘）采用非正位预制，除撑脚外，还需搭设支架支撑上转盘现浇混凝土及劲性骨架本身。支架采用型钢或钢管搭设，位于承台、系梁及滑道混凝土结构以外的部分，填 30cm 厚碎石垫层，再浇筑 20cm 厚的混凝土或铺枕木加固地基。

②模板制作与安装

上转盘浇筑时底面有很多钢筋和预埋件外露，底模板需临时开孔洞，为方便施工，底模采用 2～3mm 厚薄钢板或木模板，由于上下转盘间在转体后尚需封固，底模不需太光滑，宜粗糙些。为保证上转盘的外观质量，侧模采用组合钢模拼成大块，然后在表面贴 2mm 厚薄钢板。模板加工必须达到设计要求的表面平整度和几何尺寸，严格按照施工规范要求制作。模板安装必须认真细致，做到接缝密贴、无错台现象，确保相邻模板间连接牢固，安装完毕后，严格检查构件的几何尺寸，接缝和支架的稳定性，发现问题及时纠正。

③撑脚及千岛走板安装

走板下料后与撑脚钢管焊接成整体，再进行走板的机械加工，机械加工精度必须满足设计要求。撑脚及走板验收合格后，按设计要求装配四氟蘑菇头，并在缝隙内填充黄油四氟粉，然后用塑料薄膜覆盖防尘。在下滑道安装、精调并完成预留槽混凝土灌注后，测量定位、安装撑脚（及走板），安装时需精确定位。

④中心转轴上钢板等制作与安装

中心转轴上钢板也和走板一样需机械精加工，然后装配四氟蘑菇头，填充黄油四氟粉。在检查下钢板表面无杂物后，将上钢板（带劲性骨架连接钢管 ϕ1 800×14×1 750）准确对位安装，然后在中心转轴与轴套 ϕ325 管之间套用四氟管套并填充黄油四氟粉，在 ϕ32 钢管顶面加盖固定。

⑤劲性骨架制作安装

劲性骨架杆件和片体必须按照设计图纸要求进行制作，保证焊接质量和加工精度。劲性骨架应按设计组装图安装，必须准确控制安装位置，当与拱肋预埋件冲突时，劲性骨架应适当移位。

⑥钢筋安装

必须严格按设计图和规范要求执行，应特别注意读图、防止遗漏。

⑦混凝土灌注

上转盘拱座混凝土数量较大，属于大体积混凝土，必须采取防裂措施，根据承台大体积混凝土施工的监测结果，结合拱座的条件采取相应措施。

a. 大体积混凝土施工预防裂纹的主要措施

混凝土的裂纹主要是由于内部温度较大、表面干缩及其有较大变形时受体内外的各种约束而引起，与混凝土的内外温差、约束条件，自身抗裂性能、降温速率、弹性模量及湿度等有关。在正常的空气环境中混凝土裂缝允许宽度为 0.20mm。拱座施工拟采用以下主要措施：

采用“双掺”技术，掺入适量的粉煤灰和高效减水缓凝剂，降低水泥用量和水灰比，以降低水化热；优化混凝土配合比，提高混凝土的抗裂性能；混凝土体内用冷却水循环，降低峰值温度，减小温差；加强保温、保湿养生，延缓降温速率，防止混凝土表面干裂；合理组织施工，严格施工工艺，提高混凝土的均匀性；实施温度监测监控，用以调节循环水的出水量大小及温度。

b. 混凝土配制

拱座混凝土与承台混凝土设计强度要一致，拟采用承台混凝土配合比进行配制。混凝土的拌制采用现场拌制，混凝土输送泵输送。优先采用级配良好的粗集料，严格掌握各种原材料的配合比，其质量允许误差为：水泥、外掺混合料 ±2%；粗细集料 ±3%；水、外加剂溶液 ±2%，粗细集料的含泥量严格按规范控制。

c. 混凝土浇筑施工

按拱座与横系梁分别浇筑，其间先预留湿接缝后浇筑的原则进行施工，采取推移式连续浇筑法。为便于拱脚段准确定位，将拱座分为两大层，第一层约 3.50m 厚，每大层又按约 50cm 分层。当已浇筑的厚约 50cm 的下层混凝土尚未凝结时，即开始浇筑第二层，如此逐层进行，直到浇筑完成。从短边开始沿长边推进浇筑。控制分层厚度不超过 50cm。振捣棒的操作，要做到“快插慢拔”，在振捣过程中，振动棒宜上下略有抽动，以使上下振动均匀。分层浇筑时，振捣棒应插入下层 50mm，以消除两层间的接缝，每点振捣时间 10 ~ 30s，同时混凝土表面呈水平不再显著下沉、不再出现气泡、表面泛出灰浆为宜。在振动界限以前对混凝土进行二次振捣，排除混凝土因泌水在粗集料、水平钢筋下部生成的水分和空隙，提高混凝土与钢筋的握裹力，防止因混凝土沉落而出现的裂缝，减少内部微裂，增加混凝土密实度，使混凝土的抗压强度提高，从而提高抗裂性。

d. 冷却水循环降温

为降低混凝土的峰值温度，使混凝土体内中心与面层温差控制在 25℃ 内，采用冷却水循环内排法，即在浇筑每层混凝土的过程中及往后相当长一段时间，利用在混凝土内部预先埋设冷却管、在管内不断通入冷水，加速内部温度的散发，使大体积混凝土内的水化热被冷却水吸收并排出，避免在其内部产生过度的有害温度应力和温度裂缝。冷却管采用热传导性能好并有一定强度的输水黑铁管（ϕ32mm），绑扎在拱座钢筋上，每组冷却管供水量1.5m^3/h、流速0.7m/s左右，进水水温低于20℃的冷却水在该层混凝土开始浇筑时即开始通水。在混凝土养生过程中，根据冷却循环水进出口温差监测情况，调节冷却水压力和流量流速，从而调控冷却水的水温，保证温度控制在允许范围内（不高于40℃）。为降低混凝土的峰值温度，必须保证在混凝土浇筑前设置好抽水机机座，并增加抽水机的数量，以保证在混凝土浇筑过程中不会因抽水机故障而影响混凝土的内部散热。

e. 混凝土养护

为保证混凝土的质量，严格控制大体积混凝土的内外温差，养护是一项十分关键的工作。养护方法采用保温法和保湿法相结合。

保温养护是大体积混凝土施工的关键环节。保温养护的目的主要是降低大体积混凝土浇筑块体的内外温差值以降低混凝土块体的自约束应力；其次是降低大体积混凝土浇筑块体的温度，充分利用混凝土的抗拉强度，以提高混凝土块体承受外约束力时的抗裂能力，达到防止或控制温度裂缝的目的。同时在养护过程保持良好湿度和防风条件，使混凝土在良好的环境下养护。如可使用塑料薄膜或草袋等保温材料覆盖养护，推迟拆模时间，减少混凝土表面的热扩散而降低温度，防止产生表面裂缝。同时在混凝土浇筑成型后，用淋水的方法使刚浇筑不久的混凝土在适宜的潮湿条件下，防止混凝土表面脱水而产生干缩裂缝。从混凝土浇筑两天开始，为防止混凝土内外温差增大，还可将冷却管出水口出来的热水向承台表面和钢模背面冲淋，提高保温效果。养护时间不得少于14d。在混凝土的养护过程中，不得采用强制、不均匀的降温措施。粉煤灰混凝土早期强度较低，应加强早期养生工作。

f. 混凝土测温

为掌握大体积混凝土的温升和降温的变化规律，需要对混凝土进行温度监测和控制。在混凝土浇筑前拟采用预埋热电偶，然后在养护过程中用仪器随时测量混凝土内各点的温度，根据温度高低和变化情况，调整循环冷却水的流量，从而达到温控的目的。

2. 竖转设施

（1）索塔及索鞍的施工

无论平转施工还是竖转施工；转动体的静力特性还是动力特性，索塔都是转动体系中的关键部件。索塔的失效对整个转动体系来说是灾难性的，因此索塔设计时应采用强度较高的钢管混凝土结构。为增加索塔自身的稳定性，改善与拱座的连接，索塔在纵向采用变截面桁架结构，横向的两根钢管混凝土组合柱之间通过三道横撑和一道X斜撑连为一个整体。下面介绍本桥的索塔构造。

①索塔概述

索塔为钢管混凝土组成的变截面桁架结构，每座索塔有两个塔柱——由4根ϕ600×10的钢管混凝土通过ϕ350×10空钢管连接而成，是最要的转体设施之一。纵桥向（顺拱肋方向）塔柱为变截面，塔顶钢管中距为2 800mm，塔底钢管中距为12 000mm；横桥向（与拱肋方向垂直）塔柱为等宽度，钢管中距为4 800mm，塔高为62.188m。两塔柱间设置两道桁架式直撑和两道X单管斜撑。塔顶设置索鞍，对扣索起转向作用。每个索塔柱分成8个节段在工厂制作，节段长度为7.2～8.5m，单件质量为12.0～13.5t；直横撑整段制作，X 斜撑分成两条单管整段制作，单个直撑质量约 24t。每个索塔上索鞍分成两半排列，每件质量约 21t（不包括在塔顶安装的滑轮和轴）。索塔总质量 495t，索鞍总质量 210t。

②索塔安装工艺

索塔安装总体方法

按照从塔脚段到塔顶、横撑从上到下的顺序将索塔分批运输到工地两岸转盘的岸边，利用浮吊起吊上岸，放置于拱座两侧的下转盘上。江边的塔柱脚节段利用浮吊直接就位，中间的脚节段采用汽车吊提升就位，其余脚节段采用扒杆安装。

③扒杆的结构与功能

为了安装索塔，专门设计了扒杆，它由钢管立柱（框架）、吊架、连接杆、导向滚轮装置、固定支撑装置和提升系统组成。扒杆立柱采用 $\phi 400 \times 10$ 钢管，横向连接杆用 $\phi 600 \times 10$ 钢管。扒杆设计吊重为 20t，起吊构件最大高度为 9.00m。

扒杆在索塔脚节段安装就位并焊接好后用吊车提升，扒杆每根立柱钢管靠上、下可拆卸的支撑装置固定在塔柱钢管上，横向连接杆和吊架共同起承重作用，并起横向稳定作用，导向滚轮装置在扒杆向上爬升过程中起导向作用，滑车提升系统用于垂直起重和横移。经验算，扒杆的稳定性和起重量均满足要求，安全可靠。

④扒杆的提升

扒杆起吊安装一段构件、就位焊接完成后要向上升高，首先拆除导向滚轮装置紧固螺栓，将下导向滚轮装置移动到紧靠上支撑装置处固定，同时将上导向滚轮装置移动到靠近已安装好的塔柱钢管顶部并固定；第二步，用卷扬机通过钢丝绳挂住扒杆下横联，取出下支撑装置的销轴，拆卸上、下支撑装置的紧固件；第三步，用卷扬机提升整个扒杆至预定高度，重新安装固定上下支撑装置，解除爬升，用吊索完成扒杆的一次爬升。

⑤索鞍

索鞍起扣索转向及将支反力传给索塔的作用，由钢板焊接而成。扣索与索鞍接触面设置转动滑轮，以减少扣索在塔顶的摩阻力。辊轴上涂抹四氟黄油，以减少滑轮的动摩擦。滑轮辊轴直径 120mm，滑轮外径 200mm。为阻止钢绞线横向移位，在滑轮表面刻槽。为减少扣索各根钢绞线间互相影响，采用分束分轮，一束 18 根钢绞线分别置于同一层面，每束用隔板隔开，隔板净距 480mm，隔板厚 50mm，以满足辊轴处隔板的局部承压要求。考虑到施工安装，将整体索鞍分离成两部分，索鞍与索塔顶面钢板的连接采用高强螺栓。

⑥节段吊装工艺流程

a. 总吊装顺序：从塔脚段到塔顶节段→上直横撑→斜撑→下直横撑→索鞍安装。

b. 每节段安装流程：用汽车吊将节段置于拱座侧面的横系梁顶面→利用扒杆提升系统吊起节段稍高于安装就位高程→水平横移直至上下立柱对准后，下落就位→临时固定节段→立柱接头和腹杆焊接→扒杆升高、准备吊装下一节段。

（2）扣索安装方案

①索的编排

根据设计，1 号扣索在锚固点为每肋 $6 \times 21\phi 15.24$mm 钢绞线，2 号扣索在锚固点为 $(2 \times 14 + 2 \times 13)\phi 15.24$mm 钢绞线，经过索鞍重新编排分索后调整为 1 号扣索为 $7 \times 18\phi 15.24$mm 和 2 号扣索为 $3 \times 18\phi 15.24$mm，目的是使每台张拉千斤顶的荷载尽量均匀，且单根钢绞线承载小于 100kN，保证钢绞线有足够的安全系数。另根据同济大学的竖转施工方案，每束扣索穿入千斤顶必须按一定的顺序排列锚固，且左、右旋各 9 根。为满足上述要求,并使每根钢绞线穿索时不相互绞缠,本方案对各扣索从锚固点出来后跨索鞍分索进入张拉端的每根钢绞线作了编排组合,每条主拱肋各扣索从锚固点出来后在索鞍上的10组滚轮从外侧至内侧按顺序重新组合为①-1、①-2、①-3、②-1、②-2、②-3、①-4、①-5、①-6、①-7,上述每束18根钢绞线从外侧至内侧依次按1~18进行编号,如①-1-1~①-1-18。其中1~9号为左旋,10~18号为右旋。

②穿索

a. 下料:1号、2号扣索的下料长度分别为305m和222m,每根钢绞线按上述长度用砂轮切割机下料后需在两端作好编号标记,且用不同颜色油漆或胶布区分锚固端和张拉端。

b. 穿索:先穿2号扣索,再穿1号扣索,按从外侧向内侧的顺序将钢绞线从锚固端用卷扬机牵引跨索鞍在对应滚轮就位后拖至张拉端临时锚固。具体做法是每条主拱肋下布置两台卷扬机,一台用于牵引钢绞线,另一台用于将前一台卷扬机的牵引钢丝绳拖回锚固端。第一台卷扬机钢丝绳的布置是前端首先置于扣索锚固端,中间跨索鞍经边跨锚端下来后的多次转向滑轮接卷扬机。工作时先将钢丝绳的前端用索卡与钢绞线和第二台卷扬机的钢丝绳前端连接好,然后启动卷扬机将钢绞线和第二台卷扬机的钢丝绳一起牵引上索鞍再下来至张拉端,待钢绞线临时锚固好后,再启动第二台卷扬机,将第一台卷扬机的钢丝绳拖回扣索锚固点,之后再按上述方法将下一根钢绞线牵引到位,如此往复即可依次将所有钢绞线牵引到位。

c. 钢绞线的锚固:当钢绞线牵引即将到位时,用人工将尾端穿入锚固端相应编号的锚板孔,用挤压机将P型挤压锚扎紧,前端继续牵引到位,用索卡将其固定在边拱肋上的临时锚梁上,前端用人工穿入预埋管道伸出张拉端,当一束18根钢绞线全部牵引到位后,在张拉端口按同济大学施工方案的要求,按每根钢绞线的排列顺序安装好安全锚,拆除临时锚固索卡。待所有扣索(10束)全部穿好后,即可转交同济大学竖转施工组安装千斤顶。

③扣索的保护

钢绞线下料后应按顺序摆好或盘好,下面用枕木垫好,注意防止受水浸泡或金属物撞击,与现场电焊施工点保持足够的安全距离。

钢绞线在索引过程应避免直接置于主拱肋上或在主拱肋上拖拉,在锚固端附近用钢管搭设若干托架支承下挠的钢绞线,在锚固端上方出口处用枕木支垫,使钢绞线在穿索牵引过程中与主拱肋顶面保持一定的高度,以免与拱肋接头焊接的电焊搭接线接触形成回路而被击伤,降低钢绞线的抗拉强度。扣索钢绞线两端的多余长度均应使用砂轮切割机切割,严禁用氧割或电焊切割。

(3)拱上撑架

为了降低索塔高度及改善主拱受力,在主拱肋 $L/4$ 处设置撑架。撑架高16.5m,其纵向为"人"字形,2根 $\phi600\times14$ 钢管通过5根 $\phi299\times8$ 平联连为整体。横向 $B=2\,700$mm的等截面桁架。为改善撑架与拱肋连接点处的传力,在拱肋上弦管内对应撑架立柱位置设置环向加劲钢板。索塔顶转向块采用钢板焊接而成。底板厚20mm,横向采用3根 $\phi125\times80\times8$ 加劲,其上焊接支承扣索的墙板,墙板之间焊接弧形钢板组成扣索通过的滑槽,滑槽下采用 $\phi50\times50\times6$ 加劲。

(4)扣索锚点

主拱扣索锚点锚于拱肋的上弦结点上,由于扣索力为一较大的集中力,必须对原上弦结点进行加强。设计时，除用钢板将上弦、腹杆连为一体外，应分别采用内衬、外抱箍的方式对管壁进行加强。由于扣索角度在竖转过程中不断变化，为适应角度变化，锚固前端设置由钢板焊成的转向架。

边孔扣点也就是扣索的张拉端，设于边孔拱顶的钢筋混凝土牛腿上。索塔平衡索扣点设于边孔的下弦结点上。

(5)转铰

转铰采用 ϕ1 500×50 钢管混凝土铰，其构造为钢管混凝土作转轴，转轴支撑于拱座凹形钢板上。转铰与拱座凹形板接触面抹黄油减少摩擦及防腐。

3. 竖转牵引系统

(1)大桥竖转参数

主跨度360m，主拱高度76m，竖转角度24°，扣索1最大索力为19 712kN，扣索2最大索力为967kN。

(2)竖转施工工作原理

竖转牵引系统采用液压同步提升新技术，根据主跨结构的竖转要求，主跨两肋各设置两组锚点，即锚点组1和锚点组2，用来将1、2号扣索固定在主跨结构上。

扣索均采用 ϕ15.24mm 钢绞线，两组扣索通过塔顶索鞍后分别连接到两组油缸中。穿芯式油缸是竖转设备的执行结构，其内部穿过18根钢绞线，两端还装有可控锚具油缸，以配合主缸对锚片进行控制。主缸伸缸时，上锚利用锚片的自锁原理紧紧夹住钢绞线，而下锚松开，张拉钢绞线一次，使主拱肋竖转一个角度。主缸满行程时，主缸缩缸，使荷载转换到下锚上，而上锚松开。如此反复，可以将主跨竖转到位。

主缸、上下锚具的动作控制均由计算机通过液压系统来实现，控制系统根据一定的控制策略和算法不仅可以实现对主跨结构的位置控制，而且还可以实现对主跨结构的荷载控制。

①总体布置原则

a. 满足竖转施工的荷载要求，并应使每台提升油缸受载均匀。

b. 满足控制系统布点要求，尽量降低系统复杂性。

c. 保证每台泵站驱动的提升油缸数相等，提高泵站的利用率。

d. 在总体布置时，要认真考虑系统安装的方便性、系统维护的可能性，以降低工程的风险。

②具体布置

根据起吊质量及油缸的承载能力，每肋使用10台油缸，其中7台油缸与1号扣索相连，3台油缸与2号扣索相。每肋布置两台泵台和1台阀块箱，其中1台泵站直接驱动5台油缸。因此，整个竖转提升系统共使用40台油缸、8台泵站和4台阀块箱。

竖转控制系统的控制任务分别由两套计算机系统来完成，一套以8 098单片机为核心构成同步调节系统，一套以可编程控制器为核心动作联控系统。同步调节是通过调节液压系统的比例阀流量来控制提升油缸升降速度，以达到位置同步或压力均衡等控制目的。它有信号检测传感器、A/D采样，单片机和比例阀功率驱动等硬件著称。在竖转过程中，要满足扣索，保证两肋同步提升，保证加速度和减速度不超过规定值等要求。控制系统的控制策略是关键。由于在竖转过程中采用提升油缸集群作业，因此提升油缸动作的协调控制是关键。动作控制系统由检测油缸位置和锚具位置的传感器、可编程控制器和液压系统的电磁阀功率驱动等硬件组成。在设计动作控制系统时,应充分考虑油缸动作的闭锁问题,使得系统具有防误操作、掉电保护等功能。

③控制策略

确定1号扣索、2号扣索的索力比随竖转角度的变化规律。计算机系统根据这一规律进行调节。为了使每台液压泵站驱动的油缸数相等,将提升油缸分成6个点,每点油缸相互之间采用并联接法,因此每点中各油缸受载均等。在每点中安装一支油压传感器,用来测量油缸的实际荷载,通过这支传感器可以将各点的荷载反馈给计算机,这样计算机可以根据控制要求来分配各点荷载。如点A、点B共同承受1号扣索荷载,则计算机将按1:1的比例来分配荷载。而调整点A、点C的荷载分配比例可以通过控制1号扣索、2号扣索之间的荷载分配,从而可以达到控制的目的。

设计对竖转过程中左、右两肋的高差提出了要求。计算机控制系统应能在竖转过程中对两肋的高度差进行必要的调节,以确保两肋的位置同步关系。在整个控制系统中,点A是一个主令控制点。通过改变点A的设定值可以控制整个提升系统的提升速度。为了保证左、右两肋的位置同步关系,在左肋的点A及右肋的点D中,安装了测量钢绞线缩短长度差值的传感器。用这样的传感器可以将两肋的高度差反馈给计算机。根据设计要求,设置1、2号扣索的索力上限。扣索力不超过理论值的5%,索力超限时控制系统自动报警并停机。通过调节液压系统的溢流阀可以设定各点提升油缸的最大荷载,从而控制1、2号扣索力的上限。通过安装在各点中的油压传感器,计算机可以知道当前的扣索荷载,超载时计算机发出报警信号,并立即停机。以上策略可以实现位置同步和荷载均衡的双重控制,由于油缸的伸缩速度较慢,由此引起的加速度和减速度可以忽略。

(3)竖转提升速度

竖转提升速度取决于泵站的流量、锚具切换和其他辅助所占用的时间。1台泵站驱动5台提升油缸。按以往的提升经验,提升速度为2.2m/h。1号扣索和2号扣索在竖转过程中,长度缩短值分别为:26.294m、25.268m。因此预计整个竖转过程将历时12h。

承重系统的选择和验算:承重系统由扣索、油缸和锚点三部分组成。在竖转过程中1号扣索、2号扣索的最大索力分别为19 712kN,9 764kN。1号扣索的索力在19 318 ~ 19 712kN之间变化,由14台油缸分担,每台油缸的平均荷载为1 380 ~ 1 408kN,油缸中单根钢绞线的平均荷载为76.6 ~ 78.2kN(单根钢绞线的破断力为260kN,考虑拔锚影响及安全系数,要求单根钢绞线承载力小于100kN)。2号扣索的荷载变化范围比较大,在3 791 ~ 9 764kN之间,由6台油缸分担,每台油缸的平均载荷为631.8 ~ 1 627.3kN,油缸中单根钢绞线平均荷载为35.1 ~ 90.4kN。

四、主拱竖转施工

1. 验收及准备工作

(1)主、边拱结构拼装质量验收

①主拱桁卧拼、边拱劲性骨架竖拼几何线形(轴线、高程)检查验收。

②主拱桁、边拱劲性骨架节段接头焊缝质量检查验收。

③主拱、边拱肋横撑安装接头焊缝质量检查验收。

④拱座结构几何尺寸、混凝土强度、预应力张拉检查验收。

⑤边拱钢管混凝土、配重块及端横梁混凝土强度、预应力张拉检查验收。

(2)竖转设施检查验收

①索塔、索鞍安装几何尺寸、焊缝质量检查验收。

②索塔立柱钢管混凝土强度检查验收。

③撑架安装几何尺寸及焊缝质量检查验收。

④扣索钢绞线、锚具检查:对钢绞线、锚具进行外观检查,核查产品出厂合格证,对锚具进行硬度抽样试验。

⑤张拉设备检查,包括千斤顶标定、张拉设备及控制系统试运行。

⑥边跨锚固检查:核查精轧螺纹钢材料出厂合格证及抽样试验报告,对锚固结构及状况进行检查。

⑦P 型挤压锚试验:对扣索锚固端的 P 型挤压锚应做锚固性能试验。

⑧索夹试验:对加工好的索夹应做抗滑性能试验。

⑨监测点安装:铁科院监控组按监测计划安装测点,布置导线。

⑩扣索、平衡索安装:钢束制作、牵引提升到位、分束、安装锚具。

⑪张拉平衡索:按设计吨位(2 000kN)张拉锚固 4 号、5 号预备平衡索(张拉端在拱座下)。

⑫安装扣索张拉千斤顶:在边拱张拉端搭设张拉工作平台,安装张拉千斤顶,连接控制系统。

⑬扣索初张拉:在张拉端千斤顶尾部采用单根张拉,每根钢绞线初张拉力按 40kN 控制。

⑭安装助升千斤顶:在拱顶端拱架上安装垂直助升千斤顶,每条拱肋布置 3 台 60t 千斤顶。

⑮结构初始状态观测,测量组对主、边拱实际轴线位置,拱肋、索塔、拱座各特征观测点的实际三维坐标(平面位置及高程)进行观测记录,监控组对拱肋、索塔、拱座等各监测点的内力、温度等监测项目进行初读数。

⑯缆风设施检查:对挂好处于松驰状态的缆风钢丝绳,扣点锚桩(座)及收放设备检查,以便竖转过程遇大风能迅速收紧。

⑰围堰排水设备检查:保证能随时投入使用。

⑱通信设备调试:保证指令及信息传递顺畅。

⑲资料处理试运作:技术组模拟资料汇集并输入电脑,检验程序数据处理,图表显示,成果打印等是否准确有效。

2. 竖转实施

(1)脱离拱架前分级张拉

按设计计算启动张拉力的 50%、85%、95%、100% 分级同步张拉(实施时换算成具体吨位)。每级加载持续 20 ~ 30min,此时监控、测量、观察组立即投入工作,并迅速将结果报技术组,技术组进行整理分析后提出调整处理意见,总指挥据此发出继续下级操作或进行调整、加固等指令,受令小组遵照执行,直至分级张拉完成。张拉 3 号平衡索,张拉力为 3 500kN。

(2)启动脱架

启动拱顶端助升千斤顶,边拱张拉端千斤顶同步张拉,至主拱肋脱离拱架停止,脱架高度应使拉索在日温差变形影响下主拱肋不接触拱架。监控组测取测点应力、应变值,测量组观测高程及轴线位置,观察组检查结构及张拉系统状况,结果汇至技术组,技术组将观测数据输入电脑,得出当前主拱结构实际位置及相应的结构杆件、拉索内力计算值,经与监控组提供的实测值进行对比分析,判断结构及拉索内力是否处于正常状态或提出调整建议,咨询专家组意见后供总指挥决策能否继续下一级提升竖转或进行调整加固的措施,受令小组据此行事并将执行结果反馈回指挥室,等待下一步指令。保持上述脱架状态停置 12h 以上,观察组对主拱及边拱钢管焊缝、主拱铰、扣点、索塔脚、索鞍、撑架顶部及架脚、转盘撑脚、环道受压变形等各重要部位进行详细检查。竖转操作组对千斤顶及夹片有无滑移情况进行观察。

(3)正常竖转

监控组和测量组在正式竖转前再次测取有关数据,并与脱架时(或经调整后)测取的有关数据进行比较,如发生较大变化,则应根据设计指导值作相应调整。广州丫髻沙大桥拱肋竖转如图 10-3 所示。

图 10-3 广州丫髻沙大桥拱肋竖转图

①竖转分级:-0.701 4°~3°、3°~12°、12°~24°。每个分级竖转过程保持 1 号、2 号索力的合理比例关系,同时保持两条主拱肋相对高差控制在允许范围内(通过在两条主拱肋拱顶处设置沉降仪来控制),即实现索力和高程双控的目的。

②观测、检查、分析处理程序,与前述程序相同。

③拱顶预留高度,最后一级竖转将到位时即停止,预留高度不小于 200mm(低于设计高程)以便合龙高程的调整。

④转速控制,控制在 12h 内完成,注意启动、止动均速,尽量减小加速度(在 $0.005m/s^2$ 以内)。

⑤平衡重调配。

竖转到位后,监控组测取边拱锚杆内力,报技术组。技术组将锚杆实测内力与相应阶段边拱各锚点的计算内力比较,提出索力调整建议值。适当调整索力(分别)使主、边拱结构及扣索内力达到设计理想状态,此时结构处于平衡状态,经技术组核实后可放松边拱后锚(但此时未解除)。适当的索力调整仍无法使结构平衡,则需在边拱端横梁调整配重。配重吨位根据监控组实测数据与计算差值设置。再经监控组对调整配重后的内力状况进行实测,测量组对结构位移变化进行观测,技术组核实确认结构处于平衡状态后方可解除边拱后锚(但此时未放松)。扣索锁定:在索鞍顶部分组安装索夹,将扣索锁定,限制温差变形或风载振动结构产生位移时,扣索通过索鞍前后滑动。系主拱缆风:在两条主拱肋端部挂临时垂直缆风,以便接到紧急大风预报时能迅速收紧。拱脚临时固结:索力调整完成后,即安装主拱脚上、下弦杆临时固结段,形成无铰结构,以增强平转过程的结构强度及刚度。拱顶温差挠度变化观测:在平转前进行24h拱顶温差变化观测,但主要观测温差变化较大时段,即从早上6时至晚上24时,每隔两小时观测各特征截面高程,并记录当时气温,监控组同时测取拱肋体内温度,技术组整理数据并绘出主拱肋随气温、体温变化曲线,供合龙参考。

五、平转施工

1. 平转结构概述

丫髻沙大桥平转施工的结构原理是在承台和拱座之间设置临时相互分离的转盘,通过牵引上转盘(拱座)旋转带动安装在其上的主拱和边拱肋平转到位合龙,然后封固转盘,从而完成上部拱肋就位成型。广州丫髻沙大桥拱肋平转如图10-4所示。下转盘设于承台顶面,为环道式,中心设定位转轴。上转盘上下游拱座由连接横梁连成整体,每边拱座下设7个撑脚。上构转体部分及拱座的全部质量均通过撑脚支承在环道上并随撑脚沿环道行走完成平转。安装在拱座上的上部转体结构主拱部分总质量2 058t,边拱部分总质量3 140t,上述荷载通过连通的斜扣索支承在设于拱座上的索塔上形成平衡体。大直径的环道则保证了上述平衡体在平转过程有足够的抗倾覆安全系数。采取本转体结构施工方案的最大优越性是将大体积、大吨位结构水上高空吊装改为地面卧拼,合龙成形时间短且能维持桥下通航并保证其安全。

图10-4　广州丫髻沙大桥拱肋平转图

(1)上转盘劲性骨架

为了保证上转盘各种预埋件的埋设精度,加强上转盘的整体性,在上转盘内设置劲性骨架。骨架由拱座内骨架及连接横梁组成,分别将中心转轴、撑脚连为一个整体。

(2)下转盘环道

环道直径33m,宽1 100mm,由环向钢板和环向型钢劲性骨架组成。浇筑承台时设置预留槽口并预埋定位骨架，环道钢板与承台内劲性骨架的连接采用螺栓连接。螺栓连接除可以对环道钢板精确调平外，还具有不会因焊接使环道钢板变形的优点。环道钢板调平后，在预留槽内浇筑混凝土。为增加环道钢板的刚度，防止在搬运和安装过程中变形，环道钢板下焊有加劲角钢。为减少环道与走板间的摩擦因数，在环道钢板表面黏一层3mm厚镜面不锈钢板。

(3)中心转轴

中心转轴除承受一部分上转盘传来的质量外，主要起定位作用。中心转轴由上、下钢板，钢板间四氟蘑菇头，中心定位轴，定位轴与转轴间四氟套组成。上钢板间厚50mm，钢板底面钻孔嵌入四氟蘑菇头，四氟蘑菇头外露10mm。上钢板顶面焊接ϕ1 800×20钢管，以便与上转盘劲性骨架形成整体。下钢板厚30mm，顶面刨平，粗糙度为3.2μm。用角钢对上下钢板加劲，防止钢板在加工、搬运过程中变形。

中间定位轴采用钢棒，直径300mm，伸入上下钢板分别为200mm和600mm。定位轴与上盖之间留有5mm空隙，在定位轴外包裹厚度为4mm，高度为150mm的四氟套管，并用四氟黄油冲填间隙。在承台内，对应中心转轴下钢板位置预埋型钢骨架，保证安装精度。

2. 主要技术参数

(1)平转角度：广氮岸(9号墩)117.111 7°，沙贝岸(10号墩)92.233 3°。

(2)平转总质量：13 685t。

(3)转动体结构几何尺寸：

①总长258.71m，其中轴心至主拱端177.50m，轴心至边拱端81.21m。

②宽39.40m。

③下转盘顶面至主拱顶面高86.285m。

④下转盘顶面至索塔顶高71.128m。

(4)下转盘环道中心直径33m，宽1.1m。

(5)中心转盘直径2.0m。

(6)平转速度控制：角速度不大于0.57°/min，主拱端水平线速度不大于1.2m/min，加速度在0.003m/s^{2}以内。

(7)平转风速控制：不大于10m/s(5级风)。

3. 平转牵引体系

本桥平转牵引体系由牵引索、牵引千斤顶及其反力座、牵引索转向滑轮组组成。牵引索为两组共6束18ϕ15.24mm(9号墩)或22ϕ15.24mm(10号墩)钢绞线，连续牵引千斤顶采用欧维姆ZTD自动连续转体系统。助推千斤顶采用欧维姆YC60A穿心顶。

4. 平转设备

(1)同步连续牵引系统

①ZTD2000-200千斤顶16台。

②ZTDB泵站16台。

③ZTDK主控台2台。

(2)助推系统

①YC60A-200千斤顶20台。

②ZB4-500电动油泵20台。

以上设备均为柳州欧维姆(OVM)建筑机械有限公司产品。

5. 同步连续牵引系统工作原理

ZTD 自动连续转体系统由千斤顶、泵站和主控台三部分组成。其主要特点是连续性和同步性,即能够实现多台千斤顶同步不间断匀速顶进牵引结构转体到位。

ZTD2000-200 连续转体千斤顶其前后顶构造使其能够通过两个顶的交替往复运动实现连续顶进。而前后顶的各行程开关则是系统的动作传感元件。

ZTD 自动连续转体系统的控制过程就是通过各行程开关将千斤顶前后活塞的位置信号传递给主控台,主控台将得到的信号进行逻辑组合后,再将控制信号传递给相应的泵站,泵站通过电磁阀控制相应千斤顶的动作。上述过程形成一个闭环系统,能够自动调节千斤顶的各种动作,使多台千斤顶做到同步连续工作。

本系统兼具自动和手动控制功能,手动主要用于各千斤顶位置调试和小距离运动,自动作为主要功能用于正常工作过程。

6. 准备工作

(1)设备调试

①对运抵现场的 ZTD 千斤顶、泵站和主控台立即进行单台检查调试。

②对 ZTD 自动连续转体系统进行空载联试。

③对 YC60A 千斤顶进行标定。

现场清理:包括环道清理,边拱支架拆卸,解除边拱后锚及主拱缆风,结构平转范围内障碍物的清除等。

(2)设备安装

①ZTD 连续牵引系统安装。

按设计位置在每岸安装 8 台千斤顶及配套的 8 台泵站,并按要求与主控台连接。

②助推系统安装。

初始启动在 9 号墩的 2、3、4、9、10、11 号撑脚和 10 号墩的 4、5、6、11、12、13 号撑脚安装助推千斤顶、拉杆和横梁,转体过程停顿如需助推启动则根据当时撑脚与助推反力座的相对位置选择合适的撑脚安装助推千斤顶。

(3)穿索

将制作好的 3 束牵引索钢束(9 号墩为 $3\times18\phi15.24$mm 钢绞线,10 号墩为 $3\times22\phi15.24$mm 钢绞线)一端穿入上转盘牵引索锚固座,安好锚具夹片,再按设计布置将每束钢索在转盘定位板和转向滑轮上挂好,之后将钢束分为 4 束(9 号墩)或 5 束(10 号墩)按编排顺序穿入张拉反力座,最后安装好千斤顶,压紧千斤顶夹片。

(4)钢束预紧

用 YDC240Q 千斤顶在 ZTD 千斤顶尾端逐根张拉钢绞线进行预紧,每根钢绞线预紧力为 20kN。

(5)初始数据采集

上述各项准备工作完成后,在平转前测量组和监控组按转体施工各有关实施细则和规定测取各项初始数据。

7. 平转牵引力估计

根据设计单位提供的转体工艺设计,平转启动静摩擦因数按 10% 控制。为确保转体能按设计成功实施,对设计滑道分别做了实验室模拟试验和劲性骨架现场试验。实验室经多组不同速度方向和加载时间的试验后，得到的静摩擦因数为0.016 4～0.058 3，不超过0.06。劲性骨架现场试转两岸均采集了3次启动匀速行走的牵引力数据，推算的静摩擦因数为0.037 2～0.062 3，不超过0.07，本方案按设计静摩擦因数的10%控制启动牵引力，则所需的计算启动总牵引力为1 236t。牵引系统各千斤顶按每台ZTD2000千斤顶控制张拉力140t，每台YC60A千斤顶控制张拉力50t计，则每个主墩牵引系统8台ZTD千斤顶，12台YC60A千斤顶初始启动时的总牵引能力为1 720t（计算启动牵引力的1.39倍）。根据劲性骨架现场试转结果，两岸首次启动牵引力均大于之后的再次起动牵引力，因此在正常情况下实施时如中途停下后再次启动的总牵引力应不会大于初始起动值。

8. 平转操作

（1）ZTD连续牵引力系统加载

各ZTD2000千斤顶先同步加载至140t，如转动体开始启动，则ZTD系统进入自动连续工作状态，同时迅速拆除助推系统横梁及千斤顶。

（2）助推系统逐级加载启动

如各ZTD千斤顶加载至140t仍未启动，则系统暂停。将各助推千斤顶加载至20t，重新启动ZTD系统，千斤顶加载至140t，然后助推系统每组千斤顶按2×10t逐级加载（最高至每个千斤顶50t），直至转动体启动，ZTD系统进入自动连续工作状态，之后立即拆除助推系统横梁及千斤顶。

（3）牵引索调整

当结构连续平转一定角度（最大不超过62°）后，需停下来将牵引索脱开转向座滑轮，直接缠绕在上转盘上并在张拉端重新预紧。

（4）平转基本到位

牵引索调整后系统重新启动，连续平转至主拱端距就位约100cm时停下，此时牵引索走线距主拱轴线准确就位尚有约10cm长度。

（5）轴线校正

（6）反复微调

利用ZTD系统的手动控制功能反复微调直至结构轴线与设计轴线误差。

满足设计精度要求。为掌握实际惯性位移，以便准确控制牵引系统精确就位，首次微调应在钢绞线和撑脚与滑道任一接触点作标记，启动牵引系统至拟订的调幅停下，量取钢绞线位移和撑脚位移，两者之差即为惯性位移。之后的微调按拟订的调幅及相应的惯性位移多次微调直至结构就位。为尽量控制结构不超转，应在滑道上放出撑脚的就位线，利用助推反力座安装限位卡梁。如结构超转，则利用助系统反向顶回。

六、主拱合龙段合龙施工

主拱合龙段的施工是整个大桥转体施工的最后一道关键工序，工艺要求高、施工难度大，必须慎重对待。除需精确、快捷、保证质量地完成工作外，高空作业还需切实注意安全。广州丫髻沙大桥竣工如图10-5所示。

1. 施工准备

（1）选定合龙时间

瞬时合龙时间短，尽快形成拱式体系，提高结构的抗风能力。

图 10-5　广州丫髻沙大桥竣工图

选定合龙时间的目的也就是选择最佳合龙温度，最佳合龙温度即指一天中温度最低的时刻，可通过事先实测找出规律确定。值得注意的是，拱肋杆件的内部体温相对大气温度的下降稍有一个滞后，应通过实测资料分析以确定最后的合龙时间。

根据资料分析，合龙时间初步定为凌晨两点整。受实际合龙温度与设计合龙温度差值的影响，当温度小于 ±3℃或影响的高程差小于 ±10mm 时，可不予考虑。

(2)拱顶工作平台

竖转开始前，需在两岸拱顶端分别搭设施工操作平台，待转体到位后，再将两端施工操作平台连接为一体。

施工操作平台用 ϕ48 ×3.5 钢管搭设，必须连接牢固、可靠。

为方便安装合龙段各构件，钢管脚手架须高出拱顶上缘 1.5m，低于拱顶下缘 1.2m。围栏、铺垫木板等必须与脚手架牢固连接，以保证安全。同时，各操作人员必须系安全带。

除了合龙段安装的花兰螺栓、弦杆、腹杆等构件外，还需在拱顶端搭载氧气切割机、ϕ48 ×3.5 钢管、木板、链条葫芦(2t)、数根 2m 长的 10 号工字钢等必要的工具，以便安装工作的需要。电焊机置于地面，通过主拱肋牵线上拱顶。

2. 拱顶合龙段施工操作

施工操作程序：体系平转到位后，调整好两拱肋轴线，使其误差在容许范围之内。拆除索塔顶索夹，解除主拱肋脚段临时固结杆件；与此同时，进行拱座临时固结工作，按设计要求完成；监控组测取结构内力，技术组将结果与相应状态下理论计算值对比，确保主拱脚转铰接后的结构处于安全状态或需调整(通过调整索力)；安装拱顶临时合龙花兰螺栓(松动状态)；选定一个日照少的时间，可定在黄昏时先进行初调：读取当时的大气温度，推算出相应温度下的高程调整值，将主拱顶对称缓慢地调升至设计合龙高程；旋转顶紧拱顶花兰螺栓，在凌晨两点的时候，根据监控组和测量组提供的当时主拱结构的内力和各特征截面高程值，判断是否符合设计要求，如误差在容许范围内，则无需再调；若误差在容许范围之外，则需通过调整 2 号扣索，同时微调花兰螺栓，反复调整主拱肋内力和高程，直至达到设计的理想状态。此时固定花兰螺栓，完成瞬时合龙；现场丈量合龙段各上、下弦杆的实际长度，切除上、下弦杆的余量。值得注意的是：合龙段竖腹杆必须通过测量定位在主拱跨中，不能以上、下弦杆分中，弦杆两边的余量切割应按测量结果确定其长度；按图 10-2 所示的组拼顺序，用单面焊双面成型(钢管内不贴任何衬垫)的焊接工艺焊接拱顶合龙段上、下弦杆和腹杆;拆掉花兰螺栓及其后座 N3、N4 钢板,在合龙段位置将上、下弦平联板焊接好,最后完成主拱圈的合龙;逐级交错均匀放松扣索和索塔平衡索,直至索力为零,主拱成双铰拱结构状态。卸扣过程应保持内力监测和变形观测,发现异常立即停止,研究调整方案后再继续卸扣,确保卸扣过程在安全状态下进行;根据设计工艺焊接拱脚连接段钢管;浇筑拱脚封固混凝土,主拱成为无铰拱结构;主拱合龙验收:主拱轴线、高程测量,拱座就位精度、结构外观检查,主拱内力检测。

第十一章

混凝土拱圈支架现浇

第一节　概　　述

砌筑石拱桥或者现浇混凝土拱圈时，需要搭设拱架以支承其质量，并保证拱圈的形状符合设计要求。拱架的种类很多，按其使用的材料可分为木拱架、钢拱架及土牛拱胎等形式；按其结构形式可分为拱式拱架、落地式满堂拱架等形式。

在设计和安装拱架时，应结合桥位处地形、地基等实际条件进行多方面比较，应遵循安全可靠、必须有足够的强度、刚度和稳定性的原则。同时作为临时施工结构，要求构造简单、受力明确，制作及安拆容易方便，并能重复使用，以加快施工进度、减少施工费用。对钢拱架，应优先采用标准化、通用化的常备式构件，如贝雷梁、六四式军用梁、钢管脚手架等；在特殊情况下采用木拱架，应采用材质坚硬、无损伤且湿度较小的材料。

第二节　拱架构造及安装

一、拱式拱架

拱式拱架采用常备式构件拼设成与拱圈相近的拱形结构，两端支撑在拱座附近，承受拱圈施工时的质量。其优点是不受地基影响，可以在大江大河上实现就地浇筑，缺点是技术较复杂，并需要一套缆索系统进行安装。

1. 拱式拱架的构造

拱式拱架一般采用能周转使用的定型设备或者专用拱架构件拼装，如贝雷梁、六四式军用梁等。

图 11-1　贝雷梁主桁架

贝雷梁是一种可快速拆装的、主要用于抢修公路的制式桥梁，用高强钢全焊制成，组成拼装单元，用销子或者螺栓连接成桁架梁，质量较轻，使用方便。1965 年，在原英制贝雷梁的基础上,结合我国国情和实际情况研制了称为“321”的钢桥,单片桁架尺寸为3.0m×1.5m(图11-1),现已普遍用于公路桥梁施工中。

六四式军用梁是我国自行研制的一种铁路抢修制式器材,是一种全焊构架、销接组装桁架梁,由于具有承载能力大、杆件种类少、拆装方便等优点,同样也已普遍用于公路桥梁施工中(图11-2)。

由于这两种设备上下弦都是等长的,必须在间隔一定的位置加调节杆件,以形成拱状。某桥主跨为 $L=145$m 钢筋混凝土拱桥,采用六四式军用梁架设拱架,每间隔8m,在拱架上弦增加一节0.25~0.35m长的调节杆,形成与拱圈线形基本一致的拱架,设置模板,浇筑拱圈混凝土(图11-3)。

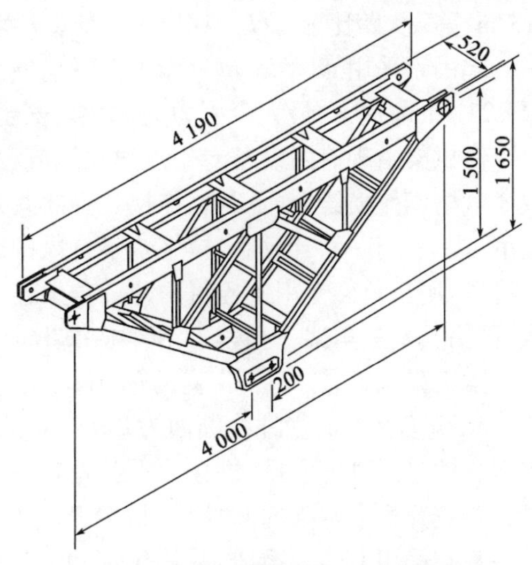

图11-2　六四式军用梁构造图(尺寸单位:mm)

2. 拱式拱架的安装

采用拱式拱架的桥梁往往都跨越大江大河或峡谷深山,因此拱架的安装必须采用缆索吊机。

缆索吊机由索塔、主缆、地锚和吊装系统、牵引系统、扣索系统等组成,由于吊重轻,可设置较为简易的缆索吊机系统。首先在索塔附近将拱架单片构件组拼为节段,一般节段长度控制在20m以内,质量控制在8t以内。然后用缆索吊机吊点起吊,运输至指定位置进行安装。下面以一实例说明拱架的安装方法。

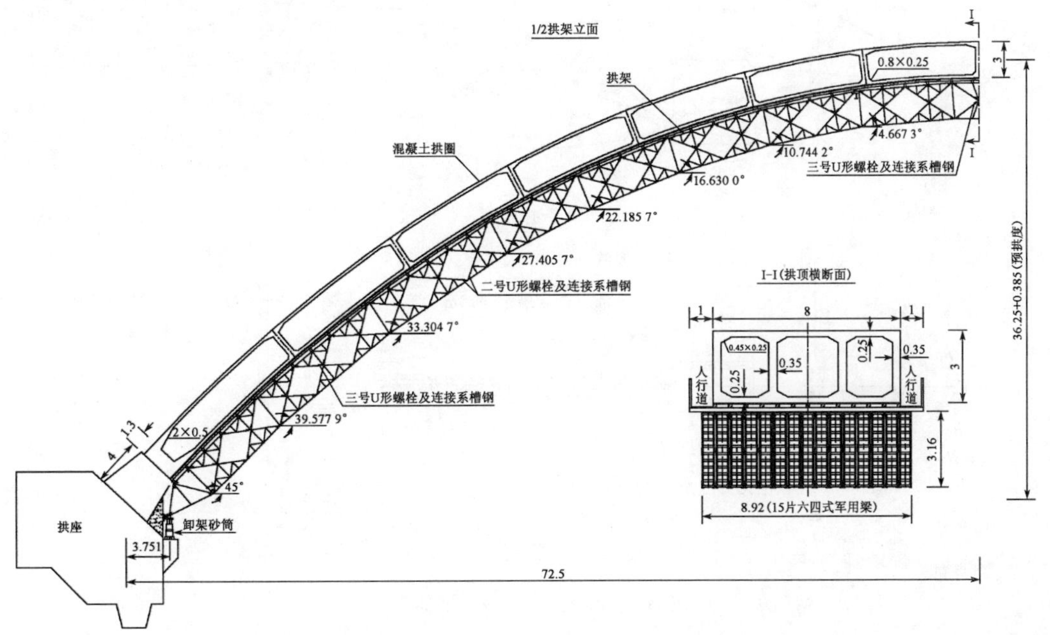

图11-3　六四式军用梁设置的拱架(尺寸单位:m)

某桥为1×60m钢筋混凝土箱形拱桥,矢跨比 $f_0/L_0=1/6$,拱轴系数 $m=1.6$,拱圈高1.6m,宽5.2m,为单箱双室截面。施工方法采用缆索吊装钢拱架,然后在钢拱架上铺设模板，浇筑主拱圈混凝土。

缆索吊机跨度为117.62m，尾索跨度分别定为32.0m和31.76m，尾索的水平夹角为21°和30°。

设一组吊装主缆和一组工作索，每组用一根ϕ47.5mm钢丝索。设计吊重为6t，主索重载受力H_{max}=29.8t，主索空载受力H_0=4.37t，主索重载垂度F_{max}=7.37m，主索空载垂度F_0=4.37m，重载矢跨比$F_{max}/L=1/15.96$，空载矢跨比$F_0/L=1/26.92$，主索安全系数为3.6。

起吊索采用ϕ17.5mm钢索，穿2线，安全系数为7.79，用3t卷扬机。牵引索采用单根ϕ21.5mm钢索，最大牵引力为1.94t，安全系数为12.55，用3t卷扬机牵引。

钢拱架由现有的设备专用三角架组成，并辅以变长度的弦杆拼设，横桥向为6片，用双8号槽钢作横梁上、下与之连接。纵向共为15片，两端设铰脚，组合为3段吊装。设一组吊、扣点，当一肋合龙后，拉好八字抗风，紧接着吊相邻第二肋。第二肋合龙后，拉好八字抗风，用三角架专用螺栓将两片三角架连接，以增加拱架的横向稳定性。然后松吊、扣点，再吊其余三角架。扣索采用一根ϕ28mm钢索，设置为墩扣。

索塔采用万能杆件拼装的门形塔架，东岸索塔总高为21.6m，西岸索塔总高为17.6m，宽度为6m，立柱横断面为2m×2m，设一道横系梁。塔上分配梁采用两层25号工字钢。按工地进度安排，进场后需首先架设缆索吊机，因此索塔需设在两岸桥台后。索塔设置要避开桥台基础的开挖线，桥台开挖时注意边坡防护，避免塌方，危及索塔的安全。索塔基础采用C30混凝土，采用预埋钢板与索塔万能杆件21号连接。

根据地质情况，主地锚采用混凝土重力式锚，辅助地锚如抗风地锚等需根据现场情况进行设计、布置（图11-4）。

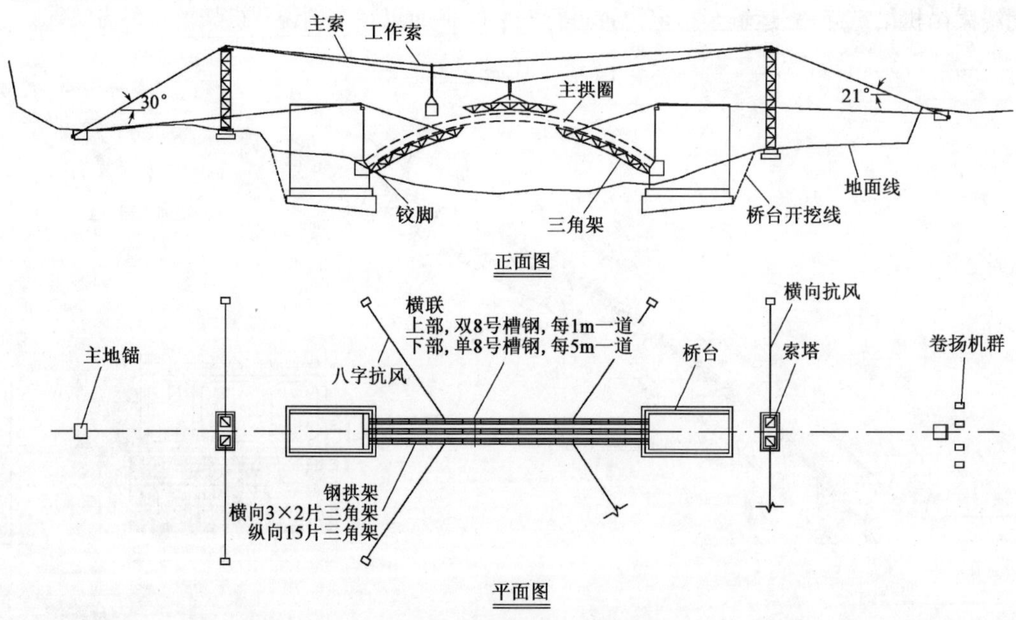

图11-4　缆索吊机安装拱架布置图

二、满堂式拱架

满堂式拱架又称落地式拱架，采用钢材或木材拼设为较为密集的桁架，将拱圈自身荷载通过桁架直接传递给地基。它由拱架、卸架设备、基础等三部分组成，其优点是技术简单，施工方便。

1.满堂式拱架的构造

满堂式拱架一般采用钢管脚手架拼设，有时仅在特殊情况下或者小跨径拱桥时采用木拱架，以降低成本、方便周转使用，并满足环保要求。在跨度特别大或者地形条件特殊时，也可采用其他承载能力更强的设备拼装拱架，如万能杆件、贝雷梁等。

钢管脚手架拼设简单，成本低，社会拥有量大，在建筑上被广泛使用。常用的有扣件式脚手架、碗扣式脚手架，其钢管一般采用 $\phi48\times3.5$，用扣件或者碗扣等特殊连接件将竖、横、纵向布置的钢管连接为空间框架结构，另设纵、横向剪刀撑和抗风，以增强拱架的稳定性。

立杆是承受拱圈荷载并传递到地基的主要受力杆件，间距应根据荷载大小计算而定，一般为0.6~1.2m。立杆上、下端应采用可调托撑，以保证受力合理。

横杆起纵、横向连接立杆的作用，横杆的步距一般为0.9~1.2m。

斜撑是保证拱架稳定的重要措施，设置方法应符合《建筑施工扣件式钢管脚手架安全技术规范》(JGJ 130—2011)和《建筑施工碗扣式钢管脚手架安全技术规范》(JGJ 166—2008)的要求。

在托撑上设置横向木枋，将弓形木固定在横向木枋上，再铺设竹胶板做拱盔，作为拱圈浇筑的底模。

2.满堂式拱架的基础

满堂式拱架的基础必须牢固、坚实，以免拱架发生变形、沉降。首先应对地基碾压密实，然后在其上浇筑混凝土基础。混凝土基础可以满浇，对地基进行封闭，也可浇筑为条形基础。在地基周围应做好排水沟，避免地基浸泡。

3.满堂式拱架的安装、拆卸

拱架一般采用人工安装并辅以吊车即可完成。采用钢管脚手架的拱架，由于杆件轻，运输传递方便，无需大型起吊设备，工作面宽，安装非常容易。

拆卸拱架时拱圈混凝土强度必须达到要求，按均匀、对称的程序进行。对于中小跨径的拱桥，可以从拱顶开始，逐次对称向拱脚卸架；对于大跨径拱桥，为避免拱圈发生面外变形，可从 $L/4$ 处逐次对称向拱顶、拱脚均匀卸架。

4.满堂式拱架的安全措施

(1)模板、支架和拱架应按施工设计规定的程序安装；安装模板、拱架应由作业组长指挥，作业人员应协调一致。

(2)拱架的立柱应设水平撑和双向斜撑，斜撑的水平夹角以45°为宜，立柱高度在5m以内时，水平撑不得少于两道，立柱高于5m时，水平撑间距不得大于2m，并在两水平撑之间加剪刀撑。

(3)在安设模板、拱架过程中，应及时架设临时支撑，保持模板、拱架的稳固。

(4)拱架立柱应置于平整、坚实的地基上，立柱底部应铺设垫板或混凝土垫块扩散压力。支架地基处应有排水措施，严禁被水浸泡。

(5)在河水中支搭拱架应设防冲、撞设施，并应经常检查防冲撞设施和拱架状况，发现松动、变形、沉降应及时加固。

(6)拱架高度超过10m应设一组(4~6根)缆风绳，每增高10m应增设一组。缆风绳与地面夹角为45°~60°,缆风绳和地锚应安设牢固;地锚安设处应设安全标志。

(7)可调顶托、底托安装前,应经润滑,确认旋转正常;安装后应采取防止砂浆、水泥浆、泥土等杂物填塞螺栓的措施,并设专人维护。

(8)立柱的接头应用卡具或螺栓扣紧,立柱与水平撑、剪刀撑之间应连接牢固。

(9)拱架不得与作业平台、施工便桥相连。作业平台临边必须设置可靠的防护栏杆,加挂安全网,或采取其他封闭措施。

(10)使用扣件式钢管支架做模板支架时,施工前应对支架立杆地基进行应力验算,必要时应对地基进行加固处理;支架搭设应符合下列要求:

①可调底座的调节螺杆伸出长度一般不得超过30cm。

②满堂式拱架的四边和中间每隔四排立杆应设置一道纵向剪刀撑,由底至顶连续设置。

③高于4m的满堂式拱架,其两端和中间每隔四排立杆应从顶层开始向下每隔两步设置一道水平剪刀撑。

(11)拱架安装完成后,应对结点和支撑进行检查,确认符合设计规定,经验收合格,并形成文件后,方可进行下道工序。

(12)应编制拱架预压方案,制订相应的安全技术措施;指定专人指挥。预压时应划定作业区,非施工人员严禁入内。

第三节　在拱架上现浇拱圈

拱架拼装完成后即可进行拱圈混凝土的浇筑。箱形截面拱圈的浇筑一般采用分环分段的方法,即先浇筑底板,然后浇筑腹板,最后浇筑顶板。如果拱桥跨度较小,拱圈截面高度不大,也可以采用分两环浇筑,即先浇筑底板,然后浇筑腹板和顶板。

跨径较小的拱圈或拱肋,应按拱圈的全宽从两端拱脚向拱顶对称地连续浇筑混凝土,并应在拱脚混凝土初凝前全部完成。跨径较大的拱圈或拱肋,应沿拱跨方向分段对称浇筑,分段的位置应以拱架受力对称、均匀和变形小为原则,且宜设置在拱顶、$L/4$部位、拱脚及拱架结点等处;各段的接缝面应与拱轴线垂直,各分段点应预留间隔槽,其宽度宜为0.5~1.0m,槽内有钢筋接头时,其宽度尚应满足钢筋接头的需要。

分环分段浇筑时,拱圈的合龙方法有两种,一是采取分环填充间隔缝混凝土实现合龙,二是待全拱圈分段浇筑完成后,再浇筑间隔缝混凝土实现合龙。采取分环合龙时,已合龙的环层具有一定刚度,能承受一部分荷载,可减轻拱架的负担。采取全断面合龙时,拱圈需先分环分段浇筑,然后浇筑间隔缝混凝土实现合龙。

第四节　在拱架上组拼和现浇拱圈

预制和现浇相结合的拱圈施工方法,是将部分腹板、隔板和盖板在预制场预制,然后吊运至拱架上安装,浇筑连接部位混凝土形成拱圈。这种方法适合于箱形拱圈施工,它将拱上施工的部分工作,在地面上提前完成,只需较少的吊装设备进行安装,施工安全简便,能加快进度。

施工顺序：

(1)分块预制拱圈的腹板、横隔板及盖板。

(2)把预制好的腹板、横隔板吊到拱架上组装连接好接头钢筋，浇筑底板和接头混凝土。

(3)待混凝土强度达到设计强度85%以上，安装盖板，然后铺设顶板钢筋，浇筑顶板混凝土，形成箱形截面拱圈。

第五节　拱上建筑施工

拱上建筑的施工应按照加载程序，从拱脚到拱顶，或者从拱顶到拱脚均衡进行。立柱的钢筋、模板应预先拼装成整块，利用吊车或者缆索吊机进行安装。立柱混凝土可采用翻模浇筑，在顶端应设置预留孔，以便搭设支架，浇筑盖梁。

第十二章 顶推施工拱桥

第一节 概 述

拱桥顶推施工方法一般适用于跨江河、跨海、跨深沟、跨宽广漫滩的钢拱桥施工,采用梁拱新型组合结构体系和钢与混凝土组合桥面系,即钢拱、钢梁在岸上先期组拼为一体,利用顶推设备进行钢拱和钢梁整体顶推就位,桥面板后期安装的施工方法。其施工流程为:钢拱、钢梁以及连接钢拱、钢梁的临时撑杆在岸上先期组拼为拱梁组合体系→拱梁组合体系端部安装顶推导梁→利用在各个桥墩墩顶上设置的顶推设备进行多点同步整体顶推施工→顶推到位后,拆除临时杆件→分批张拉吊杆→拆除临时支墩→安装桥面板并浇筑湿接头→张拉体外水平预应力索。

第二节 顶推设备及工艺要求

(1)顶推设备具有竖向、顶推、横向调位三项调整系统,适应拱梁变形要求。

(2)设备滑移面不能直接在主梁底部,只能在设备内部相对滑移,梁底部需设置长度大于2.5m的垫梁进行应力扩散。

(3)顶推设备为自平衡多点顶推系统,不得产生较大水平推力而传递给墩身。

(4)顶推过程中,需在主跨跨中设置临时墩,梁体前后设置导梁进行过渡。

第三节 顶推施工的辅助设施

主要的辅助设施有:前后导梁、临时支撑墩、临时撑压连接杆、拼装区顶推墩等。

第四节 顶 推 方 式

目前主要的顶推方式有三种:拖拉式多点顶推法、楔进式多点顶推法、改进楔进式多点顶推法。

由于拖拉式多点顶推法和楔进式多点顶推法都存在不足,目前多采用改进楔进式多点顶推法。改进楔进式多点顶推既具有楔进式设备的优点,又具有拖拉法操作的方便性。其主要特点如下:

(1)滑动摩擦全部是在顶推设备内部进行,桥墩不受水平推力。

(2)顶推设备分布在各桥墩上,形成多点顶进,保证了拱梁的前进方向。

第五节 施工步骤

一、拱梁组合体系的拼装

拱梁组合体系的拼装在岸上临时墩上搭设的顶推平台上完成。组拼成拱梁组合体系后利用顶推设备进行多点整体顶推,途经各永久墩、临时墩最终就位。

二、临时墩的设置

整体顶推充分利用主桥及引桥的永久墩,在墩顶上设置了顶推设备。为了减少顶推跨径,在每个主桥永久墩中间设一定数量的临时墩,在临时墩顶上安装顶推设备,使主桥、引桥顶推跨径基本一致。

三、拱梁临时加固

顶推时,桥面板尚未铺设,主纵梁内部的体外预应力索以及拱梁之间的吊杆均未安装。钢拱与钢梁形成了一个拱梁组合体系,在主拱与主梁之间设置连接主拱、主梁的临时撑杆,临时撑杆的设置使得拱桥在顶推过程中具有桁架桥的特点,改善了顶推过程中的受力性能,为了改善顶推过程中悬臂状态的受力,在拱桥两端分别设置了足够长度的顶推导梁。

四、改进楔进式多点顶推

利用竖向千斤顶将拱梁多点整体托起,水平千斤顶向前顶推实现拱梁移动,然后下放拱梁并临时搁置,完成拱梁的一步移动,再缩回千斤顶准备下一循环作业。即重复进行“顶→推→降→缩”操作流程,实现拱梁顶推就位。

五、桥面系施工

拱梁组合体系就位后,拆除前后导梁并逐步拆除临时撑杆,分批安装和张拉相应吊杆,拆除临时支墩后进行吊杆索力调整,然后在钢主梁上安装全部预制板,从跨中向拱脚逐段浇筑湿接缝,最后安装并张拉体外水平预应力索。

六、施工工艺流程

施工工艺流程如图 12-1 所示。

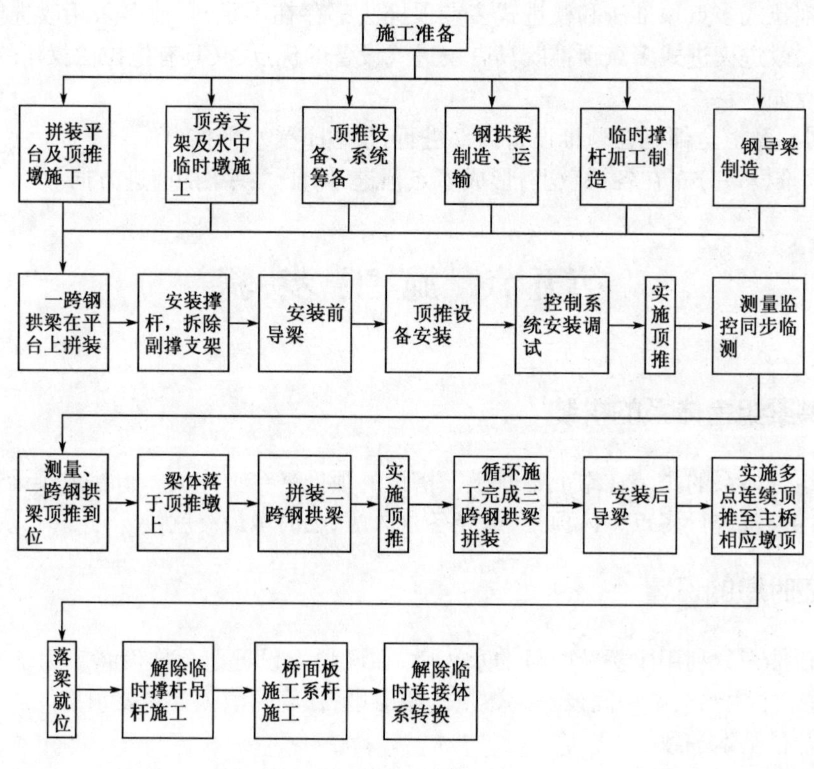

图 12-1　施工工艺流程图

第六节　工 程 实 例
——杭州钱塘江九堡大桥

主桥为 3×210m 连续组合拱桥，主跨布置为：188mm + 22mm + 188mm + 22mm + 188m，三跨拱肋构造完全相同，每跨拱肋支撑跨径 188m，拱肋系统由主拱、副拱、主副拱之间的横向连杆以及拱顶横撑等构件组成。主拱外倾 12°，立面矢高 43.784m。

副拱轴线为空间曲线，立面矢高 33m。主副拱之间横向连接杆采用圆钢管，间距 8.5m。拱肋采用钢结构，材料主要为 Q345qD。拱梁结点局部采用 Q370qD。拱桥吊杆间距 8.5m。吊杆上端锚固于主拱肋，下端锚固于钢主纵梁。在杭州钱塘江九堡大桥采用了改进楔进式多点顶推法施工。杭州钱塘江九堡大桥如图 12-2 所示，桥跨布置如图 12-3 所示。

一、主桥结构形式

主桥上部结构为 3×210m 三孔连续结合梁—钢拱组合体系拱桥，为“V”形墩支撑，“V”形墩间长 22m 连续梁连接，单孔净支承跨径 188m，如图 12-4 所示，主梁标准断面如图 12-5 所示。拱肋系由主拱肋、副拱肋、主副拱肋之间的横向连杆以及拱顶横撑等构件组成。主拱采用矩形截面，宽 2.2m，高 3.2m；副拱采用方形截面，边长 1.5m，主副拱肋之

图 12-2 杭州钱塘江九堡大桥

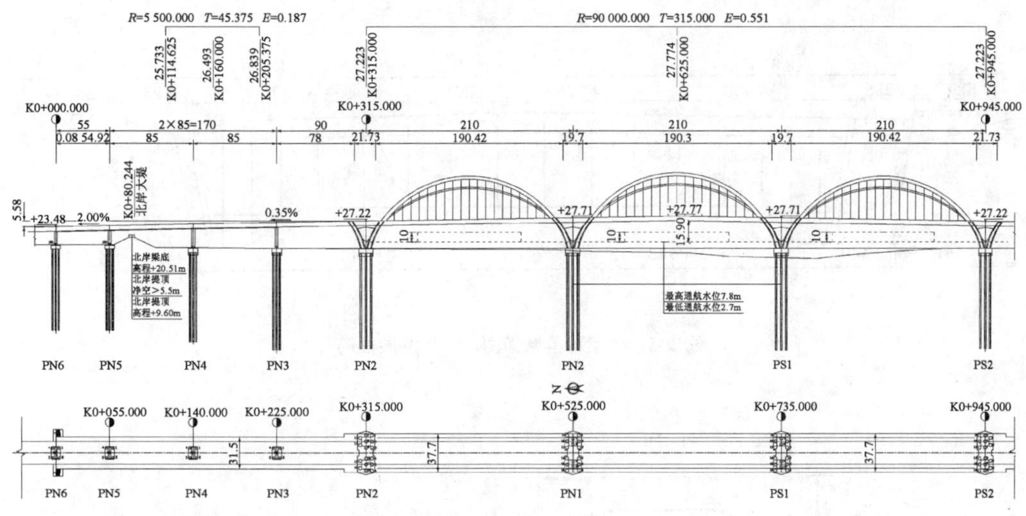

图 12-3 桥跨布置图(尺寸单位:m,高程单位:m)

间的横向连杆采用圆钢管,间距 8.5m。主副拱标准断面如图 12-6 所示。拱桥主梁为等截面钢—混凝土结合梁结构,全高 4.5m,全宽 37.7m,主桥横断面如图 12-7 所示。结合梁为主纵梁(闭口边拱梁)、中横梁、端横梁、小纵梁组成的双主梁格构体系。其中:两侧钢主纵梁间距 27.6m,纵梁每 8.5m 一个节段(跨中为 12.75m,拱梁交界段为 12.155m),每间隔 4.25m 设置一道横梁,每两道横梁之间设置两道小纵梁。钢横梁间距 4.25m,混凝土桥面板厚 26cm。钢主纵梁内部设系杆索。拱桥吊杆间距 8.5m,吊杆上端锚固于主拱肋,下端锚固于钢主纵梁。"V"形墩间连接结合梁支承跨径 18.2m,构造形式与拱桥主梁相同。

二、主桥施工工艺流程

主桥顶推施工工序如图 12-8 所示。

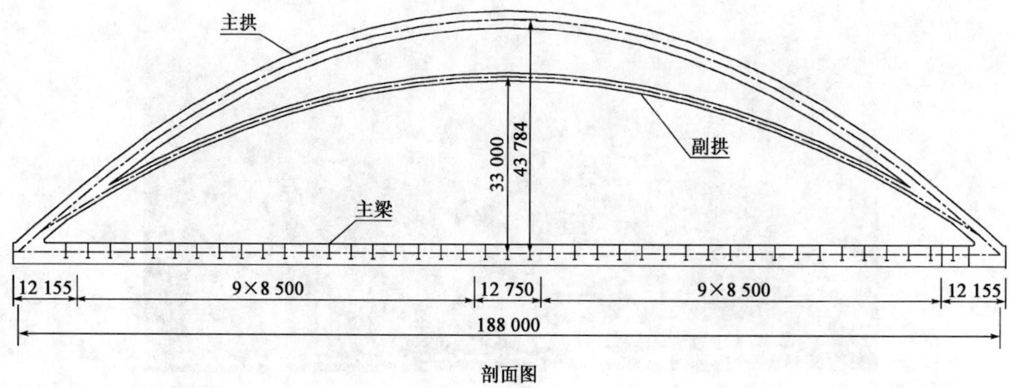

图 12-4 钢拱梁结构示意图(尺寸单位:mm)

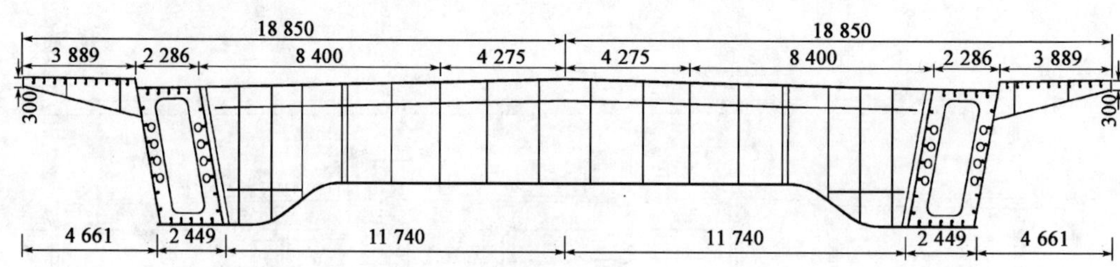

图 12-5 主梁标准断面图(尺寸单位:mm)

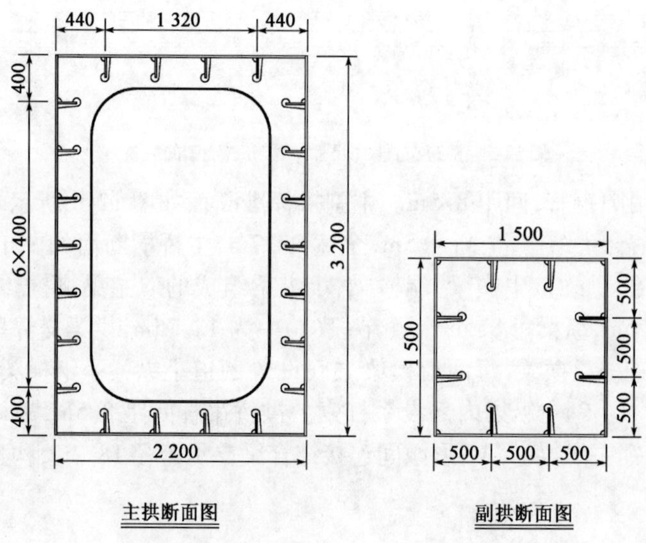

图 12-6 主副拱标准断面图(尺寸单位:mm)

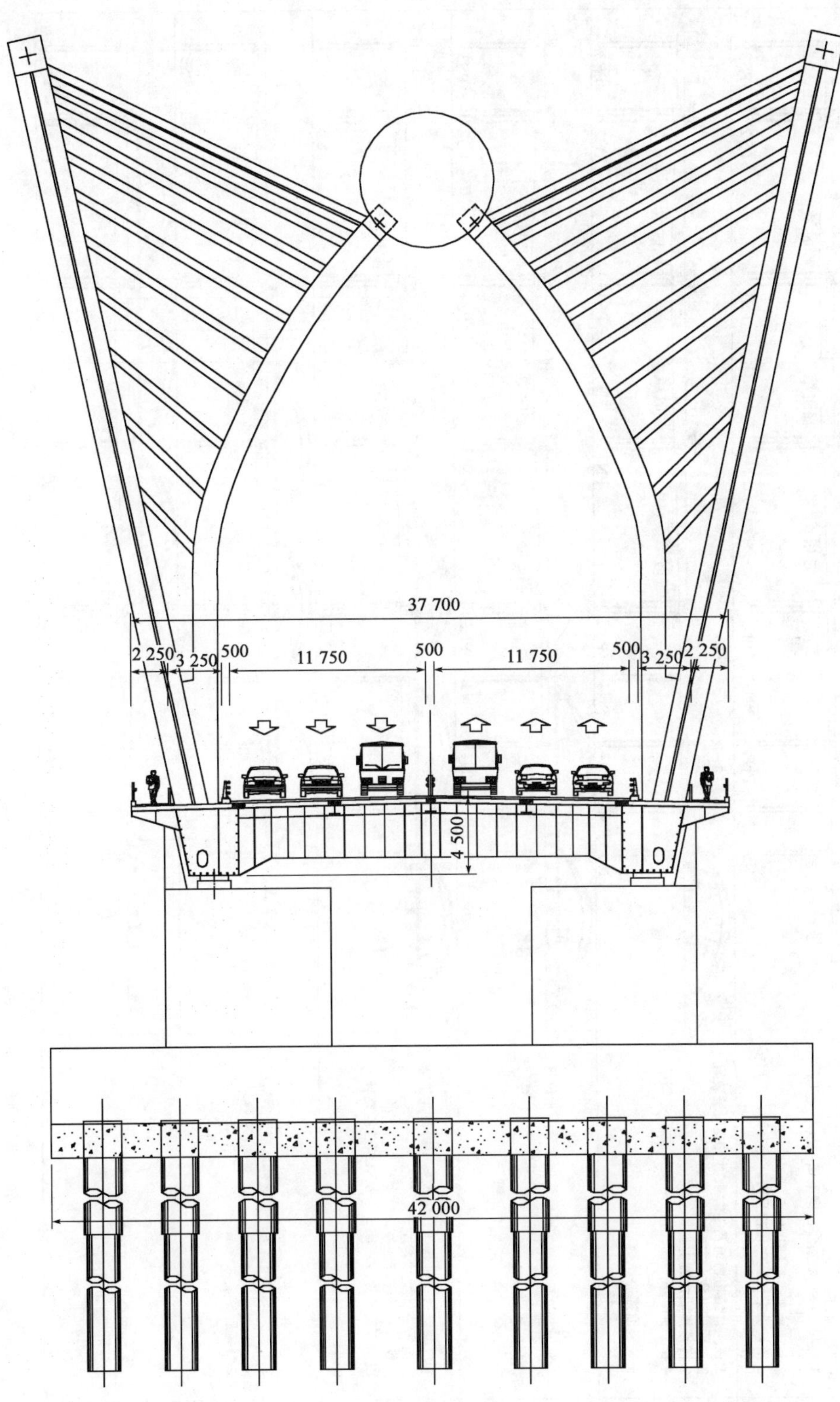

图 12-7　主桥横断面图(尺寸单位:mm)

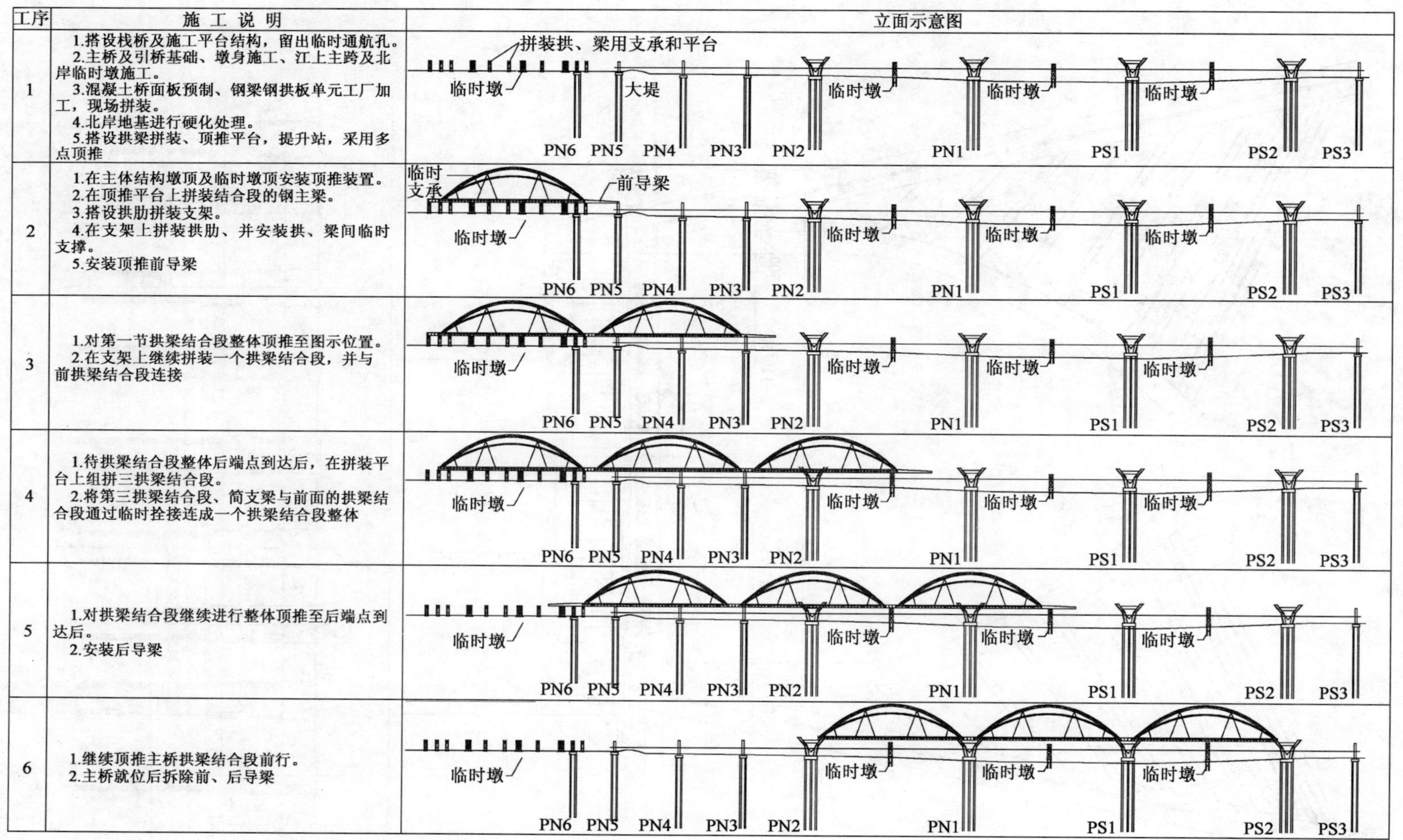

工序	施工说明	立面示意图
1	1.搭设栈桥及施工平台结构，留出临时通航孔。 2.主桥及引桥基础、墩身施工、江上主跨及北岸临时墩施工。 3.混凝土桥面板预制、钢梁钢拱板单元工厂加工，现场拼装。 4.北岸地基进行硬化处理。 5.搭设拱梁拼装、顶推平台，提升站，采用多点顶推	
2	1.在主体结构墩顶及临时墩顶安装顶推装置。 2.在顶推平台上拼装结合段的钢主梁。 3.搭设拱肋拼装支架。 4.在支架上拼装拱肋、并安装拱、梁间临时支撑。 5.安装顶推前导梁	
3	1.对第一节拱梁结合段整体顶推至图示位置。 2.在支架上继续拼装一个拱梁结合段，并与前拱梁结合段连接	
4	1.待拱梁结合段整体后端点到达后，在拼装平台上组拼三拱梁结合段。 2.将第三拱梁结合段、简支梁与前面的拱梁结合段通过临时拴接连成一个拱梁结合段整体	
5	1.对拱梁结合段继续进行整体顶推至后端点到达后。 2.安装后导梁	
6	1.继续顶推主桥拱梁结合段前行。 2.主桥就位后拆除前、后导梁	

图12-8 主桥顶推施工工序图

三、顶推施工辅助结构设施

根据本桥结构形式，结合顶推施工需要，本合同段顶推施工辅助设施主要包括引桥墩旁支架、水中临时支撑墩、前后导梁、临时撑压连接杆、拼装区顶推墩等五种。

1. 引桥墩旁支架

九堡大桥一合同段顶推施工拼装平台位于北引桥 PN6 墩北侧，顶推施工过程中主桥钢拱梁从引桥 PN6 墩向主桥 PS2 墩顶推，中间经过 PN6、PN5、PN4、PN3 四个引桥结构墩，其中 PN5、PN4、PN3 三个结构墩作为顶推施工的顶推墩。由于引桥 PN5 ~ PN3 三个墩身横桥向支座中心距 11m，而主桥两钢主梁中心距约 26m，引桥 PN5 ~ PN3 墩作为顶推墩因横向宽度不够，需在引桥 PN5 ~ PN3 墩身上下游两侧各搭设一个墩旁支架。支架主支撑柱为 ϕ1 200 × 14 钢管桩，每侧四根，中间辅助钢管为 ϕ1 000 × 12，支设于承台上，水平撑采用 ϕ800 × 8 的钢管，支撑柱与墩身之间设置 ϕ800 × 8 的钢管附墙，即在墩身两侧设 3 组 528 × 300H 型钢，两端用 3 × 3 的 ϕ25mm。精轧螺纹钢锚固，单根精轧螺纹钢预拉力约 6t。承台施工时在承台上埋设预埋件，将斜撑及立柱与预埋件焊接。支架顶部设双支 800 × 300H 型钢承重梁，每侧布设 2 组。引桥墩旁支架构造如图 12-9 所示。

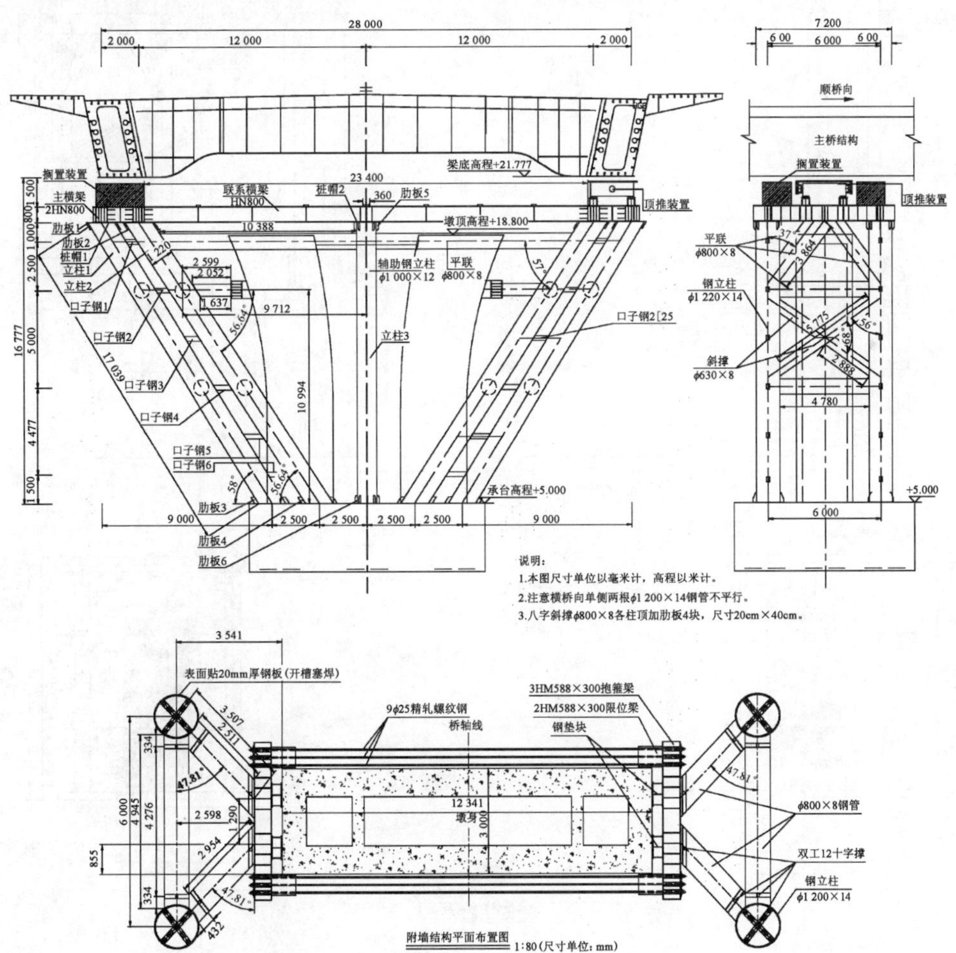

图 12-9　墩旁支架结构图

2. 水中临时支撑墩

主桥跨径为 3×210m，主墩为"V"形墩，"V"形墩墩顶中心间距为 22m，主桥支承跨径为 188m。根据设计要求，在每跨主跨跨中布设一个临时墩，布置在跨中位置。临时墩主要由钢管桩基础、承重立柱组成，临时墩基础垂直荷载按钢拱梁作用时的最大支反力、临时墩自重及受力不均匀性设计。每个临时墩基础采用 12 根 ϕ1 000×12 钢管桩，入土 25m，钢管桩纵桥向间距 3m，横向间距 4m，高潮水位（+8.70m）以上采用 ϕ600×8 的钢管联撑连成整体，以保证支架的稳定性。上部结构采用 4 根 ϕ1 000×16 钢管立柱，平联采用 ϕ600×8 的钢管，上部与基础之间连接纵、横梁分别采用双组合 700×300H 型钢及三组合 800×300H 型钢，墩顶承重梁采用双组合 800×300H 型钢。为保证临时墩横向稳定，在临时墩设横向联系，横向联系水平管采用 ϕ800×8 的钢管，上下两道，斜撑为 ϕ600×8 的钢管，平联为 ϕ426×6 的钢管。临时墩结构图如图 12-10 所示。

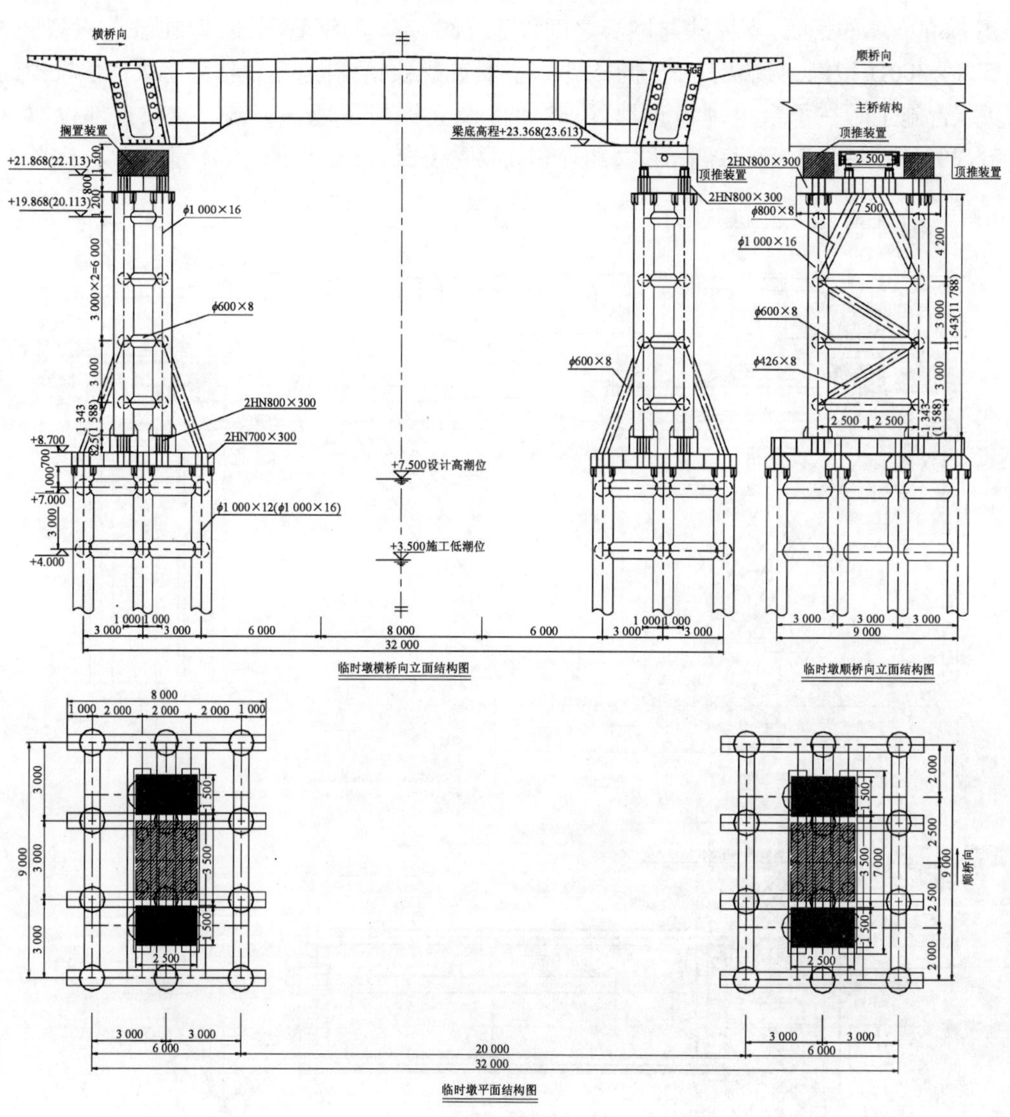

图 12-10　水中临时墩结构图（尺寸单位：mm）

3. 前后导梁

在桥梁的顶推施工中，导梁对顶推的跨度起到了重要的作用。为减小自重，同时又要满足顶推要求，设计采用变刚度导梁，由根部向端部逐渐减小，考虑到施工的方便性及材料质量的限制，因此导梁与主梁连接位置采用大箱形结构，其他位置采用双 H 形结构，两幅导梁间及双 H 形结构间采用 $\phi140\times4$ 的钢管做成的桁架作为支撑。导梁主体结构采用 Q345B 钢材，支撑采用 Q235B。导梁线形为：底板保持水平，腹板竖直，顶板设置 2% 横坡，设置 1∶15 的纵坡。具体结构布置如图 12-11 所示。

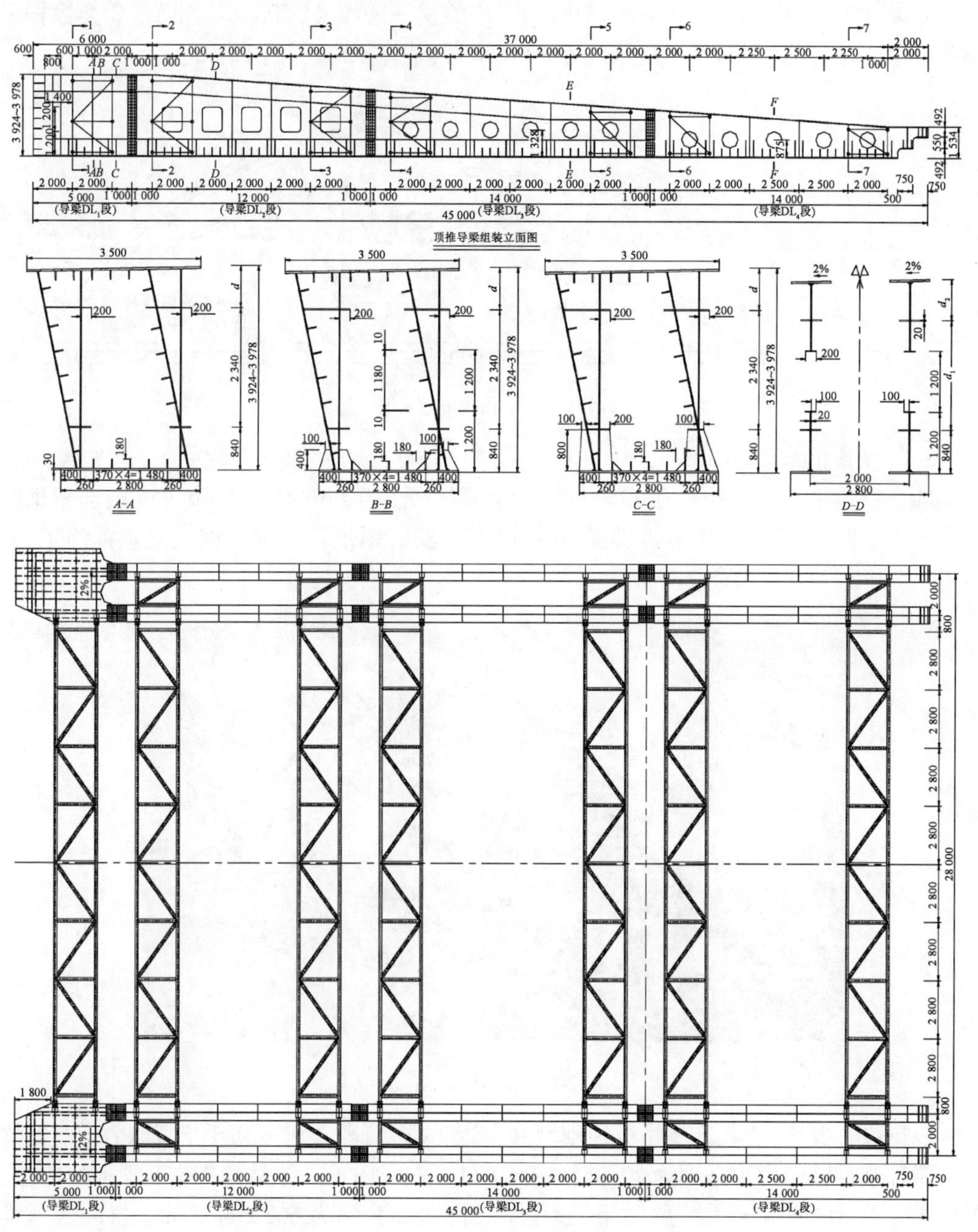

图 12-11　导梁结构图（尺寸单位：mm）

4. 临时撑压连接杆

主桥拱梁结合体在顶推施工过程中，作用在墩身及临时墩上的支点反力较大，顶推跨度最大达到94m。为保证钢拱梁在顶推过程中支点处不至于挠曲变形过大而损坏，减少临时支撑墩，拼装完成后，在主拱肋与主纵梁之间安装临时撑杆，临时撑杆与主拱肋和主纵梁之间采用铰接。

根据顶推分析计算临时撑杆内力参数，分设A、B、C类撑杆，A类临时撑杆最大内力设计值为1 256t，B类临时撑杆最大内力设计值为675t，C类临时撑杆最大内力设计值为315t。其中A类撑杆采用ϕ1 400×20钢管，B类撑杆采用ϕ1 200×16钢管，C类撑杆采用ϕ1 000×12钢管，材料型号均采用Q345C钢材。撑杆布置如图12-12所示。

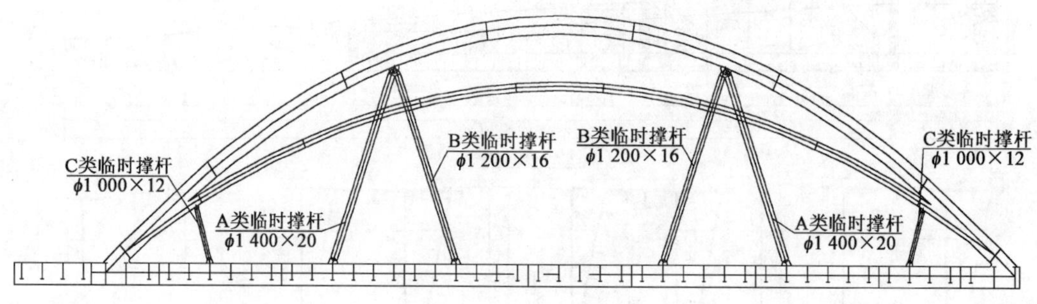

图12-12　临时撑杆布置图

5. 拼装区顶推墩

陆上拼装平台长210m，宽30m，位于PN5墩以北，距PN6墩中点10.955m，与桥轴线重合。施工时，拼装平台下方需设置临时顶推墩，安装顶推设备进行钢拱梁顶推施工，如图12-13和图12-14所示。

图12-13　拱箱拼装图(一)

根据设计要求，拼装区域主桥顶推墩共布置3排，编号分别为PD1、PD2、PD3，根据顶推线路各顶推墩的墩顶高程为20.333m、20.874m、21.301m。受大堤及地下管道的影响，顶推墩PD3距引桥PN6墩为15.3m，顶推墩之间距离分别为66.25m、57m。拼装区顶推墩布置如图12-15所示。

拼装区顶推墩设计最大荷载为1 210.5t，顶推墩立柱采用ϕ1 000×12钢管桩，每个顶

图 12-14　拱箱拼装图(二)

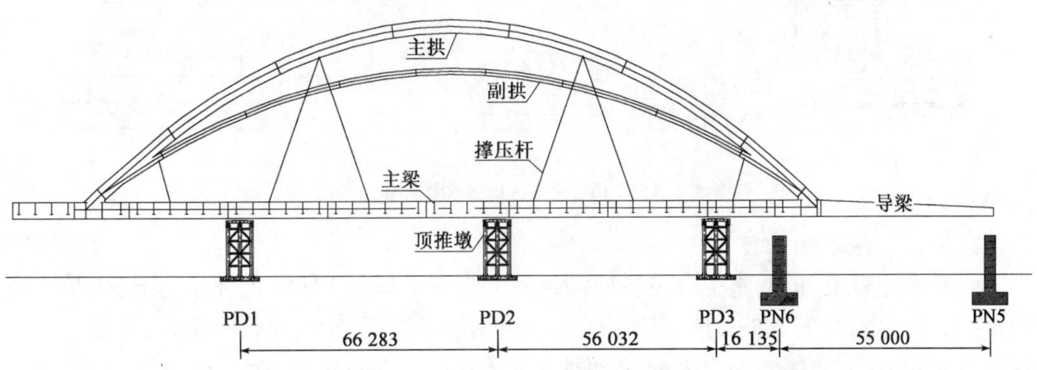

图 12-15　拼装区顶推墩布置图(尺寸单位:mm)

推墩 9 根,平联采用 $\phi630\times6$ 钢管,斜撑采用 $\phi426\times6$ 钢管,在每个顶推墩顶部布置一道 $\phi426\times6$ 钢管米字撑;钢管桩立柱顶面采用 $\delta=20\text{mm}$ 钢板做桩帽,其上横桥向布置双组合 700×300H 型钢,纵桥向布置 2 道 2HN800×300 型钢作为顶推承重梁;钢管桩立柱底面与埋设于 10m×8m×1.2m 承台上的预埋件相连接,承台下布置 42 根 $\phi425$CFG 桩,桩长 12m,间距 1.6m×1.6m,混凝土强度为 C15。拼装区顶推墩断面如图 12-16 所示。

四、顶推施工

1. 顶推路线布置

通常顶推所有滑道(包括拼装平台)顶面高程设计在同一个纵坡或同一个大半径的竖曲线上。本工程主桥三跨钢拱梁为半径 90 000m 的竖曲线,因此主桥顶推施工选择半径为90 000m的圆曲线为顶推路线。为减少顶推到位后的落梁高度,顶推施工时考虑支座垫石后浇,主墩各墩顶高程加顶推设备高度即为顶推时梁底高程,引桥墩旁支架、水上临时墩、陆上顶推墩等高程根据 90 000m 的圆曲线半径调整。

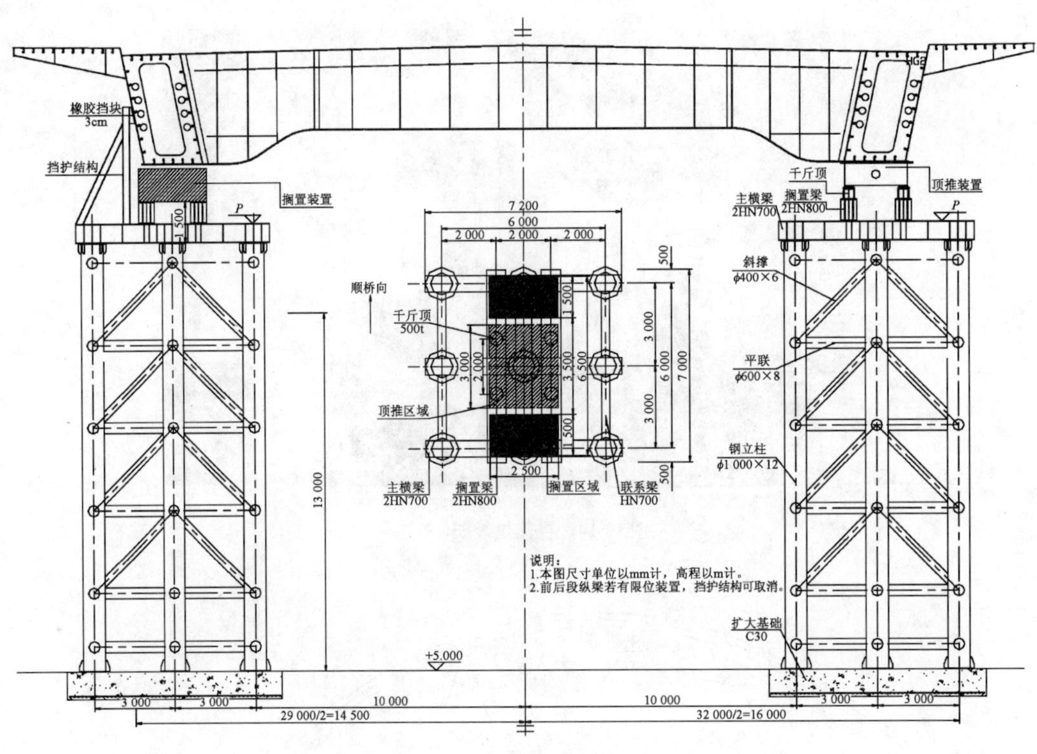

图 12-16 拼装区顶推墩断面图

2. 顶推设备选择

根据设计要求，顶推施工时设备应满足最大竖向承载力 1 500t 的需求，钢拱梁顺桥向均匀扩散长度不小于 2.5m，顶推施工过程中由钢拱梁腹板受力，底板不受力，具有一定的竖向调节能力（不小于 30cm）及水平纠偏能力（不小于 5cm）。综合考虑设计要求，结合本桥结构形式，采用了改进楔进式多点顶推设备进行施工。

楔进式平移顶推系统主要包括上部滑移结构、顶升支撑油缸、顶推移动油缸、横向调整油缸，通过计算机控制和液压驱动来实现组合和顺序动作，以满足施工要求。顶推设备如图 12-17 所示。

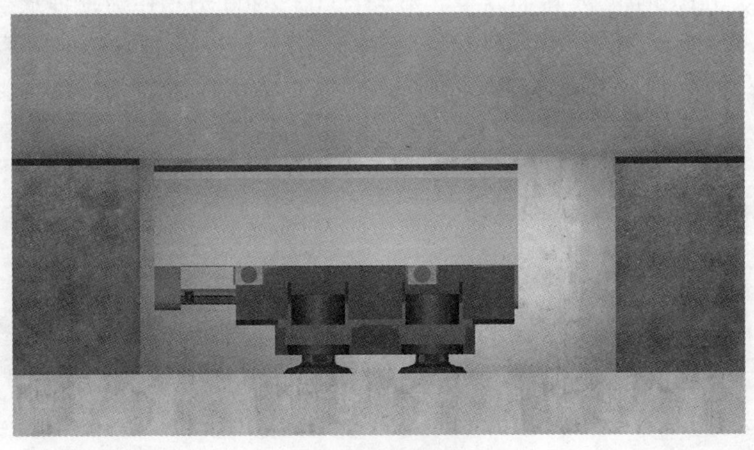

图 12-17 顶推设备

3. 顶推设备布置

九堡大桥钢拱梁安装采用整体多点顶推方式，沿桥方向布置顶推设备，顶推施工时在每个桥墩上对称布置两套顶推装置进行顶推，主桥共 10 个桥墩（含 3 个临时墩）同时顶推，共需 20 套顶推装置。

4. 顶推施工原理

采用楔进式平移顶推装置进行顶推，其工作原理是竖向千斤顶顶起拱梁，水平千斤顶完成向前顶推，落梁后搁置于垫块上，千斤顶缩回完成一个行程的顶推工作，顶推过程是一个自平衡的顶推动作过程，顶推步骤：

（1）顶升钢拱梁

顶升千斤顶通过控制系统伸缸到设定活塞行程，将整个顶推装置和钢拱梁顶起，离开垫梁一段距离，顶升钢拱梁如图 12-18 所示。

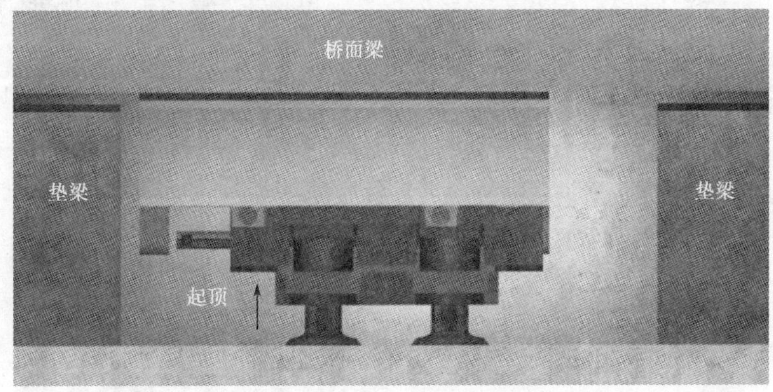

图 12-18　顶升钢拱梁

（2）钢拱梁前移

通过控制系统同步控制顶推千斤顶伸缸，推动移位器带动钢拱梁向前移动至设定好的活塞行程位置，钢拱梁前移如图 12-19 所示。

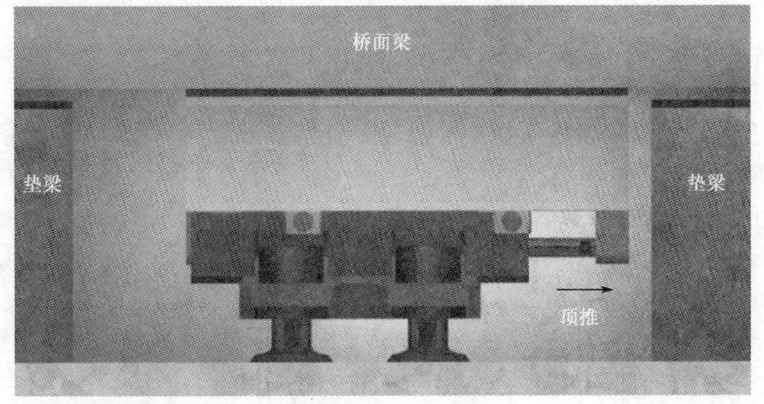

图 12-19　钢拱梁前移

（3）钢拱梁下降至垫梁，进行力系转换

当钢拱梁移动到系统设定的位移量后（500mm），顶升千斤顶活塞缩缸回程，使钢拱梁落在垫梁上，进行力系转换，如图 12-20 所示。

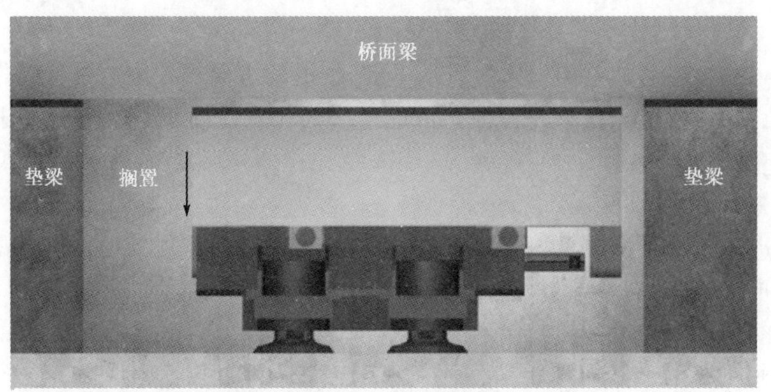

图 12-20　钢拱梁与垫梁进行力系转换

(4)水平千斤顶收缸回程

水平千斤顶收缸回程原始状态,完成一个行程顶推,循环施工,顶推钢拱梁,见图12-21。

图 12-21　水平千斤顶收缺回程

以上四个步骤作为一个循环,重复此循环就可实现钢拱梁的顶推平移就位。

5. 顶推施工工艺流程图

顶推施工工艺流程如图 12-22 所示。

6. 顶推施工

(1)顶推设备安装

一跨钢拱梁拼装完成后,安装顶推设备进行钢拱梁顶推施工。顶推装置布置原则是在需要布置顶推设备的引桥墩及临时墩上每墩两套为一组,在墩顶的上、下游对称布置;主墩"V"形墩顶四套为一组,在墩顶的南、北向、上、下游各布置一套;垫梁分别布置在每套顶推装置的南北向两侧,每两套上下游侧的顶推装置中间布置一台液压泵站,主控台安置在拼装平台上(注:并非一次将所有墩都布满顶推设备,而是在每次顶推前进方向上拱梁所在墩和前一个墩布置)。

陆上拼装平台处有三排顶推墩,且顶推墩兼作拼装时的支撑墩。顶推设备安装前,将顶推墩上用于拼装的临时支撑转移至顶推墩的一侧,用汽车吊将顶推设备吊至临时墩上主梁外侧,采用手拉葫芦将顶推设备拖至安装位置。

旁边支架、水上临时墩、永久结构墩上的顶推设备直接采用履带吊在栈桥上,将设备吊至墩顶安装,中跨临时墩采用浮吊安装。

(2)实施顶推

主桥顶推总长度约为 878m,首先选择手动模式,检查油泵、顶升顶、纠偏顶、顶推顶、

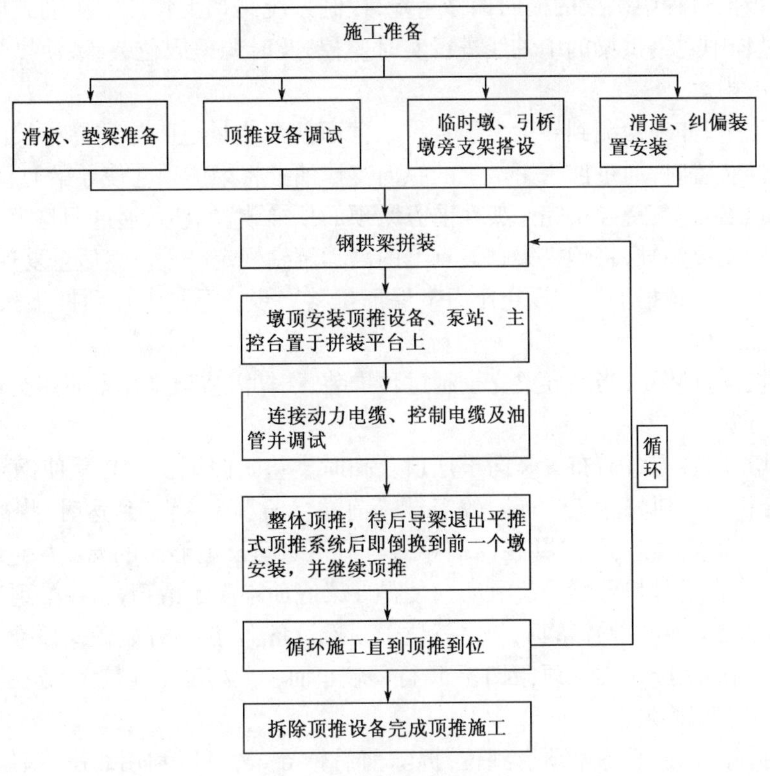

图 12-22　顶推施工工艺图

压力表、传感器等是否异常。启动各墩上的顶推设备，将配在顶升系统上的压力传感器检测到的压力值转换成支反力值，然后由该值的换算值给顶推油缸设定压力，顶推油缸在要求的压力下提供顶推力，并且控制临时墩上两侧顶推油缸同步顶推。需实时检测顶升支撑油缸的支反力，一方面保证顶推油缸顶推力的精确性，另一方面通过调节顶升支撑油缸保证行进过程中钢拱梁的受力均衡，保证钢拱梁单点单侧最大允许支反力不超过15 000kN。完成推进一个行程之后，所有顶推油缸缩回至下一个行程的起点，随后可以进行下一个行程的顶推。顶推过程中的拱肋如图 12-23 所示。

图 12-23　正在顶推行程中的拱肋

手动操作顶推系统牵引主梁滑移启动后，转换至自动运行模式，进行主梁的自动连续顶推。自动顶推过程中，应注意记录顶推过程中油压的最大、最小值。

为避免顶推过程中拱梁的横向偏移超差,控制系统结构上集成了主动式中轴线监控系统,顶推过程中对钢拱梁的中轴线进行实时监控,及时调整限位装置,使拱梁的偏移始终在误差范围内。

顶推过程中,如果检测到导梁由于自重悬臂而使下挠量过大导致导梁没法架到前方墩顶上的顶推装置时,通过前一个墩上的纵向支撑油缸将梁体顶起使导梁上翘,以适应第二个墩上的顶推装置,待导梁完全架在前方墩顶的顶推装置上后,通过调整第一个墩以及第二个墩上的支撑油缸,将钢拱梁在该点上的高程调到规定高程。然后重复顶推钢拱梁,此时要保证墩上的顶推油缸在设定压力下保证位移同步。重复上述顶推步骤,直到将钢拱梁全部顶推到位。

移墩倒换顶推装置:当后导梁完全越过顶推装置时,需将顶推体系前移至顶推段最前端的墩上进行安装。

导梁过墩顶:各支墩需布置竖向千斤顶及临时支垫。因钢拱梁自重使钢导梁前端下挠,经计算分析最大值将达 33.6cm,故当导梁前端台阶(第一节)到达时,将离顶推设备滑箱较贴近,此时需顶起导梁,并在前端导梁与滑箱之间设足够高的支承垛(支承垛下也需设滑板,能使支承跺与导梁一起滑动),使得导梁底面略高于滑箱,当导梁到达滑箱上方时,再起顶拆除支承垛并徐徐落顶,使之就位于顶推设备上,然后开始正式顶推。导梁临时起顶用的千斤顶采用 50t 螺旋顶,因千斤顶行程较小而起顶高度可能较大,故在实施竖向起顶时需多次支垫和倒顶。

导梁的拆除:钢拱梁主梁顶推到位,拆除前后钢导梁,可以利用北岸、南岸 V 墩支架系统,按照钢导梁长度,分节吊装、拆除钢导梁。

(3)落梁顺序及方法

钢拱梁顶推到位后,需要拆除临时滑道,完成永久支座的安装。

顶推过程中,钢拱梁梁底高程高于梁底最终设计高程,顶推到位后,需进行落梁,完成永久支座的安装。由于顶推过程中顶推设备及垫梁占用支座位置,需先拆除顶推设备及垫梁,再安装支座,最后落梁完成永久支座的安装。

(4)顶推设备的拆除

拱梁顶推到位后,顶推装置竖向千斤顶油缸升起将拱梁顶起,更换两侧垫梁并在垫梁下方安置将梁顶升的千斤顶,顶推装置竖向千斤顶油缸回程将拱梁支设于两垫梁上,即可拆除顶推设备。进行支座垫石浇筑及支座安装工作。

(5)支座安装

支座垫石浇筑:顶推装置拆除后,将支座垫石处混凝土表面凿毛,接长钢筋,支设模板,进行支座垫石混凝土浇筑,要求垫石表面平整,高差不大于 2mm。

支座在墩顶与垫石连接安装:待支座垫石混凝土达到设计强度后,将支座安装于垫石上,在支座下座板与支承垫石之间的锚栓孔内进行压力注浆,即完成支座安装。

(6)落梁

支座安装完成后,即可进行落梁施工。

(7)临时连接撑杆拆除及吊杆安装

吊杆单根质量不大,采用卷扬机提升吊杆,先穿入穿销式锚板,再穿入拱肋内吊杆孔,然后穿入主纵梁内对应吊杆孔,安装主纵梁内下端张拉锚具。当主桥钢拱梁落梁就位后,拆除前后导梁,安装并对称张拉跨中 5 对吊杆至监控指令给定的应力,拆除各墩 A 型撑杆，再安装B型两侧吊杆并张拉初应力后拆除B型撑杆，按同样的方法从中间向两侧逐步拆除撑杆，按规定顺序安装并对称张拉吊杆至监控指令给定高程。逐步拆除临时墩，调整吊杆索力以达到监控指令给定高程。吊杆张拉在吊杆的下端主纵梁内实施，吊杆张拉过程中必须按照监控指令给定的张拉顺序和张拉力大小均衡对称分级进行，吊杆张拉采取对张拉力与桥面高程双控的措施，使成桥线形与吊杆张拉力达到最佳结合。

体系转换在钢拱梁主梁顶推到位后进行。先落梁再安装吊杆，按步骤拆除临时撑杆，体系转换后，各钢拱梁顶高程与钢拱梁在一期恒载作用下的理论高程一致。体系转换步骤：

第一步：按照施工顺序安装各跨中吊杆、拆除中间部分主拱临时支撑。采取边拆除临时支撑边安装吊杆的方法。

第二步：吊杆的安装，吊杆一次张拉约25%（操作时按监控指令实施）。从中间向两侧逐根对称进行张拉。

第三步：拆除剩余的主拱临时支撑，安装剩余的吊杆；吊杆二次张拉。综合考虑吊杆、钢拱梁、永久支座的受力状态，按照第一次张拉顺序，对各杆向锚固跨逐根对称进行张拉。

第四步：不断反复第一和第二步骤，直至将吊杆长度、拉力调整至设计值。

第五步：逐步拆除临时墩和拼装平台，调正吊杆索力，将吊杆长度调整至其最终设计值时，钢拱梁与支架完全脱离（注：将支架顶部拆除，以便在二期恒载作用下，钢拱梁下挠后，仍与支架相离）。

（8）桥面系及系杆施工

在钢主梁上安装预制桥面板，按照从跨中到拱脚的顺序逐段浇筑桥面板湿接缝，完成拱脚处桥面板湿接缝浇筑之后，安装并张拉水平系杆，完成体系转换。如图12-24所示。

图12-24 桥面系施工图

第十三章 垂直提升施工拱桥

第一节 概 述

当拱桥位于深水、通航航道或限于工期必须在汛期进行拱肋施工时,由于不便搭设拱肋支架,可采用先施工提升设备,然后整体垂直提升已经拼装完成的拱圈拱肋节段,当提升到位后进行合龙的施工方法。这种施工方法只需在提升时封航很短的时间内完成,对桥位处通航基本无影响,方便灵活,是一种较新型的施工方法。

一、垂直提升施工的适用范围

垂直提升法应用在拱桥上,适用于通航要求很高或者桥位处水位很深、水流很急,无法施工拱肋、拼装支架或者施工难度很大的钢结构拱桥。

采用垂直提升法,对于拱圈拱肋节段,必须在预制、吊运、搁置、安装、合龙及施工加载等各个阶段进行强度和稳定性验算,以确保桥梁安全和工程质量。

二、垂直提升施工的基本方法

垂直提升法的基本思路为:工厂制造拱圈拱肋节段,运输至拼装现场,将拱圈整体按质量分为几大节段,在拼装场地搭设支架,在其上组拼每一节段。同时在桥位处搭设拱肋提升设施。待拼装完成后在每大段拱肋上安装转动绞,按照安装顺序利用运输船依次将这几大拱肋节段运输至桥位处,利用提升设施将拱肋垂直提升到设计高程,提升到位后进行合龙,完成拱肋施工。

第二节 拱圈节段拼装

拱圈节段拼装主要施工工序为:在钢结构制造工厂里加工制造各拱圈节段,利用运输船浮运至已选好的拼装场地处,在拼装场地搭设拼装支架并拼装龙门吊,利用龙门吊在拼装支架上进行拱圈拱肋节段拼装。

主跨拱圈节段拼装一般分为一段拱肋中段、两段拱肋边段以及两段合龙段;边跨拱圈节段拼装一般分为一段拱肋中段和两段合龙段。拼装时,应单独拼装,待拼装完成后按照垂直提升顺序依次上船进行浮运并提升就位。

一、拱圈节段的加工、运输及拼装场地的选择

拱圈节段的加工应选取具有相应资质的钢结构制造工厂进行加工。按照节段质量选用合适的交通工具并运输至拼装场地，按顺序摆放，以方便取用。

拼装场地一般应根据桥位地理位置，选择桥位附近且面积能满足施工需要的场地，要求场内必须设拱肋运输轨道和拱肋节段存放区，拱圈节段拼装各工序不能互相打扰或交叉作业。

二、搭设拼装支架

在完成拼装场地各种基础设施后，即可开始搭设拱圈节段拼装支架，拼装支架要求具有足够的承载能力，并满足拱肋高程的调整要求；支架构件的连接应尽量紧密，以减小支架变形，使沉降量符合预计数值。拼装支架一般采用钢管支架，主要包括支架基础、支架承台和支架施工，因拼装拱圈节段需要龙门吊配合施工，所以拼装支架施工也包括龙门吊安装。

1. 支架基础

支架基础一般采用混凝土基础，如地基较软或水中可采用混凝土预制桩锤击沉桩加固。

2. 支架承台

支架承台采用现浇钢筋混凝土承台，并预埋支墩钢管底座钢板。

3. 支架施工

钢管支架立柱一般采用无缝钢管，水中部分支架采用浮吊安装，陆上部分支架采用吊车安装。

4. 龙门吊安装

龙门吊设计吊装能力需满足拱肋节段最大质量，且必须按照吊装规范取安全系数。龙门吊结构主要由行走轨道、支腿、行走系统、吊装横梁、起吊天车等组成。

首先在地面上组拼成节段或组件，然后用吊车安装龙门吊腿架，并拉设缆风临时稳定，再用吊车将在地面上组拼好的提升横梁提升至支腿顶的设计支承位置，安装横梁与支腿的连接螺栓，安装起吊天车，最后进行设备调试。

三、拱圈节段拼装

在拼装支架完成后，即可利用龙门吊在拼装场拱肋节段存放区吊装拱肋杆件，进行拱圈的拼装施工工作。

1. 拱圈节段拼装顺序

提前根据拱圈线形和实际节段划分制订好相应的拱圈节段拼装顺序，待工厂内加工制造并经验收合格的杆件运至拼装现场，即可按照拼装顺序开始组拼节段。

2. 拱圈节段拼装工艺及要求

(1)拱圈的组拼及焊接

①把龙门吊移动到位，将拱圈节段移至拼装支架上就位进行组拼。待拱圈节段精调

线形、接头临时连接好后，继续进行其他拱圈节段的拼装，以此类推直至全部完成。每次拴、焊前都必须对杆件进行精确测量，并调整使拱肋线形符合设计要求。

②拱圈拱肋分节段吊上支架，每条拱肋吊装完成连续三段后，精确调整线形和高程，对各接头采取临时固定措施，然后按照焊接工艺要求进行第一个接头接缝的焊接，以此类推直至全部接头完成。临时固定采用在拱肋接头上焊接角钢块，用螺栓连接。

③焊接时，应根据焊接工艺试验确定的焊接次序，确定的工艺参数需保证焊接变形及残余应力最小。

④拱圈安装轴线控制：在拼装支架搭设完成后，用经纬仪在支架支承横梁上放出拱圈轴线和拱圈外边线，在横梁上设置拱圈左右边缘限位板，用于粗调定位。吊装或精调时，将拱圈节段缓慢下放至安装高程，使其标出的中线对准拱架上所放的中线，安好支承垫块，并使其保持水平，用垂线靠拱圈边缘检查其是否对准支架上的外边线，使其达到设计精度要求，在支架上焊接拱圈外侧定位挡块，限制其左右移位，挡块与拱圈外边缘留不大于5mm 的间隙，以便调整高程。

⑤高程调整：在拱圈节段吊上拱架前，先根据其两端支点底面高程安放支承块，拱圈节段下放到刚要接触支承垫块时停止，用全站仪观测调整拱圈接头高程使其达到设计高程。在轴线对中完成后，垫好支承垫块并将其下弦临时电焊固结，放松吊点钢丝绳，然后再观测接头及若干预先设置的观测点高程，用千斤顶调整其高程直至满足精度要求。

⑥拱圈焊接：拱圈焊接工作由钢结构制造厂的专业焊工完成，并在整个安装范围内设置风雨棚，保证焊接质量不受天气的影响。

(2)拱圈的轴线及高程控制

①测点布置：拱圈节段上设置测点。测点位置打冲钉，通过全站仪对冲钉坐标和高程进行精确测量，计算出与设计拼装坐标和高程的偏差，可用龙门吊调整拱肋的拼装位置，使各测点的三维坐标满足设计要求，达到控制拱圈线形和高程的目的。

②线形控制：线形控制要点参考拱圈安装轴线控制要点。

③高程控制：在拱圈吊上拼装支架前，先根据其两端支点底面高程安放支承块，用龙门吊将拱圈节段放下，通过全站仪观测测点高程并调整支承块处所垫钢板的厚度，使其达到设计高程。同时，在轴线对中满足设计精度要求后，垫好支承垫块并将其与节段底面临时电焊固结，放松吊点钢丝绳，将拱圈荷载交给拼装支架支承，使线形达到最理想状态。

第三节　拱圈节段提升就位

组拼好的拱圈节段可整体提升就位，也可根据实际质量分成几段来进行提升就位，不论采用哪种方法进行提升，都需要施工专用提升塔。

拱圈节段在拼装场内拼装完成后，通过专用施工方案脱架上船，浮运至桥位处正下方，利用提升装置分段进行垂直提升，最后合龙完成拱圈施工。

在整个施工过程中，将对张拉、脱拱、上船支点转换，浮运、提升支点转换，提升过程及合龙等拱圈施工全过程进行严格的检测监控。

一、拱圈节段脱架上船

拱圈节段组拼完成后，需张拉节段临时系杆，张拉目的是将组拼好的拱肋由梁体系转化为拱体系，并控制其在吊装过程中的整体线形。在张拉过程中，通过精确校正千斤顶，保证张拉力的准确。随时用应变仪测出系杆及关键杆件的内力，使其受力不超过设计允许值，用全站仪测出节段的线形变化，保证其在设计控制范围内。

临时系杆张拉完成后，拆除龙门吊和转运范围内支架及其他障碍物，将拱圈节段牵引滑移至可满足长度要求的平驳船上就位，并采取相应施工措施固定拱圈节段。在上船过程中，必须使用应变仪随时测出各关键杆件及临时系杆的应力变化，一旦发现有关键杆件及临时系杆应力超出预控安全范围，则立刻使用附带在张拉端上的千斤顶对张拉力进行调整。

二、拱圈节段浮运

拱圈节段在平驳船上加固完成后，需开始做浮运的准备工作。要注意驳船的吃水深度，保证驳船进入浮拖拱圈节段时有一定的空间安全作业距离。准备工作做好后，将驳船行驶至主河道外的合适水域等待浮运，行驶过程、等待过程中需随时注意拱圈节段固定情况和吃水深度。

拱圈节段在浮运和提升安装期间需对水路暂时封航，事先确定封航的时间和实施步骤，制订详细的封航安全措施方案。由于拱圈节段一般重心较高，体积较大，为安全起见，应根据气象部门的预报，选择在能见度高、风速小于6级的天气下进行拖运。

在浮运过程中，用布置于船上的激光准直仪及光电测距仪器直观连续地测出船的错位、开合，用布置于岸上的光电测距仪、全站仪测量驳船的四角高差及拱圈节段的准确位置，同时测量出关键杆件的内力，将其控制在安全预控范围内。并及时指导各锚机松绞锚缆，以保证拱圈节段浮拖过程的安全。

装载拱圈节段的驳船采用拖船拖运至桥位吊装现场后，在提升塔之间布锚就位，布锚时间最好选择接近平潮期进行，利用抛锚艇布锚，拖船保持与驳船的连接，进行定位调整。

三、拱圈节段垂直提升

拱圈节段浮运到位，抛锚定位驳船，安装提升所用的钢绞线，调试提升设备，检查确认拱肋结构与支架的连接解除，提升空间无任何障碍物，主体结构没有与提升无关的一切荷载等。

垂直提升设施主要是提升塔与提升设备的组合，在拼装场组拼拱圈节段时，应同时施工提升塔，提升塔根据拱圈节段的总质量可分为不同的形式，本节主要介绍钢管桁架式提升塔。

1. 提升塔

(1)提升塔结构形式

提升塔可按固定长度标准节进行工厂加工制作。钢管桁架式提升塔采用钢管立柱，钢管立柱的根数和布置形式根据拱圈节段质量和结构形式而设，立柱之间可设型钢纵横撑，纵横撑形成桁架体系。提升塔基础普遍采用钻孔灌注桩，桩基钢筋混凝土将提升塔与桩基进行固结。

提升塔如果分为上下游设置，则需在之间设置横撑，以增加横向抗风强度。为增加主提升塔纵向抗风强度，使提升塔顶的纵向位移得到有效控制，提升塔顶设有压塔索，同时在塔尾设有背索，压塔索和背索可采用钢绞线。提升塔安装后，需同步张拉两侧背索及压塔索索力。主提升塔安装完成后，对焊缝进行全面验收，然后利用千斤顶及拉索进行加载试验，加载值应等于设计荷载。

拱圈节段可采用连续式千斤顶进行提升，吊索根据荷载大小采用不同根数不同规格的钢绞线，由于吊装过程中的吊装倾角度会产生变化，故要求吊装千斤顶张拉力也同步变化。同时，为了克服吊装对拱肋产生的附加水平力，在两岸吊点处横梁上对拉钢绞线。另外，主拱提升塔上需设置可横向调节拱肋位置的装置，用以精确定位拱肋横向位置。

(2)提升塔安装

主要介绍扒杆逐节安装钢管桁架式提升塔安装方法，一般包括扒杆安装和提升塔安装两大步骤。

①安装方案。

提升塔标准节段的杆件在工厂制作完成后，运输至拼装场，按照设计图纸组拼成标准节段，拼装精度应满足相关要求，两岸提升塔分别进行组拼，组拼完成后运至施工现场进行安装。

单元节段运输至现场后，第1、2节段采用浮吊安装。提升塔第1节段钢管立柱与桩基用型钢进行焊接连接，同时浇筑混凝土，将立柱与桩基固结。第1、2节段安装完成后，立即进行扒杆的组拼安装，扒杆利用提升千斤顶进行爬升，扒杆可采用万能杆件结构形式。提升塔钢管立柱之间和各杆件之间采用焊接连接，焊缝的焊接质量及提升塔安装垂直度要满足相关要求。上下游提升塔支架的横撑应根据提升塔标准节段的安装进度适时进行，以保证提升塔的整体稳定性。

②安装准备工作。

提升塔正式安装前需进行提升塔桩基础施工，即采用冲击成孔、灌注水下混凝土桩基。

③扒杆构造及安装。

提升扒杆位于主提升塔立柱钢管内，由钢管柱以及腹杆组成桁架式提升架。扒杆提升体系主要由支承结构(支承牛腿、横梁)、立柱、提升结构(纵梁、提升横梁、千斤顶、锚具吊杆)、吊装系统(钢丝绳、滑轮组、卷扬机和滑移轨道)四部分组成。

支承系统由牛腿、支承横梁和连接构件组成。支承结构(支承牛腿、横梁)是一个传力装置，将扒杆自重及所受荷载传递到提升塔钢管立柱上，且对整个结构起稳定作用。扒杆立柱是由万能杆件拼装组成的桁架式提升架。

扒杆顶端设置纵梁，纵梁顶面设置纵移滑轨，以使提升横梁能够在纵梁上纵向滑移。天车设置在横梁上，通过横梁的纵移将提升塔节段垂直提升并纵移就位，逐段安装。提升系统由穿心千斤顶、提升横梁和工具吊杆组成。吊装系统由钢丝绳、滑轮组、卷扬机和滑移轨道组成。用于标准节的提升、滑移、就位。

浮吊将提升塔的第1、2节段安装完成后，随即进行扒杆安装。扒杆安装步骤为：在提升塔上焊接钢牛腿；在牛腿上设置钢横梁，并用精轧螺纹将钢横梁与牛腿连接；在横梁上用万能杆件拼装扒杆立柱；在栈桥及提升塔钻孔平台上组拼提升纵梁和提升横梁，用浮吊先后将提升纵梁、提升横梁、天车安装就位；设备调试。

④提升塔安装。

提升塔分节段吊上支架，每节段吊装完成后精确调整线形和高程，节间采用用焊接方式连接。其主要安装步骤为：

利用浮吊安装第1、2标准节及提升扒杆；提升扒杆爬升设计高度就位并固定，提升第3标准节并安装就位；焊接第2、3标准节钢管焊缝；提升扒杆爬升至设计高度就位并固定，提升第4标准节并安装就位；焊接第3、4标准节钢管焊缝；重复以上步骤，直至完成提升塔所有节段安装；提升安装提升桁架，拆除天车、扒杆。提升塔安装完成后进行压塔索设置工作、拱肋提升设备安装及调试工作。

纵梁尾端需用精轧螺纹钢与主提升塔立柱相连接，以抵抗纵梁的不平衡力。

2. 拱圈节段垂直提升

拱圈节段垂直提升主要方法为利用计算机控制同步液压提升系统的全套设备，包括连续千斤顶及相配套的泵站和控制系统，分别垂直提升拱肋中段和两岸拱肋边段至设计高程，精调高程和平面位置后，吊装两端合龙段，对接合龙。吊索采用经计算和复核满足施工要求的钢绞线束。

实际施工时，需根据节段的结构特点，布置一定数量的吊点，每个吊点根据需要布置提升油缸及液压泵站，采用间歇式作业方式。泵站布置在提升油缸附近。传感器的布置，在每个吊点处安装一台长行程传感器测量拱肋结构各吊点的提升高度，在每台提升油缸上安装油缸位置传感器测量油缸行程，在每个吊点安装一只压力传感器测量各点的负载压力。

拱圈节段垂直提升的主要步骤为：

(1)钢绞线下料，等长下料，并做好标记。

(2)系统机具安装就位，空载调试。

(3)穿束，将上端钢绞线的定义标记锚住，下端钢绞线定长标记于构件夹持器。

(4)将F锚的连接装置与拱肋上的销板连接，并确保连接可靠。

(5)启动系统进行自动连续、同步提升。

(6)提升至预定高程后，将支承横梁滑出，临时支撑在提升支架上。

在起升过程中采用激光测距仪对提升的所有吊点进行监控。

在每台千斤顶的下端安装安全锚，以保证施工过程中发生千斤顶故障时将钢绞线临时锚住，以便维修或更换千斤顶。

四、拱圈合龙

待拱圈节段提升初步到位后，通过提升油缸微调拱肋安装高程，通过临时系杆的放张调整拱轴线形，通过提升塔结构调整拱肋安装在纵桥向和横桥向安装位置。精调拱肋安装平面位置、高程和线形至满足设计及规范要求后，利用提升塔架结构进行横向临时定位，然后，对拱肋合龙段两端位移进行48h观测。根据测量结果，在合龙温度时精确测取合龙段精确长度，切割合龙段余量，安装合龙段弦杆就位，焊接切割余量端纵向加劲肋板，施拧另一端纵向加劲肋高强螺栓，完成瞬时合龙，同时环缝施焊，完成拱圈合龙。

焊接完成后可进行吊杆横纵梁安装，系杆索安装，进行两次张拉。张拉第二阶段系杆后，即可进行主拱体系转换：释放临时系杆张力，解除中段和边段竖向支承，此时，拱的内力和轴线将发生变化，其内力和线形与相应阶段的设计内力和线形一致，顺利地完成合龙和体系转换。

第四节 工 程 实 例
——新光大桥

一、工程概况

广州市跨越珠江的新光大桥，位于洛溪大桥与番禺大桥之间，新光大桥桥跨布置为 3×50m+177m+428m+177m+3×50m，主桥为三跨连续刚架飞雁式钢桁系杆拱桥，两端引桥为 3×50m 的预应力混凝土连续箱梁，全桥桥长 1 083.20m。

主跨拱肋跨径为 428m（净跨 416m），矢高为 104m，矢跨比为 1/4，拱轴系数 $m=1.2$ 的悬链线变桁高拱肋，两拱肋的横向中心距为 28.1m。拱顶截面径向高为 7.5m，拱脚截面径向高为 12.0m，拱肋上、下弦均为箱形断面，箱高为 1.58m，箱内宽为 2.10m 定值以便于腹杆连接。钢箱竖板厚度有两种，为 30mm 和 50mm，箱的顶、底板厚度有三种，分别为 32mm、40mm、50mm，越靠近三角刚架，钢箱的板厚越大。拱肋腹杆为“H”形截面，与上、下弦整体结点板通过高强度螺栓连接，为便于拱肋腹杆插入上、下弦整体结点，拱肋腹杆高度为 2.10m，竖板宽度为 800mm。

主拱肋分两个主拱边段，一个主拱中段三个大节段进行拼装。主拱设两个合龙段。

全桥主拱肋共设置 7 组桁架式横撑，主拱中段 5 组横撑，主拱边段各一组横撑。横撑上、下弦杆均为箱形断面，与钢桁拱对应的结点板通过高强度螺栓连接。横撑的上弦杆与钢桁拱采用两面拼接，其下弦杆与钢桁拱采用四面拼接，如图 13-1 所示。

图 13-1 新光大桥成桥图

二、拱肋拼装

1. 主拱大节段浮运、提升与合龙

(1) 概况

主拱拱肋共分三大段采用同步液压提升技术安装。两边大节段（以下简称边段）长度为60m,提升质量约1 164t,中间大节段(以下简称中段)长度为168.0m,提升质量约2 800t。安装顺序为先边段、后中段。

在北岸珠江船厂码头的主拱拼装场分别组拼四段单肋主拱边段和中段,边段采用"重任202"号驳船浮运至桥位安装,中段由"重任1602"半潜驳拉移上船,然后拖运到新光大桥两提升塔下垂直提升安装。

主拱肋节段主要参数及驳船主要参数:

边段:$L \times W \times H = 85m \times 2m \times 13m$,单件质量约600t,共4件。

中段:$L \times W \times H = 172m \times 30.1m \times 27.48m$,单件质量约2 800t,共1件。

"重任202"甲板驳船:主尺寸为$L \times B \times D = 55.68m \times 19.72m \times 3.6m$;载质量为2 000t,甲板负荷为11.43t/m^2。

"重任1602"甲板驳船:主尺寸为$L \times B \times D = 121.9m \times 30.48m \times 7.62m$;载质量为15 000t,甲板负荷为11.43t/m^2。

(2)施工方案

①主拱肋边段上船浮运施工

珠江船厂主拱肋预制场码头在高平潮时的水位高程约6.7m,预制场码头面的高程初定为7.8m。考虑到主拱肋边段装上船后的吃水约为1.8m,则驳船干舷约为1.8m,水位高程约为6m时开始拉移主拱边段上船。首先要在"重任202"驳船上搭设两条轨道胎架。

"重任202"首先拖到珠江船厂预制场码头,"重任202"驳船尾对着预制码头胎架的轨道,调整好船位后,在码头与船尾之间布置碰垫;然后,针对主拱肋边段,在码头上布设系固缆绳,在码头和"重任202"之间铺设过渡梁等。在岸上同时进行主拱肋边段的卸架和滑移准备工作。

现以南岸主拱肋边段为例介绍浮运上船方案(该方案亦适用于北岸主拱肋边段):连接200t连续千斤顶,进行必要的连接加固,再将南岸下游主拱肋边段单肋拉移到"重任202"驳船;进行软硬加固后,拖运到指定的新光大桥两桥墩下。

"重任202"驳船布锚就位后,进行主拱肋边段的吊索连接固定,准备提升安装作业。

将南岸下游边段拱肋提升离开驳船,此时驳船退出桥位处,转到拼装场运输南岸上游边段拱肋,其上船运输过程与下游拱肋工艺相同。待南岸上游边段拱肋到达桥址后,将其提升离开驳船,使上下游边段拱肋在低位状态下安装C4横撑。

②主拱中段上船浮运施工

珠江船厂主拱肋拼装场码头在高平潮时的水位高程约6.7m,组拼场码头面的高程为9.3m,河床面最高高程为0m,则在高水位时拼装场码头面到水面的高度为1.8m,水深可达6.7m。

因主拱肋中段总长172m,拉上船后需跨过船首,所以"重任1602"驳在进场之前要将船首上甲板两侧的围板切割掉,切割后的上层建筑最宽不超过23m,等工程完工后将其恢复。

首先要在"重任1602"驳船甲板上搭设两条长约100m的轨道胎架,然后由相匹配的拖轮将"重任1602"半潜驳拖到珠江船厂拼装场码头,"重任1602"驳船首对着预制码头胎架的轨道,调整好船位后,在码头与船首之间布置碰垫;针对主拱肋中段,在码头上布设系固缆绳,在码头和"重任1602"之间铺设过渡梁等。在岸上同时进行主拱肋中段的卸架和滑移准备工作。

之后,连接350t连续千斤顶,进行必要的连接加固,第一阶段将整段主拱肋中段拉移至码头端部即过渡梁前。观察潮位,检查驳船的轨道胎架高程与岸上滑道一致并保持水平,保证驳船的抽水调载系统运转正常。准备工作就绪后,第二阶段将主拱肋中段拉移至“重任1602”驳船上。在主拱肋前组支承滑移支架经过过渡梁至驳船尾部阶段,驳船处于最不平衡状态。应充分发挥驳船调载系统的作用,并密切观测驳船的高程和水平状态,使过渡梁、驳船轨道胎架与码头滑道三者的高度保持一致并保持水平,确保支承滑移支座与过渡梁之间紧密相贴,保证拱肋上船的安全。

主拱肋中段上船就位后,进行软硬加固并安装前端横撑和临时拉索后,拖运到指定的新光大桥两提升塔下。主拱中段浮运图及浮运就位图分别如图13-2和图13-3所示。

图13-2 主拱中段浮运图

图13-3 主拱中段浮运就位图

当到达新光大桥两提升塔后,进行“重任1602”驳船布锚就位,然后进行主拱肋中段的吊索连接固定,进入垂直提升安装施工。

(3)施工工艺与技术要点

①主拱肋边段上船浮运施工

a. 支承支架及滑道。

每一个主拱肋边段的滑移支承支架共设2个,均支承在下弦杆件Z17和Z20的结点处。滑移支承支架在主拱肋边段拼装前安装完成,同时作为主拱肋拼装时的支承支架。其构造为:底部采用2I56a钢箱作为钢绞线牵引索的受力构件,并在底面安装钢板或硬木板作为滑移接触垫块。中、上部采用2I32a钢箱焊接组合成桁架构件以支承主拱肋边段,加固方式采用2I32a钢箱包围支承处的下弦杆,并用32号精轧螺纹钢拧紧加固,确保主拱边段的横向稳定,不产生倾覆。

滑道采用高强度等级的钢筋混凝土浇筑承台,滑道的混凝土面在浇筑时精确找平并用磨光机打磨光滑,并在滑道上涂抹黄油和四氟粉等润滑剂以减小滑动摩阻力。滑道上设有限制滑块左右偏移的装置,并沿滑道纵向每隔50cm做标志,在牵引过程中,使左右滑块的前后位置保持一致。

b. 主拱肋边段卸架。

主拱肋边段卸架方法为:先使用氧割按对称顺序将主拱肋边段拼装支架顶部自由段切割掉。使主拱肋边段与拼装支架脱离,并将支点转换至主拱肋边段滑移支承支架上;然后拆除主拱肋边段拼装支架,以免影响主拱肋边段滑移上船。

c. 纵移牵引系统。

在驳船上对应轨道胎架布置两台200t液压千斤顶并与液压泵车配套,千斤顶反力架为钢结构,焊接在甲板顶面,采用钢绞线作为纵移牵引索,并将其连接到主拱边段前部滑移支承支架锚固端,采用同步张拉技术,进行连续牵引滑移。

d. 驳船上安装轨道胎架。

预先在"重任202"的甲板上铺设两排长约48m的轨道胎架,胎架由20~32mm厚的钢板焊接成钢箱形式,作为主拱肋边段上船的滑移轨道。

e. 驳船进场、抛锚定位,并铺设过渡梁。

施工船舶到达珠江船厂主拱肋边段预制码头,布锚靠泊,进行装船作业前的准备工作。借助锚索的牵引,使"重任202"船尾对着码头胎架的轨道;使船上、岸上的轨道完全在一条直线上。调整好船位后,在码头与船头之间布置碰垫,进行船舶的压载调节,使船上轨道和岸上轨道的顶部高程也相同。调整后的船舶,各锚缆和定位缆应收紧,船尾顶紧码头的护垫,船舶不能在水流的作用下左右移动。

然后,在码头和"重任202"上铺设过渡梁等。过渡梁由20~25mm厚的钢板焊接成钢箱形式,两端分别搭接在码头和驳船上,作为连接码头滑道和驳船胎架的过渡滑移轨道。

f. 将主拱肋边段拉移上驳船。

在码头上铺设好过渡梁后,用岸上的吊机配合,使用锚具和钢绞线将200t连续千斤顶和主拱肋边段连接好,并收紧试拉。启动连续千斤顶,缓慢地向前拉移主拱肋边段。在拉移过程中,施工指挥者应密切注意主拱肋边段前进的方向和千斤顶油表的读数,确保主拱肋边段沿预定轨道前进并保证两台千斤顶受力平衡。主拱肋边段拉移上船应选择在涨潮时进行,当主拱肋边段前部的滑移支撑结构进入过渡梁时,船舶的浮态会相应发生变化。此时应密切关注船岸高程的相对变化,采用水平仪测量轨道高程,并进行监控,通过压排水调节,确保船上与岸上的轨道梁顶部的高程在动态中保持一致,顺利地将主拱肋边段拉移至"重任202"驳船上。从主拱肋边段前支点上船开始至后支点完全上船需2~3h,在一个潮水周期内完成。这是整个牵引过程的关键时间,牵引速度必须与驳船的压排水调节速度配合好,使轨道顶面高程保持不变。最后利用岸上吊机将过渡梁拆除放在码头上。

g. 对主拱肋边段绑扎加固。

主拱肋边段装船后，立即进行绑扎加固工作，包括硬加固和软加固。硬加固采用型钢焊接，将主拱肋边段下弦固定在驳船的胎架和甲板上，软加固采用钢丝绳等材料对主拱肋边段上弦进行绑扎，与驳船上的锚固件连接后用5t花兰螺丝收紧。

h. 浮运到三角刚架和主拱提升塔间水面上。

由于主拱肋边段的重心较高，宽度较窄，为安全起见，根据气象部门的预报，浮运选择在能见度高、风速小于6级的天气下进行。采用拖船将装载主拱肋边段的“重任202”驳船拖运至三角刚架与主提升塔之间完成浮运工序。

i. 布锚就位后，进行主拱肋边段前期提升安装作业。

主拱肋边段拖运到吊装现场后，在三角刚架提升架和主提升塔内布锚就位。布锚时，“重任202”驳船首抛两个八字锚，锚缆长度约100m，角度以不影响主航道通航为准。同时船首两条交叉缆到主拱提升架基础桩腿上并固定收紧，作为定位驳船和平衡船首八字锚拉力的作用。船首抛两个八字锚，锚缆长度约为150m。由于主拱肋边段在吊卸时“重任202”驳船与水流方向成90°，为了减少水流力对驳船的影响，主拱肋边段吊卸最好选在平潮时进行，在接近平潮时调整好船位，进入主拱肋边段的吊升安装作业。根据设计要求，主拱肋边段的吊点应伸入主提升塔塔内，在此过程中应选择在高潮位时送入塔内。主拱肋边段两侧设置临时浪风并在可能与主提升塔发生碰撞部位绑挂橡胶轮胎等防撞垫，保证主拱肋边段能稳定、安全地进行吊装施工。

主拱肋边段吊离“重任202”驳甲板面一定高度后，起锚离开安装现场，拖运到预制码头就位，进行下一段主拱肋边段的拖运作业，直到四段主拱肋边段全部安装完毕。

j. 安装边段横撑。

在低位时用浮吊安装C4横撑。各杆件的安装顺序为：上弦杆H1、H2→腹杆H4、H5→下弦杆H3→腹杆H6。边段横撑安装完成后，检查提升系统，进入下一步整体提升安装阶段。

②主拱肋中段上船浮运施工

a. 支承支架及滑道。

主拱肋中段的滑移支承支架共有4个，均支承在下弦杆件Z26的结点处。滑移支承支架在主拱肋边段拼装前安装完成，同时作为主拱肋拼装时的支承支架。其构造分为上、中、下三部分，下部构件用型钢焊接成桁架结构，底部安装橡胶接触垫在滑道上滑移，每个滑移支承支架与滑道有8个橡胶接触垫，全桥共32个；中部构件用型钢焊接成桁架结构；下部构件用型钢焊接并与主拱肋中段下弦杆件Z26底部紧密接触，作为主拱肋中段的支撑点。每个支承滑移支架的上、中、下三部分之间均采用铰连接，对主拱肋在滑移上船时的应力分担有很好的平衡作用。左右侧两两对称的滑移支架用万能杆件横向连接成整体，前后两组滑移支架间用钢绞线相连并在滑移前预拉收紧，确保四个滑移支承支架成为一个整体同时、同步移动。

滑道采用高强度等级的钢筋混凝土浇筑承台形式，滑道的混凝土面在浇筑时精确找平并用磨光机打磨光滑，并在滑道上涂抹黄油和四氟粉等润滑剂以减小滑动摩阻力。滑道上设有限制滑块左右偏移的装置，并沿滑道纵向每隔50cm做标志，在牵引过程中，使左右滑块的前后位置保持一致。

b. 主拱肋中段卸架。

主拱肋中段卸架方法为:先使用氧割按照从两侧到中间的对称顺序将主拱肋中段拼装支架顶部自由段切割掉。使主拱肋中段与拼装支架脱离,并将支点转换至主拱肋中段滑移支承支架上;然后拆除主拱肋中段拼装万能杆件支架,以免影响主拱肋中段滑移上船。

c. 纵移牵引系统。

在驳船上对应左、右幅轨道胎架布置两台 350t 液压千斤顶并与液压泵车配套,千斤顶反力架为钢结构,焊接在甲板顶面。采用钢绞线作为纵移牵引索,并将其连接到主拱中段前部两组滑移支承支架锚固端,采用同步张拉技术,进行连续牵引滑移。

d. 驳船上安装轨道胎架。

预先在"重任 1602"的甲板上铺设两排长约 100m 的轨道胎架,胎架由 20 ~ 32mm 厚的钢板焊接成钢箱形式,作为主拱肋中段上船的滑移轨道。

e. 驳船进场、抛锚定位,并铺设过渡梁。

施工船舶按预定的时间到达珠江船厂主拱肋中段拼装码头,布锚靠泊,进行装船作业前的准备工作。借助锚索的牵引,使"重任 1602"船尾对着码头胎架的轨道;使船上、岸上的轨道完全在一条直线上。调整好船位后,在码头与船头之间布置碰垫,进行船舶的压载调节,使船上轨道和岸上轨道的顶部高程也相同。调整后的船舶,各锚缆和定位缆应收紧,船尾顶紧码头的护垫,船舶不能在水流的作用下左右移动。

然后,在码头和"重任 1602"上铺设过渡梁等,过渡梁由 20 ~ 30mm 厚的钢板焊接成钢箱形式,两端分别搭接在码头和驳船上,作为连接码头滑道和驳船胎架的过渡滑移轨道。

f. 主拱肋中段拉移上驳船。

在码头上铺设好过渡梁后,用岸上的吊机配合,使用锚具和钢绞线将 350t 连续千斤顶和主拱肋中段滑移支架连接好,并收紧试拉。启动连续千斤顶,缓慢地向前拉移主拱肋中段。当主拱中段拉移至过渡梁前,稍作停顿,检查船舶调载设备并观察水位变化。确定满足要求后,用最短时间将主拱中段安全、稳定地拖至驳船上。在拉移过程中,施工指挥者应密切注意轨道上的里程标志和千斤顶油表的读数,确保主拱肋中段两肋同步滑移并保证两台千斤顶受力平衡。主拱肋中段拉移上船应选择在涨潮时进行,主拱肋前组支承滑移支架经过过渡梁至驳船尾部,驳船处于最不平衡状态,驳船的艉部会有下沉的趋势,而主拱肋中段也会有前倾的危险。故在岸上用 350t 千斤顶和钢绞线拉索设置艉稍,千斤顶反力座为钢筋混凝土结构,钢绞线拉索连接在主拱肋中段后部支承滑移支架上。在主拱肋中段滑移上船过程中艉稍与牵引索同步放张,防止主拱肋中段纵移过快或发生前倾的危险。在整个滑移上船过程中应密切关注船岸高程的相对变化,用水平仪测量轨道高程,并进行监控。通过压排水调节,确保船上与岸上的轨道梁顶部的高程在动态中保持一致,顺利地将主拱肋中段拉移至"重任 1602"驳船上。整个主拱中段连续工作时间需 7 ~ 8h,但总牵引时间需跨越两个潮水周期。关键应控制两个支架上船的时间,每个支架上船的时间必须调整在合适的潮水位,每个支架上船时间连续约 1h,且应连续进行。此时应通过船舱压排水保证轨道顶面高程保持不变,在两个支架上船的间隔时间内的牵引过程亦应尽量调节好船体高程,使拱肋的倾斜度尽可能小,最后利用岸上吊机将过渡梁等拆除放在码头上。

g. 对主拱肋中段绑扎加固，并安装前端横撑和临时索。

主拱肋中段滑移上船后，立即进行加固工作，包括硬加固和软加固。硬加固采用型钢焊接将主拱肋中段下弦固定在驳船的胎架和甲板上；软加固采用钢丝绳缆风索形式，即用钢丝绳等材料对主拱肋中段上弦进行绑扎，与驳船上的锚固件连接后用 5t 花兰螺丝收紧。

在主拱肋中段加固完成后，将驳船移位锚定，采用 100 ~ 150t 浮吊安装主拱肋前端横撑 C3 同时穿挂临时系杆索 N1、N2。前端横撑 C3 的安装顺序为：上弦杆 H1、H2→腹杆 H4、H5→下弦杆 H3→腹杆 H6。

h. 封航、浮运到两主拱提升塔间水面上。

因主拱肋中段在浮运和提升安装期间需对珠江封航，应先确定好珠江航道封航的时间和实施步骤，并制订详细的珠江封航安全措施，确保主拱肋中段在浮运和提升安装时的安全。

由于主拱肋中段的重心较高，体积较大，为安全起见，应根据气象部门的预报，选择在能见度高、风速小于 6 级的天气下进行拖运。采用拖船将装载主拱肋中段的“重任 1602”驳船拖运至两主提升塔之间完成浮运工序。

i. 布锚就位后，进行主拱肋中段提升安装前期作业。

主拱肋中段拖运到吊装现场后，在主拱肋中段两提升塔之间布锚就位，布锚时间最好选择在接近平潮期进行，利用抛锚艇布锚，共抛四个 5t 霍尔锚，每个锚缆方向与船成约 45°角，锚缆长度约 150m。调整好船位进行主拱肋中段提升安装作业。

j. 船舶撤场。

主拱肋中段吊离“重任 1602”驳甲板面一定高度，确定无问题后，起锚离开安装现场，准备撤场工作。

主拱肋中段吊升就位如图 13-4 所示。

③主拱肋提升施工

主拱肋共分三大段采用同步液压提升技术安装。边段长度 60m，提升质量 1 200t；中段长度 168m，提升质量为 2 600t。

主拱大节段提升塔采用桁架结构形式。

主拱肋提升安装、合龙施工程序简述如下：

a. 在桥位处插打钢护筒及钢管桩，搭设水上工作平台，施工主拱提升塔钻孔灌注桩。用扒杆逐段安装主拱提升塔架节段。

b. 利用大型浮吊安装三角刚架上拱脚预埋段就位，精调平面位置和高程后浇筑三角刚架斜腿混凝土，使拱脚段与三角刚架形成固结。

c. 三角刚架桥面系梁施工完成后，在三角刚架顶主拱侧就地组拼主拱边段悬臂提升架。

d. 采用液压同步提升技术，使主拱边段拱肋就位，精调拱肋线形、高程和平面位置后，安装拱脚合龙段。

e. 采用液压同步提升技术，使主拱中段拱肋就位，精调拱肋线形、高程和平面位置后，精确测量拱肋合龙长度，安装合龙段，主拱中段提升如图 13-5 所示。

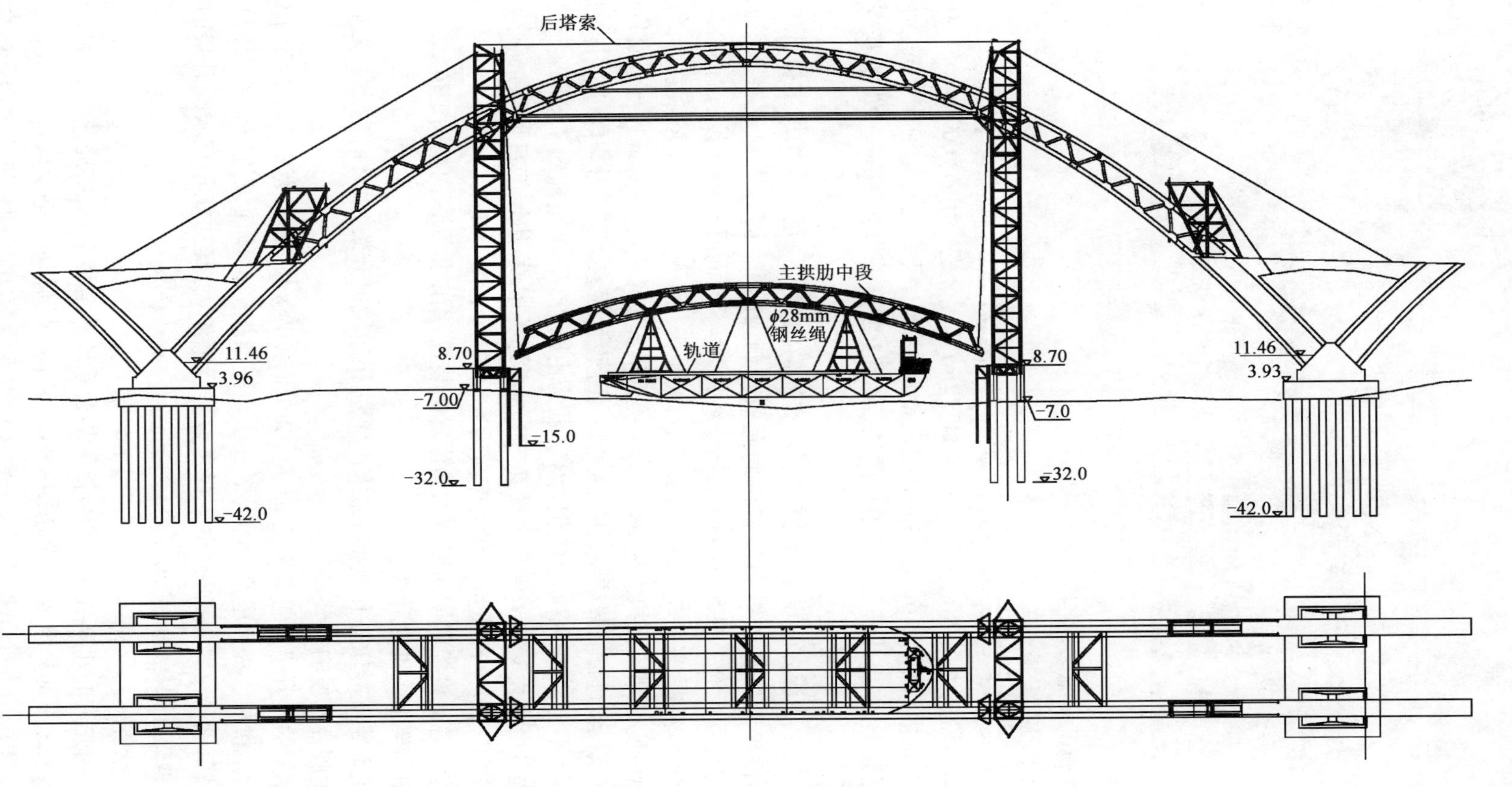

图13-4 主拱肋中段吊升就位示意图(高程单位：m)

图 13-5 主拱中段提升示意图

④主要施工设施结构构造

a. 主拱中段提升塔。

主拱中段提升塔采用三角形桁架式提升塔，钢管柱为 ϕ1 000×20 和 ϕ800×12，横缀条为 2[25a，斜缀条为 2[28a 或 2[36a，高 111.2m；基础分别采用 ϕ2 600mm、ϕ1 400mm 的钻孔灌注桩，钢护筒壁厚 16mm、14mm，桩基钢筋混凝土只灌注至与河床平齐，河床面以上浇筑素混凝土，将提升塔与桩基进行固结，混凝土强度等级与桩基一致，桩基按摩擦桩计算。

提升塔的上下游之间设置四道横撑，以增加横向抗风稳定。为增加主提升塔纵向抗风稳定性，使提升塔顶的纵向位移得到有效控制，在两个提升塔顶设有压塔索，每根 ϕ1 000mm立柱顶上有一根 5-7ϕ5mm 的钢绞线，共 4 索。同时在塔尾设有背索，其规格采用 13-7ϕ5mm 钢绞线，共 4 索。提升塔安装后，同步张拉两侧背索及压塔索索力，每束背索张拉力为 340kN，压塔索张拉力为 360kN。主提升塔安装完成后，对焊缝进行全面验收，然后利用千斤顶及拉索进行加载试验，加载大小应等于设计荷载。在提升中段过程中，为克服吊装时产生的水平力，同步张拉背索，但背索张拉力由原来 340kN 增加到 1 580kN。

主拱提升塔中段支撑横梁和边段支撑横梁考虑了中段、边段的自重（含横撑）以及主跨纵、横梁和吊杆的全部质量。在支撑横梁上设置砂箱，用于卸架。

主拱提升塔上设置可横向调节拱肋位置的装置，用以拱肋横向精确定位。

b. 三角刚架上主拱提升架。

分别在 5 号、6 号墩三角刚架主拱侧设置主拱边段提升架，设计时考虑了便于主拱边段拱肋及拱脚合龙段的安装。

三角刚架的提升架钢管分别为 ϕ800×20 和 ϕ600×10，腹杆为 ϕ450×9 和 ϕ351×9，采用现场就地拼装。提升塔高 24.0m。在三角刚架提升架顶面设置背索 4 束（每根立柱对应 1 索），每索张拉力为 1 800kN。背索为平行钢丝束，其功能是克服提升架的纵向位移，同时改善提升架杆件的内力。

c. 提升设备。

采用国内先进的计算机控制同步液压提升系统的全套设备，由提升油缸、液压泵站和计算机控制系统三部分组成。吊索采用 ϕ15.24mm 或 ϕ18mm 钢绞线束。

提升过程中，在每个吊点处安装一台长行程传感器，用于测量拱肋结构各吊点的提升高度；在每台提升油缸上安装油缸位置传感器，用于测量油缸行程；在每个吊点安装一只压力传感器,用于测量各点的负载压力。

在每台千斤顶的下端安装安全锚,以保证施工过程中发生千斤顶故障时将钢绞线临时锚住,以便维修或更换千斤顶。

⑤主拱肋大节段提升安装、合龙准备

a. 主拱肋提升安装、合龙程序。

按照设计加载程序,主桥主拱肋大节段提升安装、合龙施工程序如下:

第1步:用浮吊安装三角刚架上的主拱肋拱脚段。

第2步:主拱边段浮运至桥位,利用5(6)号墩三角刚架上主拱侧提升塔架及主拱提升塔架液压提升主拱边段就位,两端临时简支在提升支架的支撑上,精调拱肋平面位置、高程和线形后,连接拱脚合龙段。

第3步:主拱中段浮运至桥位,利用主拱提升塔架液压同步提升主拱中段就位,精调拱肋平面位置、高程和线形后,48h测量合龙段长度,连接拱脚合龙段。先合龙南岸侧合龙段,再合龙北岸侧合龙段。

合龙段杆件的安装顺序为:先安装上弦,然后安装腹杆,最后安装下弦。

b. 拱肋提升准备。

提升设备安装。将提升油缸安装在油缸支架内并固定好;根据提升钢绞线安装规程安装提升钢绞线;根据提升油缸布置图,用吊机将提升油缸、油缸支架和钢绞线吊起,用销轴固定在提升塔架上,提升油缸支架附近要有相应护栏;根据提升泵站布置图,安装提升泵站,提升泵站就近安装在提升油缸附近,每个吊点一台,泵站周围需要有安全护栏,泵站质量为1t左右,同时做好泵站固定,接通泵站电源;提升油管安装,控制设备安装;提升地锚支架预先安装好,安装提升地锚,提升钢绞线根据疏导板穿入提升地锚;用1t手动葫芦预紧钢绞线,然后提升油缸用1MPa压力带紧钢绞线,同时将地锚做入地锚支架沉孔。

背索设备安装。将提升油缸安装在油缸支架内并固定好,用吊车吊起油缸支架和提升油缸,安装油缸支架销轴;安装钢绞线和地锚,在地面用平穿方式,将钢绞线穿入地锚及地锚支架,锁紧地锚盖板,穿好后将地锚对入地锚支架沉孔,并固定;根据背索布置图,用吊机将地锚及油缸支架和钢绞线吊起,用销轴固定在提升塔架上,地锚支架附近要有相应护栏,便于加载时紧固地锚螺丝和检查;根据背索泵站布置示意图,安装背索泵站,背索泵站就近安装在油缸附近,同时做好泵站固定,接通泵站电源;安装油管、传感器和通信线;用1t手动葫芦预紧钢绞线,然后背索油缸用1MPa压力带紧钢绞线,用泵站给一定初始张力。

水平索设备安装。将提升油缸安装在油缸支架内,同时固定好;根据提升钢绞线安装规程将提升钢绞线穿入油缸,钢绞线在地面用平穿方式;安装钢绞线和地锚,在地面用平穿方式,将钢绞线穿入地锚及地锚支架,锁紧地锚盖板,穿好后将地锚对入地锚支架沉孔,并固定;根据水平索布置图,用吊机将油缸、油缸支架和钢绞线吊起,用销轴固定在主拱中段上,油缸支架附近要有相应护栏;根据水平索布置图,用吊机将地锚及油缸支架和钢绞线吊起,用销轴固定在提升塔架上,地锚支架附近要有相应护栏,便于加载时紧固地锚螺丝和检查;根据水平索泵站布置示意图,安装泵站,泵站就近安装在油缸附近,同时做好泵站固定,接通泵站电源;安装油管、传感器和通信线;用1t手动葫芦预紧钢绞线,然后背索油缸用1MPa压力带紧钢绞线,用泵站给一定初始张力。

监测点安装及结构初始状态数据收集。监测点安装:由监控单位成立的现场监测组按监测方案安装测点,布置导线。

结构初始状态数据收集。测量组对边拱肋实际轴线位置,拱肋、提升塔架、拱座各特征点的实际三维坐标(平面位置和高程)进行观测记录;监控组对拱肋、提升塔、三角刚架等各监测点的内力、温度等监测项目进行初读数。

确定提升日期。拱肋提示前几个月开始收集气象资料,做好气象预测,根据工程进度、天气条件、工地准备情况,确定提升最佳日期。

提升时的天气要求。3 ~ 5d 内不下雨;风力不大于 5 级。

⑥主拱肋提升安装施工

a. 拱肋拱脚段的安装施工。

主拱三角刚架端拱脚段杆件 Z0、Z15 预埋在三角刚架斜腿混凝土内,在施工三角刚架斜腿的同时,用大型浮吊将其安装就位,再浇筑斜腿混凝土,形成固结。三角刚架施工完成后,安装三角刚架上提升塔架,利用提升塔架安装主拱上弦 Z1 及腹杆 Z1 ~ Z15。

b. 拱肋大节段提升设备布置。

(a)主拱边段。

每段边段总质量约 1 200t,根据边段的结构特点,共布置 4 个提升吊点,每个吊点布置 2 台 350t 液压提升千斤顶和一台 40L/min 流量的液压泵站,采用间歇式作业方式,提升速度可达 8m/h。泵站布置在提升油缸附近。

控制系统的布置,在每个吊点处安装 1 台长距离传感器和 1 台长行程传感器,用于测量提升结构各点的高度;在每台提升油缸上安装油缸位置传感器,用于测量油缸行程;在每个吊点安装 1 只压力传感器,用于测量各点的负载压力。

传感器的布置,在每个吊点处安装一台长行程传感器,用于测量拱肋结构各吊点的提升高度;在每台提升油缸上安装油缸位置传感器,用于测量油缸行程;在每个吊点安装一只压力传感器,用于测量各点的负载压力。

主控操作室根据现场情况布置在地面。

背索设备:三角刚架上主拱边段提升塔架设背索 4 束(每根立柱对应 1 索),每索张拉力为 1 800kN,在三角刚架上主拱提升塔架安装完成后,安装背索系统,同时张拉背索拉力 900kN,在边段提升脱架后,立即张拉剩余的 900kN。

(b)主拱中段。

主拱中段提升质量 2 600t。根据主拱中段的结构特点,共布置 4 个吊点,每个吊点布置 4 台 350t 提升油缸及 2 台 80L/min 流量的液压泵站,采用间歇式作业方式,提升速度可达10m/h。泵站布置在提升油缸附近。

传感器的布置,在每个吊点处安装一台长行程传感器,用于测量拱肋结构各吊点的提升高度;在每台提升油缸上安装油缸位置传感器,用于测量油缸行程;在每个吊点安装 1 只压力传感器,用于测量各点的负载压力。

主控操作室根据现场情况布置在地面。

c. 主拱边段提升安装施工。

(a)拱肋提升施工。

主拱边段单肋浮运至桥位后,利用提升设备将拱肋提升脱离驳船,并采取临时稳固措施,浮吊安装上下游拱肋间横撑,再整体提升安装。

主拱边段开始提升时，首先保持三角刚架端不动，提升靠主拱中段端吊点，使拱肋转动到与设计拱轴线平行位置，经测量确认平行后，再同步提升安装就位。

三角刚架主拱提升塔架背索每索张拉力为 1 800kN，主拱边段提升前，每索需先张拉 900kN，张拉时按 20%、40%、60%、80%、100% 分级张拉，在边段提升脱架后，同样也按 20%、40%、60%、80%、100% 分级张拉剩余拉力 900kN，以改善提升塔架受力。

(b)拱脚合龙段安装施工。

主拱边段拱脚合龙段施工程序为：待主拱边段提升初步到位后，精调拱肋安装平面位置、高程，使之满足设计要求，将一端支承于主拱提升塔架上，一端支承于三角刚架上的提升塔架上，并采用临时固定措施，然后对拱肋合龙段两端位移进行 48h 测量。根据测量结果，确定合龙连接时间及其对应的合龙段精确长度，切割合龙段杆件余量，吊装安装合龙段就位，焊接切割余量端纵向加劲肋板，施拧另一端纵向加劲肋高强螺栓，完成瞬时合龙，同时环缝施焊，完成拱脚合龙段的安装。

主拱边段拱脚合龙段杆件的安装顺序为：上弦杆(Z1 和 Z2)→腹杆(Z1 ~ Z16)→下弦杆(Z15 和 Z16)。

主拱边段拱脚合龙段杆件的安装方法为：在提升塔架上设置滑轮组，用卷扬机进行合龙段杆件的安装。为方便施工，拱脚合龙段上弦杆件(Z1 和 Z2)在主拱边段提升前预先用提升塔架吊放至主拱上弦 Z1 的上面，并临时固定，待主拱边段提升就位后，精调平面位置、高程及线形直至满足要求，进行拱脚合龙段的安装。

主拱边段拱脚合龙段合龙后，解除三角刚架提升塔架与拱肋之间的联系，拆除提升设备。

d. 主拱中段提升安装施工。

(a)拱肋提升施工。

为增强主提升塔纵向抗风稳定性，使提升塔顶的纵向位移得到有效控制，在两个提升塔顶设有压塔索，每根 ϕ1 000mm 立柱顶上有一束 5-7ϕ5mm 的钢绞线，共 4 束。同时在塔尾设有背索，其规格采用 13-7ϕ5mm 钢绞线，共 4 束。中跨合龙段提升如图 13-6 和图 13-7 所示。提升塔安装后，安装、调试背索、压塔索张拉设备，并按照设计要求同步张拉两侧背索及压塔索索力，每束背索张拉力为 340kN，压塔索张拉力为 300kN。在提升中段过程中，为克服吊装时产生的水平力，同步张拉背索，背索张拉力由原 340kN 增加 1 580kN。

图 13-6　中跨合龙段提升图(一)

图 13-7　中跨合龙段提升图(二)

中段在吊装中吊装倾角由 3.2°变为 15.4°,故要求提升千斤顶张拉力也需同步变化,由 7 510kN 增加到 7 780kN。同时,为了克服吊装对拱肋产生的附加水平力,在两岸吊点处横梁上设对拉钢绞线水平索,索力由 420kN 变为 2 070kN。

中段提升脱架至提升就位过程中,水平索及背索张拉力调整控制方案为:泵站通过远程启动,主控系统通过数据线接收油缸位置和压力信号并将控制信号传送给泵站,实现远程索力调整,其调整的程序与提升加载分级控制程序保持一致。

主拱中段浮运至桥位后,抛锚定位驳船,安装提升设备、水平索张拉设备及各种传感器,进入拱肋提升施工阶段。待拱肋提升至一定高度后,驳船撤离桥位。

(b)合龙段安装施工。

主拱中段合龙段施工程序为:待主拱中段提升初步到位后,通过提升油缸微调拱肋安装高程,通过临时系杆的放张调整拱轴线形,通过提升塔结构调整拱肋在纵桥向和横桥向安装位置。精调拱肋安装平面位置、高程和线形直至满足设计及规范要求后,利用提升塔架结构进行横向临时定位,然后,对拱肋合龙段两端位移进行 48h 观测。根据测量结果,在合龙温度时精确测取合龙段精确长度,切割合龙段余量,安装合龙段弦杆就位,焊接切割余量端纵向加劲肋板,施拧另一端纵向加劲肋高强螺栓,完成瞬时合龙,同时环缝施焊,完成拱圈合龙。

主拱中段有两个合龙段,合龙顺序为先合龙南岸端,再合龙北岸端。每个合龙段杆件的安装顺序为:上弦(Z7 和 Z8)→腹杆(Z7 ~ Z22)→下弦(Z21 ~ Z22)。

主拱中段合龙段杆件的安装方法为:在提升塔架上设置滑轮组,用卷扬机进行合龙段杆件的安装。为方便施工,拱脚合龙段上弦杆件(Z7 和 Z8)在主拱中段提升前预先用提升塔架吊放至主拱上弦 Z7 的上面,腹杆(Z7 ~ Z22)吊放于提升塔架上临时存放,其位置不能影响中段提升施工,并采取临时固定措施,待主拱中段提升就位并精调平面位置、高程及线形直至满足要求后,用卷扬机进行合龙段杆件的安装,如图 13-8 所示。

全桥合龙如图 13-9 所示。

2. 边拱拱肋浮运、提升与合龙拼装施工

(1)边跨拱肋结构设计

边跨拱肋为 177m(净跨 171m)的不对称变桁三次抛物线拱肋,两拱肋的横向中心距为 28.1m。三角刚架侧拱脚截面径向高为 12.0m,交界墩侧拱肋截面径向高为 7.5m,拱顶截面径向高为 7.5m，矢高为 56m。拱肋上、下弦均为箱形断面，箱高为 1.58m，箱内宽为 2.10m 定值，以便于腹杆连接。钢箱竖板厚度有三种，为 24mm、32mm 和 36mm，箱的顶、底板厚度有三种，分别为 30mm、36mm、40mm，越靠近拱脚段，钢箱的板厚越大。拱肋腹杆为“H”形截面，与上、下弦整体结点板通过高强度螺栓连接，为便于拱肋腹杆插入上、下弦整体结点，拱肋腹杆高度为 2.1m，竖板宽度为 600mm。全桥边拱肋共设置 4 组桁架式横撑，每边拱肋设 2 组，横撑上、下弦杆均为箱形断面，与钢桁拱对应结点板通过高强度螺栓连接。

图 13-8　主拱中段提升图

图 13-9　全桥合龙图

(2)拱肋的加工、运输及拼装

拱肋杆件是在桥梁厂厂内加工制作，制造的顺序与拱肋拼装场的拼装顺序一致，加工制作的质量须满足《新光大桥钢结构加工制造验收规程》。

工厂内加工制造并经验收合格的杆件用驳船运至拼装现场，浮吊平驳转运卸于组拼栈桥滑道。

边拱肋的拼装，在桥位搭设拼装支架，支架钢管顶设置吊装横梁。浮吊将转载至平驳上的拱肋杆件，起吊至横移栈桥上，然后利用支架上的提升横梁纵向运输至拼装位置进行组拼。

(3)施工方案

边拱拱肋在桥位处搭设拼装支架进行卧拼，拼装完成后，张拉临时系杆，采用钢管桁架将支架上安装的同步液压提升系统垂直提升就位，安装拱肋合龙段。

①边拱拱肋拼装施工工艺流程

边拱拱肋拼装施工工艺流程为：技术交底→测量定位放样→支架、脚手架的搭设→安装吊装横梁→拱肋下弦杆的安装→腹杆的安装→上弦杆的安装→接缝焊接→横撑安装→整体大节段操作提升就位→张拉临时系杆→边拱吊杆、系杆及纵横梁施工。

②边拱拼装支架

拱肋拼装采用搭设钢管支架拼装。边拱拱肋拼装支架与边拱混凝土系杆支架统一考虑，由于混凝土系杆施工荷载大于拱肋拼装施工荷载，在进行支架结构设计时，以混凝土系杆施工荷载控制设计。根据设计，在边拱肋组拼完成、整体大节段操作提升就位后，再张拉临时系杆，因此，B18 和 B31 结点对应的支架支墩无需作特殊处理，仍以混凝土系杆施工荷载控制支架结构设计。

支架体结构形式为：支架基础为 3ϕ400 × 100 混凝土预制桩，桩顶设钢筋混凝土承台，承台尺寸为：陆上承台为 2.0m × 1.5m × 1.0m，水中承台为 2.0m × 1.6m × 1.0m；支墩采用钢管 2ϕ800 × 10 的双柱墩。上下游拱肋拼装支架钢管立柱之间横向设万能杆件桁片横梁，纵向之间用贝雷梁连接形成整体，如图 13-10 所示。

图 13-10　边拱拼装支架图

支架施工方法：

a. 预制桩采用筒式柴油锤桩机锤击沉桩。

b. 桩顶现浇钢筋混凝土承台，并预埋支墩钢管底座钢板。

c. 钢管立柱用浮吊或吊车安装就位后，将制作好的钢管支架纵横向联系吊装就位并焊接。

d. 安装拱肋支撑桁架。支撑桁架用型钢加工制作，支撑桁架与钢管立柱直接进行焊接连接。

e. 在支撑横梁顶部设楔形钢箱，以利于组拼拱肋时可以方便的调节拱肋的线形及高程。

(4)施工工艺及技术要点

①支架、脚手架的搭设

a. 支架组成。

支架由钢管立柱与型钢支撑桁架组成，如图 13-11 所示。

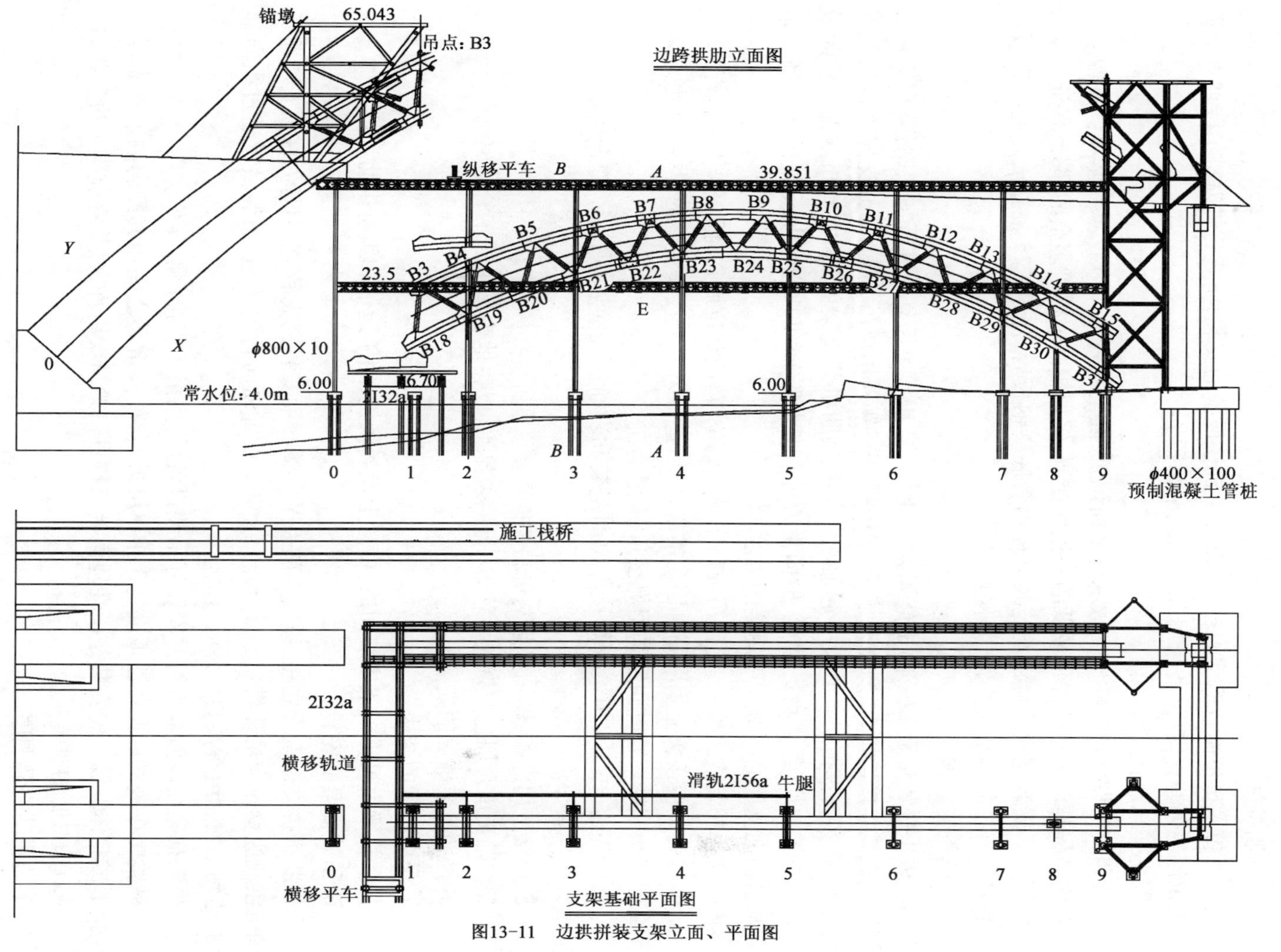

图13-11　边拱拼装支架立面、平面图

b. 基本要求。

支架结构应满足拱肋高程的要求，支架构件的连接应尽量紧密，以减小支架变形，使沉降量符合预计数值。

②预制桩施工

将桩位及桩位附近的地表整平，以便于机械设备的安装，防止打桩时桩沿陡坡下滑而使桩位产生偏差；打桩设备采用 D62 筒式柴油锤。

③支架承台施工

按照支架设计图放样出支墩承台平面位置，陆上承台人工开挖承台基坑。支墩承台的基底高程是以预制桩桩顶较低的一根作控制，锯掉较高一根桩多余的部分，保证两根桩桩顶等高。安装完成承台钢筋笼及立柱钢管底座钢板后，浇筑 C25 混凝土。底座钢板的安装要严格控制其平面位置，并保持水平。

④钢管支架施工

a. 边拱拼装支架立柱采用 $\phi800\times10$ 钢管，按 10.0m 长节段进行加工制作，钢管接长用法兰盘或焊接连接，现场逐节接长，水中部分支架采用浮吊，陆上部分支架采用吊车安装，拱肋拼装支撑桁架与节段一起加工。每条拱肋拼装支架的 $\phi800\times10$ 钢管立柱间设纵横向支撑桁片（纵向由贝雷梁、横向由万能杆件拼装而成），以增加支架的稳定性。钢管与纵横向支撑的连接采用焊接的方法。

b. 支撑拼装成组件后，用浮吊或吊车吊装到位，精确定位后临时固定，再进行焊接。

c. 对各焊接接头先采取临时固定措施，然后进行第一个接头接缝的焊接，以此类推直至全部接头完成。临时固定采用焊接角钢块固定。

d. 施焊前，焊工必须检查焊接部位的组装和表面清理的质量，对不符合要求的应在处理合格后施焊。

e. 焊接所用焊条、焊剂必须与母材相匹配。

f. 在陆上承台周边布置排水沟，进行地表排水，以免地表积水对钢管的腐蚀。

⑤拱肋吊装横梁的安装

a. 吊装横梁的结构。

吊装横梁由贝雷桁架拼装而成，横梁上设卷扬机，用于运输和组拼拱肋杆件。

b. 吊装横梁的安装。

拱肋组拼支架钢管立柱、纵横向联系及支撑横梁安装完成后，在钢管立柱顶安装通长的贝雷梁纵梁作为吊装横梁的支承梁，纵梁顶设置纵向行走轨道，吊装横梁通过纵向移动，达到运输和组拼拱肋杆件的目的。

吊装横梁在地面上组拼并安装好吊装设备后，用吊车直接吊装就位。

纵梁是在每根钢管立柱顶设置 3 排单层贝雷梁，贝雷梁之间用其配套的连接支撑架连接形成整体。纵梁的安装是指在地面上组拼贝雷梁纵梁组件，然后在支架上进行组拼。

（5）边拱肋的拼装

①边拱肋拼装顺序

边拱肋（半拱）分 14 个节段，弦杆质量为 19.5～29.1t，拱脚节段最重为 104t。安装顺序如下（B1～B32 为上下弦杆，1～26 为腹杆）：

a. 三角刚架上拱脚段。预埋段：（B1～B17）；接长段：腹杆（B1～B17）。

b. 过渡墩上拱脚段是在桥位地面上将杆件组拼成整体后，由提升塔垂直提升后纵移就位。边拱肋大节段开始拼装前应完成拱脚段的拼装,为边拱肋大节段提供足够空间。

c. 提升大节段(上弦 B3 ~ B15,下弦 B18 ~ B31)。

2 ~ 3 个节段组拼完成后,将其作为一个施焊段单元,具体划分如下:

第 1 段:(B31→B30)→B29→1→2→B15→3→4→B14;

第 2 段:B28→B27→5→6→B13→7→8→B12;

第 3 段:B26→B25→9→10→B11→11→12→B10;

第 4 段:B24→B23→13→14→B9→15→16→B8;

第 5 段:B22→B21→17→18→B7→19→20→B6;

第 6 段:B20→B19→21→22→B5→23→24→B4→B18→25→26→B3;

拱肋节段按两节一段在支架下焊接好后再吊装下一节段(如 B25、B26 为一段,B23、B24 为一段等)。

d. 合龙段。

三角刚架侧:(B2 ~ B18)→(B17 ~ B18)→(B2 ~ B3);

边墩(4、7 号墩):B32→(B16 ~ B31)→B16。

e. 横撑安装。

由边墩向主墩方向逐道进行安装,即先安装 C6,然后安装 C5。横撑与上下游拱肋大节段整体同时提升就位。

②边拱肋拼装工艺及要求

a. 拱肋的组拼及焊接。

边拱肋下弦杆件采用"两拼一"方案,即在栈桥或陆地上预先设置好拱形的胎架上组拼、焊接,探伤合格后用提升横梁吊至拼装支架上就位,进行组拼。拱肋节段精调线形、接头临时连接好后,从边墩向主墩方向推进。边拱弦杆每拼装 3 ~5 个拱肋节段后施拧高强度螺栓,然后按焊接工艺对上弦、下弦各一个箱形环口对接焊缝进行焊接。同时继续进行其他拱肋节段的拼装,以此类推直至全部完成。每次拴、焊前都必须对杆件进行精确测量、调整并使拱肋线形符合设计要求。

b. 拱肋横撑的安装。

当拱肋单肋组拼完成后,精调 C5、C6 所在拱肋节段两端接头并临时固定,利用上下游的纵移横梁进行拱肋横撑的安装。安装顺序为先安装 C6,然后安装 C5。每道横撑的安装按下弦→腹杆→上弦的顺序进行。

c. 拱肋的轴线及高程控制。

测点布置:拱肋上、下弦均设置测点。测点位置打冲钉,通过全站仪对冲钉坐标和高程进行精确测量,计算出与设计拼装坐标和高程的偏差,用吊装平车上的卷扬机配合调整拱肋的拼装位置,使各结点的三维坐标满足设计要求,达到控制拱肋线形和高程的目的。

线形控制:在拼装支架完成后,用经纬仪在拼装支架上放出拱肋中轴线及弦杆边线,并在拼装支架横梁上设置拱肋左右边缘限位板,用于粗调定位。吊装或精调时,将拱肋下弦节段缓慢下放至安装高程,使其标出的中线对准拼装支架上所放的轴线及边线,安装好支撑垫块。待腹杆及上弦杆安装好后在复核拱肋轴线及上、下弦的上、下边线,通过全站仪对冲钉位置进行精确测量,达到精度后在拼装支架上焊接拱肋外侧定位挡块,限制其左右移位,挡块与拱肋外边缘留不大于5mm的间隙,以便调整高程。

高程控制:在拱肋吊上拼装支架前,先根据其两端支点下弦杆底面高程安放支承块,纵移平车将拱肋节段放下,用全站仪观测测点高程并调整支承块处所垫钢板的厚度,使其达到设计高程。同时,在轴线对中满足设计精度要求后,垫好支承垫块并将其与下弦杆临时电焊固结(以便消除拱肋倾斜产生的水平力),放松吊点钢丝绳,将拱肋荷载由拼装支架支承,使线形达到最理想状态。

(6)边拱肋临时系杆的张拉

根据设计,拱肋大节段组拼、横撑安装完成后,再次复核拱肋线形,然后垂直提升拱肋大节段,提升就位后,张拉临时系杆,使拱肋线形符合设计,再安装拱肋合龙段,按设计加载要求进行边拱吊杆、系杆及纵横梁施工。

(7)边拱拱肋提升与合龙施工

①边拱肋施工程序

a. 在过渡墩处搭设落地提升塔架,在三角刚架顶边孔侧设置悬臂提升架。

b. 利用大型浮吊安装三角刚架上拱脚预埋段,精调平面位置和高程后浇筑三角刚架斜腿混凝土,使拱脚段与三角刚架形成固结;利用引孔端提升塔架,吊装引孔端拱脚段基本就位。

c. 利用同步液压提升技术,垂直提升边拱肋直至设计高程,精调高程和平面位置后,首先安装三角刚架端合龙段,再合龙引孔端合龙段。

两边跨拱肋均采用整段提升(不包括拱脚段和合龙段),整体节段长度为104m,提升质量约1 800t,边拱大节段提升塔采用桁架结构形式。

②边拱肋提升安装、合龙施工

a. 边拱肋拱脚段的安装施工。

边拱三角刚架端拱脚段杆件B1、B17预埋在三角刚架斜腿混凝土内,在施工三角刚架斜腿的同时,用大型浮吊将其安装就位,同时安装边拱下弦B1~B17及腹杆B1~B17,再浇筑斜腿混凝土,形成固结。三角刚架施工完成后,安装三角刚架上提升塔架,利用提升塔架安装拱脚处腹杆B2~B17及上弦杆B2。

4、7号墩处拱脚端块由于质量大,体积较大,运输困难,同时受工地边拱拼装吊装设备限制,拟在桥位低位处支架上组拼成形后,再利用4、7号墩处提升塔架提升就位。

b. 边拱提升设备布置。

每段边拱总质量约1 800t,根据边拱的结构特点,共布置4个提升吊点,每个吊点布置两台350t液压提升千斤顶和1台40L/min流量的液压泵站,采用间歇式作业方式,提升速度可达8m/h。泵站布置在提升油缸附近。

控制系统的布置:在每个吊点处安装1台长距离传感器和1台长行程传感器,用于测量提升结构各点的高度;在每台提升油缸上安装油缸位置传感器,用于测量油缸行程;在每个吊点安装1只压力传感器,用于测量各点的负载压力。

主控操作室根据现场情况布置在地面。

c. 边拱肋大节段的提升施工。

边拱肋提升施工过程须进行三角刚架边拱提升塔背索的张拉,每个边拱提升塔架布置背索2束,每束张拉控制力为2 800kN。提升塔背索分两阶段张拉,即拱肋提升前张拉和提升过程张拉,拱肋提升前应张拉设计张拉力的30%,拱肋提升过程中与提升对应分级张拉，在完成脱架的同时，背索张拉至设计张拉力。

背索张拉前在提升塔架上预先设置应变传感器和全站仪反射棱镜，读取初读数，在背索张拉及拱肋提升过程中适时测取测点应力、应变值，观测提升塔的位移。

边跨提升安装如图 13-12 所示，边拱拱肋提升施工如图 13-13 所示。

图 13-12　边跨提升安装图

图 13-13　边拱拱肋提升施工图

d. 合龙段的安装。

按照设计要求，边拱提升就位后，安装并张拉临时系杆，每肋张拉 4 100kN，通过张拉临时系杆，精调拱肋线形、平面位置和高程，使之满足设计和规范要求后，采取临时稳固措施，安装拱肋合龙段。拱肋合龙段的合龙顺序采取先合龙三角刚架端合龙段，再合龙引孔端合龙段。合龙段杆件的安装顺序为：上弦→腹杆→下弦。合龙段杆件利用提升塔架上设置的临时吊装进行安装。

边拱肋合龙施工程序为：待边拱肋安装就位后，精调拱肋安装平面位置、高程和线形直至满足设计及规范要求后，对拱肋合龙段两端位移进行 48h 观测。根据测量结果，在合龙温度时精确测取合龙段精确长度，切割合龙段余量，安装合龙段弦杆就位，焊接切割余量端纵向加劲肋板，施拧另一端纵向加劲肋高强螺栓，完成瞬时合龙，同时进行环缝施焊，完成拱圈合龙。

三角刚架端拱脚合龙段的安装方法为:将主拱端合龙段杆件(B2 和 B3)在边拱肋提升施工前预先用三角刚架上的提升塔架吊装安放于已安装好的边拱上弦杆件 B2 上,并临时固定,待边拱肋提升到位后将其安装就位,再安装合龙段的腹杆和下弦杆。

4、7 号墩处拱脚合龙段的安装方法为:引孔端合龙杆件 B16 预先吊上提升塔架上,定位拱脚端块,拱肋大节段提升就位后,精调拱肋平面位置、高程和线形直至满足设计及规范要求,安装上弦杆 B16,再安装合龙段腹杆(B31 ~ B16),最后安装下弦杆合龙段 B32。合龙段的安装应经过精确测量,选定合龙温度,精确测量合龙长度,切割合龙段杆件,使其尺寸符合合龙距离的长度。

参 考 文 献

[1] 交通部第一公路工程总公司. 公路施工手册　桥涵[M]. 北京:人民交通出版社,2000.

[2] 中华人民共和国行业标准. JTG/T F50—2011　公路桥涵施工技术规范[M]. 北京:人民交通出版社,2011.

[3] 李辅元. 桥梁工程[M]. 北京:人民交通出版社,2013.

[4] 卫申蔚. 桥梁工程[M]. 北京:人民交通出版社,2011.

[5] 王海良,董鹏. 桥梁工程[M]. 北京:人民交通出版社,2013.

[6] 姚玲森. 桥梁工程[M]. 2 版. 北京:人民交通出版社,2008.

[7] 陈宝春. 钢管混凝土拱桥设计与施工[M]. 北京:人民交通出版社,1999.

[8] 田克平.〈公路桥涵施工技术规范〉实施手册[M]. 北京:人民交通出版社,2011.

[9] 陈宝春. 钢管混凝土拱桥[M]. 2 版. 北京:人民交通出版社,2007.

[10] 中国公路学会桥梁和结构工程分会. 2008 年全国桥梁学术会议论文集[C]. 北京:人民交通出版社,2008.

[11] 中国公路学会桥梁和结构工程分会. 2009 年全国桥梁学术会议论文集[C]. 北京:人民交通出版社,2009.

[12] 中国公路学会桥梁和结构工程分会. 2010 年全国桥梁学术会议论文集[C]. 北京:人民交通出版社,2010.

[13] 中国公路学会桥梁和结构工程分会. 2011 年全国桥梁学术会议论文集[C]. 北京:人民交通出版社,2011.

[14] 中国公路学会桥梁和结构工程分会. 2012 年全国桥梁学术会议论文集[C]. 北京:人民交通出版社,2012.

[15] 张磊,俞菊虎. 新型组合结构桥梁　杭州九堡大桥[M]. 北京:人民交通出版社,2012.

[16] 覃杰. 新光大桥关键施工技术[M]. 重庆:重庆大学出版社,2009.

[17] 李跃,张健峰. 广州新光大桥[M]. 北京:人民交通出版社,2009.

[18] 顾安邦. 公路桥涵设计手册　拱桥[M]. 北京:人民交通出版社,1994.

[19] 邵旭东. 桥梁工程[M]. 2 版. 北京:人民交通出版社,2009.

[20] 中华人民共和国行业标准. JTG D60—2004　公路桥涵设计通用规范[S]. 北京:人民交通出版社,2004.

[21] 中华人民共和国行业标准. JTJ 025—86　公路桥涵钢结构及木结构设计规范[S]. 北京:人民交通出版社,1986.

[22] 中华人民共和国行业标准. JTG/T D60-01—2004　公路桥梁抗风设计规范[S]. 北京:人民交通出版社,2004.

[23] 中华人民共和国国家标准. GB 50009—2012　建筑结构荷载规范[S]. 北京:中国建筑工业出版社,2012.

[24] 中华人民共和国行业标准. JTG E41—2005　公路工程岩石试验规程[S]. 北京:人

民交通出版社,2005.

[25] 中华人民共和国行业标准.JTG F80/1—2004 公路工程质量检验评定标准[S].北京:人民交通出版社,2004.

[26] 中华人民共和国国家标准.GB 50017—2003 钢结构设计规范[S].北京:中国计划出版社,2003.

[27] 中华人民共和国行业标准.JGJ 130—2011 建筑施工扣件式钢管脚手架安全技术规范[S].北京:中国建筑工业出版社,2011.

[28] 中华人民共和国行业标准.JGJ 166—2008 建筑施工碗扣式钢管脚手架安全技术规范[S].北京:中国建筑工业出版社,2008.

[29] 中华人民共和国国家标准.GB 50205—2001 钢结构工程施工质量验收规范[S].北京:中国计划出版社,2001.

[30] 中华人民共和国行业标准.JGJ 81—2002 建筑钢结构焊接规程[S].北京:中国建筑工业出版社,2002.

[31] 中华人民共和国国家标准.GB/T 11345—1959 钢焊缝手工超声波探伤方法和探伤结果分级[S].北京:中国标准出版社,1989.

[32] 中国工程建设标准化协会.CECS28:90 钢管混凝土结构设计与施工规程[S].北京:中国计划出版社,1990.

[33] 中华人民共和国行业标准.NB/T 47014—2011 承压设备焊接工艺评定[S].北京:原子能出版社,2011.

[34] 中华人民共和国行业标准.TB 10212—2009 铁路钢桥制造规范[S].北京:中国铁道出版社,2009.